Steve Biddulph

Männer auf der Suche

Sieben Schritte zur Befreiung

Inhalt

Danksagung

Dank den vielen Männern, die mich erzogen haben.

Meinem Vater George Biddulph, bei dem wir uns sicher fühlten und der uns in ein wärmeres Land brachte.

Arthur John, Brian Caldwell und all den Lehrern überall auf der Welt, die wissen, was ein Lob bewirken kann, und die über den Lehrplan hinaus denken können.

Tim Haas, John Morris und Graham Perkin – frühen Förderern, die an mich glaubten, als ich meiner selbst noch nicht sicher war.

Robin Maslen, der mir als erster von der Männerbewegung erzählte und für viele Menschen eine Vaterfigur ist.

Colin Mackenzie, der mir den Berufsstart ermöglichte.

Ken und Elizabeth Mellor für die siebenjährige Lehrzeit, um zu mir selbst zu finden.

Thakur Balak Bramachiri in Kalkutta, ein vorbildlicher Ältester, der das »Vater sein« als Aktionsplan für seine Arbeit in der Gemeinde versteht.

Meinen Freunden vom Collinsvale Centre, insbesondere Lee Hodge, Geoff Best, den Supervisoren und den Praxisgruppen.

Dem Tas-CISD-Team, Mike Geeves, Mike Sharpe, der Familie Taylor, Neil Shillito und Simon McCulloch.

Rex Finch, dem Verleger von Finch Publishing. Rex hat vier unserer Bücher Lesern auf der ganzen Welt nahegebracht. Er ist ein außerordentlich geduldiger und tatkräftiger Mann mit einem Sinn für das Feinstoffliche, der einen vor Neid erblassen läßt. Es freut mich besonders, daß ihm die Männerbewegung persönlich ans Herz gewachsen ist.

Laurie Goldsworthy für das Adlerbild und das, was es repräsentiert.

Jedem, der sich der grünen Bewegung weltweit verpflichtet fühlt.

Dave Hancock für seine wunderbar sinnlichen Fotos und für seine Ermutigung.

Dr. Rex Stoessiger vom Tasmanian Education Consortium, daß er mich an seinen Lehrerseminaren teilnehmen ließ, was mir besonders beim Kapitel über Jungen in Schulen von großem Wert war.

Cec Craft und Elizabeth Shannon von der University of Tasmania, zwei guten Freundinnen, die mir den weiblichen Blickwinkel nahebrachten und aufmunternd zur Seite standen.

Dawson Rule, der mich in das Duluth-Programm einwies.

Paul Whyte, der mir behilflich war, bestimmte Aspekte der Jungenerziehung besser zu verstehen.

Bettina Arndt, die das Buch ihren Lesern und Hörern nahegebracht hat – Ihr Beitrag war von unschätzbarem Wert. Sie ist ein überaus mutiger und großherziger Mensch.

Allen Menschen, die unsere Seminare mitorganisieren, ganz besonders Judi Taylor und ihrer Familie.

Durch die Männerbewegung gewann ich sehr viele neue Freunde, denen ich mich eng verbunden fühle. Wes Carter von Menswork, John Allan, David Mowaljarlai und Rein van de Ruit von The Circle of Men, Stuart und Ken von Life and Depth und all die anderen großartigen Männer machen mir Hoffnung, daß sich auf der Welt etwas verändern wird.

Der Anteil, den meine Frau Shaaron Biddulph an meiner Arbeit wie an meinem Leben hat, kann gar nicht hoch genug eingeschätzt werden. Shaaron ist Teil all meiner Handlungen, die mitfühlend und stark sind.

Mein besonderer Dank gilt unseren Kindern, die uns tagtäglich neue Dinge lehren und eigentlich schon Grund genug sind, die Welt zu verändern.

Vorwort

Von der australischen Erstausgabe des Buches wurden binnen sechs Monaten über vierzigtausend Exemplare verkauft, von der zweiten überarbeiteten Ausgabe binnen weniger Wochen zwanzigtausend: Die positiven Reaktionen von Männern und Frauen haben mich im buchstäblichen Sinn überwältigt. Ich fühle mich wie ein gerade gestarteter Drachenflieger – von Freude und Angst zugleich erfüllt. Jetzt ist das Ding in der Luft – und ich hoffe, daß ich mit der Navigation zurechtkomme.

Nachdem das Buch erschienen war, erhielt ich von Männern und Frauen aller Altersgruppen eine Flut von Briefen. Immer wieder konnte ich darin lesen: »Danke«, »Dieses Buch erzählt meine Lebensgeschichte«, »Ja, genauso ist mein Leben«. Zahlreiche dieser zum Teil sehr ins Detail gehenden Briefe waren viele Seiten lang. Ich bin noch immer mit ihrer Beantwortung beschäftigt. Keines meiner früheren Bücher hat eine solche emotionale Reaktion ausgelöst.

Buchhändler aus den verschiedensten Teilen Australiens haben uns von Menschen berichtet, die wiedergekommen sind, um weitere Exemplare des Buches für ihre Freunde zu kaufen. Familienangehörige haben sich – bezeichnenderweise – Exemplare des Buches zugeschickt. Männer haben mir geschrieben: »Mein Bruder hat mir das Buch geschickt, und wir haben uns darüber unterhalten«, »Ich habe meinem Vater das Buch geschickt, und das hier ist seine Antwort.« Der Direktor einer High School in Perth hat jedem seiner vierzig Lehrkräfte ein Exemplar gegeben. Ein Sozialarbeiter in Brisbane hat gleich dreihundert Exemplare erworben.

Viele Leser haben aber auch in ihrem Leben etwas verändert. Manche haben die Stellung gewechselt, überschuldete Häuser verkauft, sich mit ihrer Kindheit auseinandergesetzt oder das Verhältnis zu ihren Kindern oder ihrem Partner auf eine neue Grundlage gestellt. Manche Männer haben eine neue, positive Einstellung zu ihrer Männlichkeit gefunden, und Frauen haben mir berichtet, daß sie die Männer jetzt in einem anderen Licht sehen. Eine Frau sagte sogar, sie hätte sich niemals scheiden lassen, wenn sie das Buch früher gelesen hätte. Sie verstand jetzt plötzlich, warum ihr Mann so gewesen war, wie er nun einmal gewesen war. Aber auch in der größeren Öffentlichkeit taucht allmählich ein neues Männerbild auf. Statt immer wieder den »Kampf der Geschlechter« zum Thema zu machen, berichten die Medien zunehmend verständnisvoll und erhellend über die Situation von Jungen sowie jungen und erwachsenen Männern: Der Schwerpunkt der Berichterstattung liegt neuerdings mehr auf positiver und aufklärender Handlungsanleitung.

Ich bilde mir nicht ein, *Männer auf der Suche* allein hätte all das bewirkt. Aber es hat gewiß federführend dazu beigetragen, daß viele Menschen in Australien heute besser überblicken können, wohin sie mit ihrem Leben steuern und welche Wegkreuzungen es gibt (ich hoffe, es kann auch in Europa einen Beitrag leisten). Verwirrung und Einsamkeit sind die größten Feinde im Leben – und das Buch hat vielen Männern gezeigt, daß sie im Grunde ganz »normal« sind. Es hat sie in die Lage versetzt, ihr Leben klarer zu sehen. Denn es spricht die allen Männern gemeinsame Erfahrung an. Ein Mann hat zu mir gesagt: »Das im Buch genannte Beispiel des Mannes, der seine Manneskraft mit dem Kreditantrag im Safe der Bank zurückläßt, hat mir geradezu die Augen geöffnet.«

Ursprünglich hatte ich die Absicht, in einem Buch die wundervollen, aber dunklen Schriften von Robert Bly zu erläutern – jenes Dichters, der (natürlich nicht allein) die entscheidenden Anstöße für die heutige Männerbewegung gegeben hat. *Männer auf der Suche* sollte eine Art »Bly für Anfänger« werden. Inzwischen sagen mir manche Leute, daß sie »weniger Bly und noch mehr Biddulph« wollen. Doch ich will an dieser Stelle betonen, daß das Buch tief im fruchtbaren Grund von Blys Schriften wurzelt, auch wenn ich mit ihm Neuland betreten habe.

Männer auf der Suche ist auch ein australisches Buch und ein Beleg für die Veränderungen, die derzeit mit dem australischen Mann vor sich gehen. Ich gehe aber davon aus, daß diese Vorgänge universell sind und auch für den europäischen Mann Gültigkeit haben.

Möge es den Leser auf seiner Reise mit Hoffnung und Freude erfüllen.

Steve Biddulph

Briefe von Lesern der australischen Originalausgabe

Von Männern:

»*Männer auf der Suche* hat mir erstmals in meinem Leben eine Ahnung davon vermittelt, was es bedeuten könnte, ein voll entwickelter, sich selbst achtender Mann zu sein.«

»Ein Freund von mir hat ein Exemplar des Buches an seine beiden Brüder geschickt, zu denen er seit Jahren keinen Kontakt hatte. Einer der beiden rief am nächsten Tag an, wollte reden und sich für das Buch bedanken.«

»Das Buch hat mir schließlich den Mut gegeben, mich mit meinem Vater und meiner Mutter auszusprechen ... Jetzt fühle ich mich körperlich und seelisch leichter, glücklicher, freier und gesünder.«

»Endlich hat jemand einmal klar ausgesprochen, was in unseren Herzen vor sich geht.«

»Ich kann aufrichtig sagen, daß Ihr Buch das wichtigste ist, das ich je gelesen habe.«

»Es ist jetzt 6.00 Uhr früh. Ich konnte nicht schlafen, und so bin ich um 3.00 Uhr aufgestanden und habe *Männer auf der Suche* zu Ende gelesen. Was für ein Hammer!«

»*Männer auf der Suche* ist ein wundervolles Buch. Es hat mich zum Weinen gebracht. Es erklärt so viele Dinge und bringt sie auf den Punkt.«

»Nachdem ich Ihr Buch zu Ende gelesen hatte, bin ich ins Wohnzimmer hinübergegangen, wo meine Frau mit unserer kleinen Tochter spielte. Ich habe mich zu ihnen auf den Boden gesetzt und an der Brust meiner Frau geweint. Es war das erste Mal seit Jahren, daß ich wieder geweint habe.«

Von Frauen:

»Der Umstand, daß ein Mann dieses Buch geschrieben hat, hat mir Tränen in die Augen getrieben. Ich hoffe, daß die Männerbewegung für uns alle eine Wende bringen wird.«

»Ich muß gestehen, daß *Männer auf der Suche* mich meinen Mann und meinen Vater neu sehen gelehrt hat. Ich war bei der Lektüre oft zu Tränen gerührt. Wir stehen uns jetzt dank des Buches näher denn je.«

»Nach meinem Empfinden deckt das Buch die tiefe Sehnsucht nach einem ausgeglichenen, sinnvollen (Liebes-)Leben auf, von der wir alle erfüllt sind.«

»Ich habe viele Jahre mit angesehen, wie mein Mann mit sich selbst gekämpft hat. Jetzt habe ich den Eindruck, daß er wieder eine Perspektive sieht und sich wie verjüngt fühlt.«

»Ihre Worte und Einsichten sind für mich von unschätzbarem Wert. Ich habe jetzt mehr Verständnis für meinen Mann und erkenne auch die Bedürfnisse meines Sohnes deutlicher.«

»Ich weiß nicht, ob dieser Brief meine Gefühle auch nur annähernd angemessen zum Ausdruck bringt.«

»Als überzeugte Feministin begrüße ich dieses Buch.«

Die Ausgangslage

Die meisten Männer leben nicht. Statt dessen haben sie gelernt, sich zu verstellen: Sie tun so, als ob sie lebten, und sie spielen den anderen etwas vor, um sich zu schützen.

Den meisten Frauen heute geht es anders: Sie handeln mit intuitiver Sicherheit. Mehr und mehr Frauen wissen heute, wer sie sind und was sie wollen.

Kleine Kinder beiderlei Geschlechts gehen mit Neugierde und Hoffnung ins Leben – sie fühlen sich lebendig und sind voller Vorfreude auf die Abenteuer, die das Leben ihnen bringen wird. Doch dieses Lebensgefühl wird den Jungen sehr früh ausgetrieben, und (nur allzuhäufig) ist es völlig erloschen, wenn aus den Jungen Männer geworden sind. Dann gleichen sie Tigern, die im Zoo aufgezogen wurden – sie sind verwirrt und benommen, und im Innern brodeln gewaltige, nie angezapfte Energien. Sie haben das Gefühl, daß da noch mehr sein müßte, aber sie wissen nicht, wie dieses Mehr beschaffen sein könnte. Und in der Regel versuchen sie fortan, sich selbst, den Freunden und der Familie vorzumachen, sie führten ein glückliches und erfülltes Leben.

Manchmal zeigt diese Fassade Risse. Manchmal erleben wir Männer Augenblicke, die uns eine Ahnung davon geben, wie das Leben wirklich sein könnte, manchmal erleben wir Augenblicke wahrer Leidenschaft und verspüren dieses herrliche Gefühl, am Leben zu sein. Meist kommt der Anlaß überraschend: Man übersteht einen Verkehrsunfall unbeschadet, nach anstrengender Wanderung steht man plötzlich allein auf dem Gipfel, man erfährt einen jener besonderen Momente mit einer Frau, man schließt nach langer Abwesenheit die Kinder wieder in die Arme. Wir begegnen etwas beunruhigend Schönem – und dann ist der Augenblick vorbei. Wir wissen nicht, wie wir ihn zurückholen können. Und die ungeheure Intensität des Gefühls erschreckt uns, droht sie doch das empfindliche Gleichgewicht zu zerstören, auf das wir unser Lebensbild gebaut haben. Verunsichert flüchten wir uns schnell wieder in den Selbstbetrug, im Grunde sei doch alles in Ordnung. Wir tun weiter so als ob, und wir warten, und wir hoffen, daß sich die Dinge bessern werden.

Nicht alle Männer schaffen es, diese Fassade auf Dauer aufrechtzuerhalten:

- **Da gibt es den von seiner Frau abgewiesenen Lehrer, der nachts hinaus ins Meer watet. Um die Hüften hat er sich einen Tauchergurt geschnallt. Die Gewichte des Gurts hat er mit Draht so blockiert, daß er, einmal vom Wasser überspült, keine Chance mehr hat, sich davon zu befreien. Sekunden später hat ihn eine Welle zu Boden gedrückt. Am Morgen spült ihn die Flut blau und aufgeschwemmt wieder an Land.**
- **Da erreicht ein 17jähriger Junge, der beste Schüler seiner Schule, in nur fünf von sechs Wahlfächern die Bestnote (er hat so viel gelernt, daß er vor Müdigkeit in der Prüfung ein paar kleine Fehler macht). Dieser Junge besorgt sich ein Gewehr, schmuggelt es nach Hause, und in der Nacht steckt er den Lauf in den Mund und drückt ab.**
- **Da sieht ein junger Mann die aufwendige Modenschau eines Unterwäscheherstellers in einem Kaufhaus. Die Musik ist laut und rhythmisch, die Dramaturgie der Show aufpeitschend. Erregung und Schamgefühl bemächtigen sich des jungen Mannes. Ein gähnender Gefühlsabgrund tut sich auf – was bedeutet die unverhohlene Erotik in den Gesten und Bewegungen dieser für ihn unerreichbaren Frauen? Außer sich erklimmt er den Laufsteg, beschimpft und bedroht die Akteurinnen. Sicherheitskräfte überwältigen ihn und führen ihn ab. Eine halbe Stunde später springt er vom Nachbargebäude in den Tod.**

Männer leiden. Männer fügen auch anderen Leid zu. Die körperliche Gewalt gegen Partnerinnen und die erschreckende Zahl der Fälle sexuellen Mißbrauchs von Kindern sind ein Zeichen dafür, daß mit vielen Männern etwas nicht in Ordnung ist. Ganz zu schweigen von den Geschichten in den Schlagzeilen: Sexuell motivierte Entführungen und Morde an Frauen und Kindern, Amokläufe in Einkaufszentren und ähnliches mehr. Männer, immer wieder Männer. Um mit Robert Bly zu sprechen: »Bist du schon deprimiert genug?«

Was stimmt mit den Männern nicht?

Die beschriebenen Vorfälle werfen viele Fragen auf. Sind sie nur Randerscheinungen in einem im Grunde gesunden gesellschaftlichen Gefüge der Geschlechter? Oder ist dies ein entscheidender Konstruktionsfehler, und sind Männer so wenig in die Kommunikation mit ihren Mitmenschen eingebunden, daß ihnen ihr Lebensweg als eine Gratwanderung zwischen Zerstörungswut und Vergessenwerden erscheint? Oder anders ausgedrückt: Haben wir keine Vorstellung mehr davon, wie man aus Jungen berechenbare, gesunde und lebensbejahende Männer macht?

Nach den zaghaften Versuchen der letzten Jahrzehnte sind wir heute Zeugen des Entstehens einer Männerbewegung, die klar analysiert, was die Ursachen für die Fehlentwicklung männlichen Verhaltens und männlicher Lebensentwürfe sind und wie Abhilfe zu schaffen ist. Anstatt sich weiterhin stiller Verzweiflung hinzugeben (Motto: »Das stehen wir jetzt durch«), ist diese neue Männerbewegung Hoffnungsträger dafür, daß Männer lernen können, glücklichere, bessere Menschen zu sein, und (so unglaublich das auch klingen mag), daß es auch positiv sein kann, ein Mann zu sein! Vielleicht sind wir Männer am Ende doch nicht die Ungeheuer dieser Welt – oder sind es zumindest nicht aus freien Stücken.

Und die Wortführer der Männerbewegung haben eine Tatsache deutlich gemacht, die heute Anlaß für viele Diskussionen und Bücher liefert, die wir aber vorher nie bemerkt haben: Die Jungen in den westlichen Industriegesellschaften wachsen weitgehend vaterlos auf und bleiben auf dem Weg zum Mann weitgehend sich selbst überlassen. Die Gesellschaft kümmert sich nicht mehr um ihren Reifungsprozeß – Mentoren, die die Führung übernehmen könnten, sind rar geworden.

Ohne tiefgreifendes Üben und Lernen des Mannseins aber bekommen Jungen zwar große Körper, doch durchlaufen sie nicht die entsprechenden psychischen und gefühlsmäßigen Veränderungen, die zur Reifung notwendig sind. Sie entwickeln eine hohle Männlichkeit, eine komplette Fassade, die in keinem Bereich des Lebens wirklich funktioniert. (Trotz aller Hindernisse, die ihnen in den Lebensweg gelegt werden, wachsen Mädchen wenigstens in einem kontinuierlichen und Sicherheit verleihenden frauenbestimmten Umfeld auf –

sei dies zu Hause, in der Schule oder im Rahmen von Freundschaften. Mädchen lernen hier den für Frauen typischen offenen Kommunikationsstil, der es ihnen ermöglicht, mit anderen Frauen wirklichen Kontakt aufzunehmen und ein ganzes Leben lang Hilfe anzunehmen und Unterstützung zu geben.)

Freundschaften unter Männern und Jungen hingegen sind geprägt von Gehemmtheit und Reserviertheit, ihnen fehlt es an Intimität, und meistens sind sie nur von kurzer Dauer.

Heutige Jungen und junge Männer haben keine Vorstellung mehr von der Innenwelt älterer Männer. Sie basteln sich ein von Äußerlichkeiten abgeleitetes Männerbild, dem sie dann nacheifern, um zu beweisen, daß sie »Männer« sind.

Ähnlich einem Chamäleon, das seine Farbe der Umgebung anpaßt und keine »echte« Farbe hat, haben Männer oftmals kaum ein Gefühl dafür, was sie wirklich sind. Ob Jungen und Männer nun den »einfühlsamen New-Age-Typen« mimen oder den harten »John-Wayne-Typ« der 50er Jahre: In diesem Rollenspiel können sie nur verlieren und unglücklich werden.

Das Fehlen eines geleiteten Reifungsprozesses und die daraus resultierende »Alles-klar-Fassade« hat katastrophale Konsequenzen. Langsam ist es offensichtlich: Männer sind übel dran. Was für schlimme Auswirkungen die innere Verwüstung von Männern auf ihre Ehen, ihre Fähigkeiten als Väter, ihre Gesundheit und ihre Führungsqualitäten hat, ist tagtäglich in den Zeitungen nachzulesen.

Unsere Ehen gehen kaputt, unsere Kinder hassen uns, wir sterben an zuviel Streß, und nebenbei zerstören wir auch noch die Erde!

Die drei Feinde

Den von den Männern empfundenen Schmerz anzunehmen und das eigene Leiden anzuerkennen – das ist der erste Schritt zur Befreiung, den die neue Männerbewegung gemacht hat.

Zu lange haben Männer das eigene Leiden geleugnet. In einem zweiten Schritt bietet die neue Männerbewegung aber auch Strategien zur Veränderung an. Frauen mußten sich gegen die Unterdrükkung zur Wehr setzen, Männer haben es mit einer ganz anderen Schwierigkeit zu tun: der Isolation. Die Feinde und Gefängnisse, denen Männer entkommen müssen, heißen:

- **Einsamkeit**
- **Zwanghaftes Wettbewerbsstreben**
- **Lebenslange emotionale Scheuheit**

Die Frauenbewegung sah sich hauptsächlich äußeren, feindlich gesinnten Kräften gegenüber. Die Feinde der Männer finden sich oftmals im Inneren: in den Mauern, die wir um unsere Herzen gebaut haben. Deshalb muß der innere Wandel zuerst kommen, bevor wir uns an eine Besserung der Welt machen können. Nur wenn wir hinter den inneren Mauern hervorkommen (langsam, vorsichtig), können wir Männer beginnen, uns zu verändern und zu wachsen – zu unserem eigenen Wohl, aber auch zum großen Wohl von Frauen und Kindern. In dem Maße, in dem Männer glücklicher werden und innerlich gesunden, wird sich männliche Gewalt und Gier verwandeln. In diesem Sinne ist die neue Männerbewegung das Ereignis, auf das Frauen und Kinder seit langem gewartet haben.

Wenn ich die Begeisterung, die Hoffnung und die Erleichterung zum Maßstab nehme, die mir in Radiosendungen mit Hörerbeteiligung, auf Vorträgen und nach Berichten in den Zeitungen begegnet sind, dann scheinen sehr viele Menschen diese neue Art der Betrachtungsweise der männlichen Situation als ermutigend zu empfinden. Abgesehen von dem Zuspruch und der Bestätigung, die Männer dieser Sichtweise entgegenbringen, gibt es noch andere Aufmunterungen: Mütter von Jungen im Teenageralter kommen zu mir und geben – oft mit Tränen in den Augen – der Hoffnung Ausdruck, daß nun wirklich etwas in Gang kommt, was das Selbstwertgefühl ihrer Söhne verbessern könnte. Ehefrauen schleppen ihre Ehemänner in meine Vorträge. Alleinstehende Frauen auf der Suche nach »echten« Männern fordern mich auf, nur weiterzumachen!

Männer stellen für die meisten Frauen ein Problem dar, auch wenn das von den Männern meist nicht gewollt ist. In einem weit größeren Ausmaß jedoch sind die Männer sich selbst ein Problem. Die Geschlechterdebatte wird seit über 20 Jahren erbittert und oft fruchtlos geführt. Und erst seit kurzem ist uns bewußt geworden, daß *Männer keine Gewinner sind und daß es nur sehr wenige glückliche Männer gibt.* Männer und Frauen sind beide Opfer einer Art zu leben und Beziehungen zu führen, die dringend der Korrektur bedarf.

Immer wieder uns Männern die Schuld in die Schuhe zu schieben, ändert nichts. Männer brauchen Hilfe, um sich verändern zu können. Das ist der Augenblick, in dem die neue Männerbewegung auf den Plan tritt.

Den Tatsachen ins Auge sehen

Immer wieder sagt man uns, wir lebten in einer Männerwelt. Doch die statistischen Daten über Männergesundheit, Glücklichsein und Lebenserwartung belegen, daß das nicht wahr ist. Man kann sogar mit gutem Grund behaupten, daß unsere gesamte Lebensführung den Bedürfnissen von Männern widerspricht, ja, die Männer buchstäblich vergiftet. Jeder Mann ist mehr oder weniger geschädigt, hinkt durchs Leben und macht gute Miene zum bösen Spiel (wie Thoreau sagte: »Die Masse der Männer lebt ein Leben stiller Verzweiflung«). Ist es möglich, daß jene Männer, die schließlich durchdrehen (wie in den oben beschriebenen Beispielen), den Schmerz und die Verwirrung, die wir alle empfinden, nicht mehr ertragen können?

Hier einige Fakten darüber, was es heißt, im ausgehenden 20. Jahrhundert ein Mann zu sein (in der Bundesrepublik Deutschland – die australischen Zahlen sind zum Teil noch dramatischer):

1. **Männer leben im Durchschnitt sieben Jahre weniger als Frauen.**
2. **Männer scheitern immer wieder in Intimbeziehungen (nahezu jede dritte Ehe zerbricht, wobei die Frau doppelt so oft die Scheidung einreicht).**
3. **Knapp 80 Prozent aller Verurteilungen wegen körperlicher Gewalt betreffen Männer, und 70 Prozent der Opfer von Gewalttaten sind Männer.**
4. **In den Schulen sind drei Viertel der Kinder mit Verhaltensstörungen Jungen, und mehr als zwei Drittel der Kinder mit Lernschwierigkeiten sind ebenfalls Jungen.**
5. **Einer von sieben Jungen wird das Opfer von sexueller Belästigung, bevor er das 18. Lebensjahr erreicht hat.**
6. **Über 95 Prozent der Gefängnisinsassen sind Männer.**
7. **Die dritthäufigste Todesursache von Männern zwischen 15 und 65 ist Selbstmord!**

Ohne Zweifel ist die Suizidrate unter Männern die Tatsache, die die Situation des männlichen Geschlechts am dramatischsten beleuchtet. Männer und Jungen begehen dreimal häufiger Selbstmord als Frauen (die Suizidrate liegt noch höher als die Todesrate bei Verkehrsunfällen – obwohl beide Zahlen sicher miteinander in Verbindung stehen: Der »Verkehrsunfall« eines einzelnen Mannes kann beide Statistiken speisen).

Ich persönlich glaube, daß sich die meisten Männer zuweilen mit Selbstmordgedanken beschäftigen und ein zwiespältiges Verhältnis zum Leben haben. Das führt dazu, daß sie nur halb am Leben sind – gestreßt und neurotisch. Als Folge haben Männer auch ihre speziellen Krankheitsmuster, die eindeutig Druck, Einsamkeit und Streß als Ursachen haben. Eine australische Studie hat den Todeszeitpunkt von männlichen Herzinfarktopfern untersucht und herausgefunden, daß montags um 9 Uhr morgens am häufigsten gestorben wird (wie im übrigen auch der Montag der häufigste Selbstmordtag von Männern ist). Man müßte also eher vom schwarzen als vom blauen Montag reden.

Hier ist übrigens nicht von Extremfällen die Rede – das geht Sie unmittelbar persönlich an (bzw., wenn Sie eine Frau sind, Ihren Mann, Ihren Vater oder Sohn). Hier geht es um Jeder-Mann: Die meisten Männer am Ende des 20. Jahrhunderts leben mit der Wirklichkeit, *daß das Leben einfach nicht mehr funktioniert.*

Doch genug der Schwarzmalerei! Es ist zwar wichtig, sich die Verfahrenheit der Lage klarzumachen, aber auch, die Situation anzunehmen und die Betroffenheit zu spüren. Denn in der »Asche des Endes liegt auch die Nahrung für den Neubeginn«. Mann muß tief hinuntersteigen, um wieder nach oben zu kommen. Für die meisten Männer ist es das Wichtigste, die »Alles-klar-Attitüde« aufzugeben (diesen blassen Optimismus, der ihnen über Jahre hinweg anerzogen wurde) und zuzugeben, wie verkorkst Mann ist. Das ist der wichtige erste Schritt. ich bin platt!

Die Männerbewegung

Dieses Buch handelt davon, wie man das Leben von Männern verändern kann, und macht sich damit zum Sprachrohr all jener, die beginnen darüber nachzudenken, was es eigentlich bedeutet, ein

Mann zu sein. Die Männerbewegung steckt noch in den Kinderschuhen, doch gewinnt sie überall auf der Welt an Zugkraft und Dynamik. Die Phase der sanften »New-Age-Männer« war zwar schon ein Fortschritt gegenüber dem Macho-Gehabe und der Gewaltbereitschaft vorheriger Männergenerationen, doch sie liefen auch Gefahr, sich allzusehr das Büßerhemd überzuziehen und ihre Identität als Mann zu verlieren.

Die neue Männerbewegung hat die positiv empfundene, leidenschaftliche Männlichkeit zum Inhalt – nicht den paralysierenden Selbstzweifel. Es ist ein enormer Unterschied, ob wir uns für andere einsetzen und uns dabei selbst achten oder ob wir einfach nur gefallen wollen, wie es die »feministischen Männer« eindeutig taten. Die Männerbewegung hat zum Inhalt, *wie Männer wieder lernen können, selbstbewußt und entspannt ihre Partnerbeziehungen zu verbessern, ihre Arbeit, Freizeit, Freundschaften befriedigend zu gestalten, und wie sie lernen können, ein vielfältiges und erfülltes Innenleben zu entwickeln. Es geht darum, mit Freude die Schlüsselrolle anzunehmen, die wir in der Erziehung unserer Söhne und Töchter spielen, und ihnen zu helfen, das Abenteuer Menschsein zu neuen Grenzen zu tragen.*

Das Wichtigste jedoch ist, daß wir Männer mit uns selbst ins reine kommen müssen, anstatt immer nur davonzulaufen und entweder selbstzerstörerisch zu werden oder anderen weh zu tun. Frauen und Kinder warten auf diese Veränderungen in uns Männern, ja, sie sind geradezu darauf angewiesen – ob es ihnen nun bewußt ist oder nicht. Männer sind ein praktisch veranlagtes Geschlecht und neigen nicht dazu, viele Worte zu machen.

Da in der Vergangenheit die Verhältnisse nun einmal nicht zu ändern waren, paßte man sich an und hielt den Mund. Erstmals eröffnet die Männerbewegung nun die Möglichkeit, etwas zu verändern – und endlich können wir zugeben, wie schlecht es uns wirklich die ganze Zeit gegangen ist.

Dieses Buch

Dieses Buch ist keine theoretische Abhandlung, sondern gibt eine praktische Anleitung, was Sie selbst – ja, Sie persönlich sind gemeint! – tun können, um Ihr Leben von Grund auf zu verändern. Die folgenden Seiten enthalten einige der besten und eindrücklichsten

Gedanken, die sich die Männerbewegung an verschiedenen Orten dieses Planeten über die Rolle des Mannes gemacht hat.

Sie beruhen auch auf vielen meiner persönlichen Erfahrungen und spiegeln häufig die Gedanken und Geschichten von Männern wider, denen ich während meiner Gruppenarbeit in Australien begegnet bin. Auch wenn es bei uns »hier unten« noch etwas anders zugeht als anderswo in der »europäisierten« Welt, glaube ich dennoch, daß die Feststellungen, Annahmen und Ratschläge dieses Buches auch in Europa und damit bei Ihnen in Deutschland, Österreich und der Schweiz Gültigkeit haben.

Dieses Buch wurde geschrieben für alte Männer, junge Männer, arbeitende Männer, arbeitslose Männer, Geschäftsleute, Bauern, Väter, Söhne, schwule Männer, verheiratete Männer, Männer jeder Hautfarbe – und natürlich für die Frauen, die Männer lieben und verstehen wollen und sich wünschen, daß sie ihren Geist und ihre Seele wiederfinden.

Zunächst werden Sie Gelegenheit haben, Ihrem »persönlichen männlichen Erbe« zu begegnen – dem, was Sie von Ihrem Vater und den anderen Männern, die Sie aufgezogen haben oder die daran gescheitert sind, mit auf den Weg bekommen haben – oder nicht. Sodann machen wir uns auf die Reise zu einigen unter die Haut gehenden Themen: Sexualität und die männliche Seele, Partnerschaften und die gleichberechtigte Begegnung mit der Frau, Vaterschaft, Initiation, Beruf und Leben, Spiritualität, die tieferen Aspekte unseres Erlebens – jene Teile unseres Selbst, die dem Leben auch dann einen Sinn geben, wenn es uns übel mitspielt.

Dieses Buch ist breit angelegt, aber es beansprucht keinesfalls, der Weisheit letzter Schluß zu sein. Es ist einfach ein guter Anfang.

Willkommen bei der Männerbewegung!

Weitere Stimmen

»Wer hat uns das Mannsein gelehrt – niemand!«

Marvin Allen in *Wild Man Weekend*

»Wir leben in einer wichtigen und produktiven Phase, denn den Männern ist klar geworden, daß das gesellschaftliche Bild dessen, was und wie ein erwachsener Mann zu sein hat, überholt ist; man kann nicht länger darauf bauen.

Wenn ein Mann fünfunddreißig ist, hat er längst erkannt, daß das Image des richtigen Mannes, des harten Mannes, des wahren Mannes, das ihm in der Jugend eingeimpft wurde, im wirklichen Leben nicht taugt. Ein solcher Mann ist offen und bereit für neue Vorstellungen: für das, was ein Mann ist oder was er sein könnte.«

Robert Bly in *Eisenhans*

»Frauen wurden über Tausende von Jahren von den Männern unterdrückt. Jetzt werden sie selbst ein bißchen unterdrückt – was soll die Aufregung! Diese Unterdrückung ist geradezu notwendig!«

Andrew Denton in *The Great Debate*

»Sie ist mit der Frauenbewegung nicht vergleichbar und wird es wohl auch nie sein. Jeder Mann scheint damit im Stillen zu kämpfen – mit 25 oder 35 – ... Männer sind am Punkt einer gewaltigen Veränderung ihrer Identität angelangt, einer Veränderung, die weit über diejenige hinausgeht, die die Frauenbewegung ausgelöst hat.

Sie ist eine an der Oberfläche recht stille Bewegung, mehr eine Veränderung der Ausrichtung, eine Verweigerung, alten Mustern weiter zu folgen, eine Suche nach neuen Werten, eine Auseinandersetzung mit grundlegenden Fragen, denen sich jeder Mann alleine zu stellen scheint.«

Betty Friedan in *Der zweite Schritt*

»Damit keine Mißverständnisse aufkommen: Frauen begrüßen eine Männerbewegung. Wir sehnen uns buchstäblich danach ... Wir müssen unsere Instinkte einsetzen, um zu beurteilen, wem wir vertrauen können. Wir werden Fragen stellen müssen ... Dann können Frauen tatsächlich Verbündete finden im Kampf für eine Zukunft, wie es sie noch nie gegeben hat.«

Gloria Steinen in *Women Respond to the Men's Movement*

Sieben Schritte zur Männlichkeit

Lassen Sie mich Ihnen als Mann zunächst eine schlichte Frage stellen? Sind Sie glücklich? Oder geben Sie das vielleicht nur vor und hoffen, das Glück durch diese Vortäuschung eines Tages doch noch zu erhaschen? Lassen Sie sich mit Ihrer Antwort ruhig ein bißchen Zeit.

Auch ohne fremde Hilfe entwickelt sich aus einem Sämling ein Baum und aus einer Kaulquappe ein Frosch. Aber ein Menschenkind braucht viel Unterstützung, bevor es zu einem »funktionierenden« Erwachsenen heranwächst. Um unsere Geschlechterrolle zu erlernen, brauchen wir wahrscheinlich Tausende von Stunden der Interaktion mit älteren, geistig und emotional reiferen Mitgliedern *unseres eigenen Geschlechts.*

Mädchen erleben solche Kontakte mit Frauen in unserer Gesellschaft jeden Tag, kleine Jungen mit Männern dagegen nur selten. Mädchen und Jungen werden in der Regel von Frauen aufgezogen – so sind die meisten Grundschullehrer weiblichen Geschlechts. Männer sind während eines Großteils des Tages, also die meiste Zeit, abwesend. Das Ergebnis dieses fehlenden männlichen Kontaktes kennen wir alle: daß in der heutigen Welt kleine Jungen vielfach nur zu *größeren* kleinen Jungen heranwachsen. Diese emotional infantilen erwachsenen Männer verbringen dann ihr Leben damit, irgendwelche Rollen zu spielen.

Die daraus resultierende Einsamkeit und Verwirrung – und die Unfähigkeit, mit den eigenen Gefühlen umzugehen und anderen Menschen nahe zu sein – verstärken nur wieder dieses Rollenspiel und die damit einhergehende Isolation. *Nur wenige Frauen verstehen diese Einsamkeit der Männer.*

Zu einem Mann heranwachsen

Es bedarf der Hilfe vieler Männer, bevor aus einem Jungen ein Mann wird. Die Schule ist dafür genausowenig geeignet wie das Fernsehprogramm. Auch die Mutter, so sehr sie sich bemühen mag, kann dies nicht alleine bewerkstelligen. Jungen brauchen Umgang mit gesunden Männern, und dieser Bedarf besteht auch im Erwachsenenleben fort. Jüngere Männer brauchen ältere Männer, und mittelalte Männer brauchen noch ältere Männer. Wird dieser Notwendigkeit Rechnung getragen, dann ist das Leben unendlich viel leichter zu bewältigen, stabiler, interessanter und freundlicher. An die Stelle des einsamen Kampfes und der Versagensangst tritt dann das Gefühl, daß man gestützt durchs Leben der Meisterschaft entgegengeht.

Schauen wir uns das einmal aus einem persönlichen Blickwinkel näher an. Wenn die vorgenannten Bedürfnisse in Ihrer Kindheit und Adoleszenz nicht erfüllt wurden, so wird Ihnen das möglicherweise nicht einmal bewußt sein. Selbst Kinder, die in den bizarrsten Familienverhältnissen aufwachsen, nehmen an, daß sie ein normales Leben führen. Der Verdacht, daß irgend etwas fehlt, kommt erst auf, wenn das eigene Leben irgendwie schiefläuft. Und genauso ergeht es heute vielen Männern. Durch Gesundheits- und Eheprobleme oder Schwierigkeiten im Umgang mit den Kindern, die Unfähigkeit Freunde zu gewinnen oder berufliche Schwierigkeiten alarmiert, stellen sie plötzlich fest, daß ihrem Dasein etwas Wesentliches abgeht.

Jüngere Männer treten vielfach noch gockelhaft und fröhlich auf, aber wenn die Belastungen des Lebens zahlreicher werden, treten auch ihre Defizite deutlicher zutage. Die katastrophalen Darbietungen männlicher Führungspersönlichkeiten auf sämtlichen Gesellschaftsebenen sind hierfür ein deutliches Indiz. Eine männliche Führungspersönlichkeit sollte deshalb eigentlich ein hohes Maß an »väterlicher« Zuwendung erfahren haben, da ein solcher Mann gleichsam als Vater eines Teams, einer Organisation oder gar eines ganzen Landes fungiert.

In der Natur folgen sämtliche Entwicklungen einem vorgegebenen Muster. Was den Mann anbelangt, ist dieses Entwicklungsmuster offenbar in Vergessenheit geraten, so daß der ganze Prozeß weitgehend dem Zufall überlassen bleibt. Wenn wir uns mit alten Kulturen befassen, sehen wir immer wieder, daß man der Erziehung der Jungen dort große Aufmerksamkeit widmete und sie bestimmten Einweihungsriten und Unterweisungen unterzog, für die es in unserer Kultur kaum Entsprechungen gibt.

Robert Bly und andere Vertreter der Männerbewegung haben einige der Entwicklungsschritte benannt, die unsere westliche Kultur dem in ihr heranwachsenden Mann vorenthält. Vielleicht sind diese Initiationsschritte unverzichtbar, um ein authentisches Männerleben führen zu können.

Bei alledem geht es jedoch nicht in erster Linie darum, gut angepaßt (!) zu sein, sondern um etwas viel Umfassenderes, um das Ziel, ein erfülltes Leben zu führen. Der Sioux-Jäger, der Zulu-Krieger, der Stammesälteste bei den australischen Aborigines, aber auch der mittelalterliche Handwerker – sie alle lebten ein herrliches Leben. Sie sorgten sich um und beschützten diejenigen, die ihnen anvertraut waren, ebenso wie um die Welt, in der sie lebten. Weshalb sollte der heutige Mann weniger Mann sein als seine Vorfahren?

Sieben Schritte zur Männlichkeit

Statt Ihnen diese Schritte nach und nach darzulegen, möchte ich Sie mit den folgenden Herausforderungen direkt konfrontieren. Vielleicht berühren sie etwas in Ihnen, das Sie zum Nachdenken veranlaßt. Auf die Details gehen wir später ein: hier die sieben Schritte.

1 Kommen Sie mit Ihrem Vater ins reine

Ihr Vater bildet das emotionale Verbindungsglied zu Ihrer Männlichkeit. Deshalb müssen Sie auf eine klare und bereinigte Beziehung zu ihm hinarbeiten. *Sie können in Ihrem Leben nichts Wesentliches vollbringen, solange Sie Ihren Vater nicht verstanden, ihm nicht vergeben und nicht auf die eine oder andere Weise gelernt haben, ihm Achtung entgegenzubringen.* Sie können das im persönlichen Gespräch tun, falls er noch am Leben ist, oder im inneren Zwiegespräch, falls er bereits tot ist. Solange Sie diese Arbeit nicht getan haben, wird Ihnen Ihr alter Herr bei jedem Schritt, den Sie tun, ein Bein stellen.

2 Entdecken Sie die »heilige Dimension« Ihrer Sexualität

Sie müssen herausfinden, wie Sie sich nicht nur in Ihrer Sexualität wohl fühlen, sondern wie Sie sich durch den Eros verwandeln und erfüllen lassen können. Die Sexualität ist entweder ein eher schäbiger, zwanghafter Bestandteil Ihres Lebens oder aber ein heiliger und mächtiger Quell des Wohlbefindens. Dazwischen gibt es nichts. Zunächst müssen Sie der sexuellen Energie in sich selbst einen neuen Platz geben, anstatt sie lediglich an Frauen »wegzugeben«. Danach müssen Sie die Kunst der Jagd erlernen – das heißt, die spezielle Rolle, die dem Mann im Tanz der Geschlechter zukommt.

3 Nehmen Sie Ihre Partnerin als ebenbürtig an

Jeder kann eine Partnerin finden – das Problem ist nur, sie auch zu behalten. Um dies zu erreichen, müssen Sie Ihre Partnerin – ja die Frauen überhaupt – wie zwar andersartige, aber ebenbürtige Wesen behandeln. Das bedeutet, daß Sie Ihre Frau respektieren sollen, es aber auch nicht an Selbstachtung fehlen lassen dürfen. Wenn Sie es zu einer guten, dauerhaften Beziehung bringen wollen, müssen Sie lernen, zuweilen auch heftige Diskussionen zu führen – und dabei so konzentriert und bedächtig zu Wege zu gehen, daß für Ihre gemeinsamen Probleme auch wirklich eine Lösung herauskommt. Den »Softies« laufen die Frauen genauso fort wie den rücksichtslosen Kerlen, von denen sie sich nicht mehr schikanieren lassen wollen. Deshalb muß der heutige Mann erst einmal lernen, wirklich zu kommunizieren. Eine ziemlich radikale Vorstellung, was?

4 Beteiligen Sie sich aktiv an der Erziehung Ihrer Kinder

Sie können nicht Vater sein, während Sie Zeitung lesen, und Sie können auch nicht die ganze Erziehung Ihrer Partnerin überlassen – weil eine Frau einem Kind nicht alle für dessen Entwicklung wichtigen Erfahrungen vermitteln kann. Weiterhin müssen Sie Ihren Kindern gegenüber die richtige Balance zwischen »Härte« und Zärtlichkeit finden. Das ist besonders wichtig für Ihre Söhne, die viele Stunden täglich Ihre Zuwendung brauchen, falls aus ihnen einmal wirklich erwachsene Männer werden sollen. Auch Töchter brauchen für die Entwicklung eines abgerundeten Selbstwertgefühls viel väterliche Zuwendung.

5 Lernen Sie, echte Männerfreundschaften zu begründen

Sie sind auf die emotionale Unterstützung anderer Männer angewiesen und müssen noch herausfinden, wie Sie Ihre Initiation als Mann abschließen können. Ferner müssen Sie einen Weg finden, Ihren halbwüchsigen Söhnen ebenfalls eine solche Initiation zuteil werden zu lassen. Alle Männer brauchen in bestimmten Übergangsphasen die Hilfe anderer Männer. Sie brauchen sie auch, um einfach ein von Zuwendung und Wärme erfülltes, entspanntes Leben führen zu können.

6 Suchen Sie eine Arbeit, an der Ihr Herz wirklich hängt

Sie müssen eine Arbeit finden, an die Sie glauben, damit die Zeit und die Energie, die Sie in Ihr Arbeitsleben investieren, auf Dinge verwendet werden, die Ihnen wichtig sind. Es reicht nicht aus, nur den Lebensunterhalt zu verdienen. Die wirkliche Aufgabe der Männer ist es, das Leben zu nähren und zu beschützen und an der Schaffung einer besseren Welt mitzuwirken. Wenn Sie nicht an die eigene Arbeit glauben, dann kann dieser innere Widerspruch Sie allmählich töten. Das ist eine entscheidende Frage!

7 Befreien Sie Ihren ungezähmten Geist

Der Männergott lebt nicht in Einfamilienhaussiedlungen oder Bürotürmen. Innere Stabilität beruht nicht auf beruflichen Erfolgen oder Besitztümern. Ihr Innenleben braucht eine spezifisch maskuline, *in der Natur gründende* Spiritualität, die Sie in Kontakt zu jener Erde bringt, auf der Sie leben. Wenn Sie älter werden, können Sie darin eine Quelle der Kraft und Harmonie finden – und Sie können sich dadurch von Furcht und Abhängigkeit befreien.

Das also sind die *sieben Schritte zur Männlichkeit.* In ihrer Abfolge sind sie nicht festgelegt. Vielleicht haben Sie manche dieser Forderungen bereits umgesetzt, bemühen sich derzeit um die Verwirklichung anderer und haben das Gefühl, wieder andere seien schlicht uneinlösbar. Einige dieser Punkte stellen Sie womöglich vor ein Rätsel oder überraschen Sie, andere lassen vielleicht etwas in Ihnen anklingen. Möglicherweise schwirren Ihnen aber inzwischen auch zahlreiche Fragen durch den Kopf. Falls ja, dann ist das nur gut so.

Dieses ganze Buch ist der Erforschung solcher Fragen gewidmet und der Darlegung ihrer praktischen Folgen. Sämtliche oben umrissenen Schritte sind unverzichtbar für den, der zu seiner vollen Männlichkeit gelangen möchte. Machen wir uns also auf den Weg.

Weitere Stimmen

»Wie soll ein Mann sein? Was habt Ihr gelernt über das Mannsein? – Aus dem Publikum: ›Große Jungen weinen nicht!‹ – Große Jungen weinen nicht. Der vielleicht gefährlichste Grundsatz, den man euch eingebleut hat.«

Marvin Allen in *Wild Man Weekend*

»Es ist sinnlos, die vorindustrielle Kultur zu verherrlichen, doch wir wissen, daß viele Väter heute fünfzig oder sechzig Kilometer von zu Hause entfernt arbeiten, und wenn sie abends zurückkommen, sind die Kinder oft schon im Bett, und sie selbst sind zu müde, um aktiv die Vaterrolle zu übernehmen.«

Robert Bly in *Eisenhans*

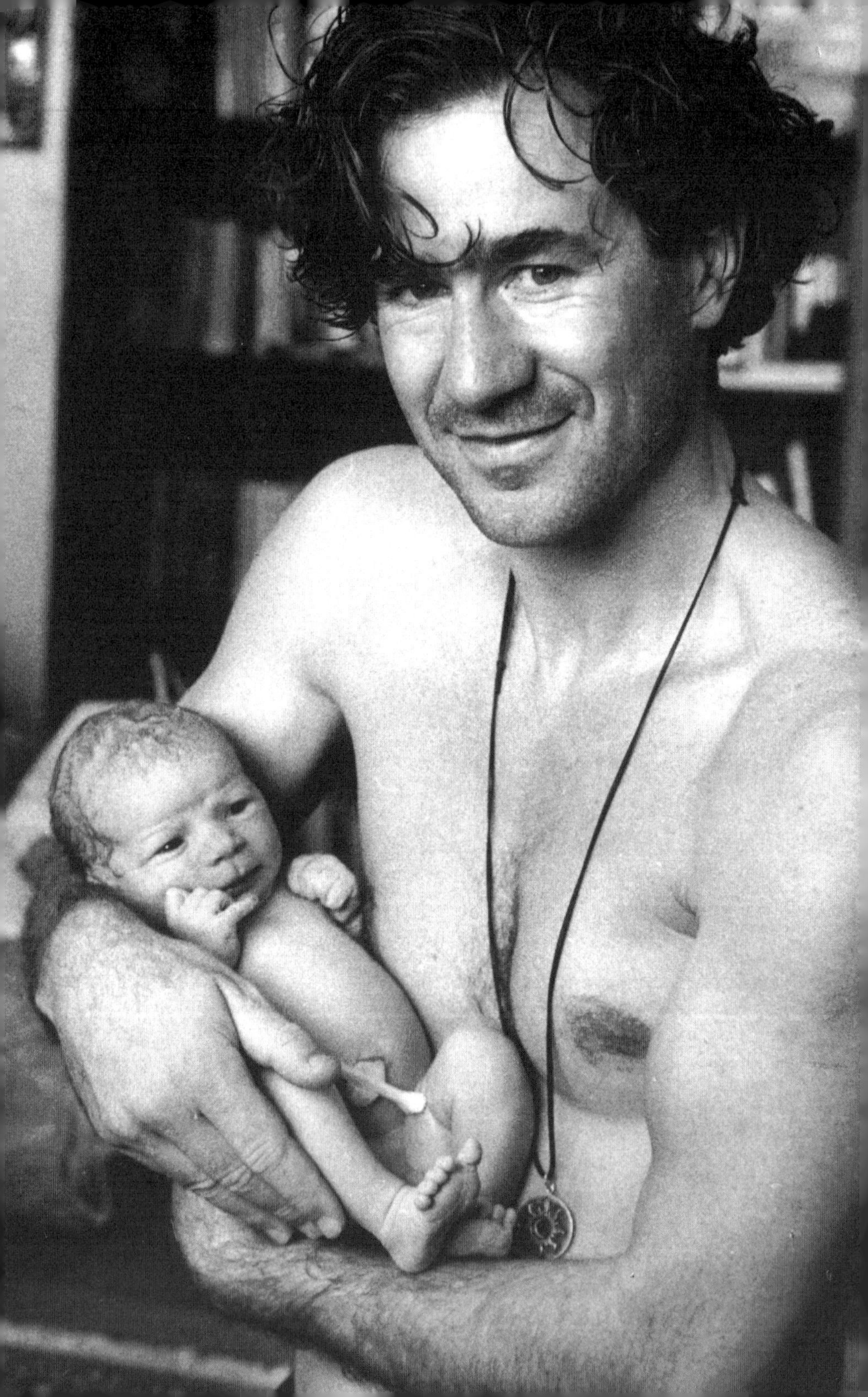

Befreiung auch für uns Übrige!

Ich sitze spät abends vor dem Fernseher und sehe mir die Show des in Australien und England wegen seiner beißenden Satire gefürchteten Showmasters Clive James an. Die Gäste sind die Speerspitze der Frauenemanzipation, Germaine Greer, und – ausgerechnet – einer der beliebtesten englischen (besser: irischen) Komiker, Billy Connolly! Germaine ist zuerst dran. Sie ist lebhaft wie eh und je und redet zugleich ungewöhnlich persönlich – ja traurig – über ihr Leben und die Einsamkeit, die ihr manche Lebensentscheidungen eingebracht haben.

Dann geht es wieder fröhlicher her. Billy Connolly wird hereingeführt, und Clive Thomas fragt ihn – natürlich – als erstes, was er vom Feminismus hält. Billy rollt die Augen und schüttelt den Kopf:

> »Also, ich weiß nicht! Früher dachte ich, Feminismus bedeutet nur, daß man nett zu Frauen ist – daß man ihnen die gleiche Bezahlung gibt und so was. Klingt toll. Also hielt ich in New York den Frauen die Tür auf und bekam zu hören: ›Verpiß dich!‹ Später hab' ich dann Feminismus immer mit Sexismus verwechselt. Ich ging auf Partys und verkündete: ›Also, ich bin auch so ein Sexist‹.
>
> Ich finde das ganze Zeugs, das über den Feminismus geschrieben wird, unglaublich ... äääh... langweilig. Ich sage zu meinem Gehirn: Komm schon, lies' das jetzt, und schon hat es sich verabschiedet ... Also, drum gerissen hab ich mich noch nie, hmm, um den Feminismus. Der heilige Gral ist das für mich nie gewesen.«

»Der heilige Gral ist das für mich nie gewesen!« So läßt sich das Dilemma der Männer wohl am treffendsten beschreiben. Die meisten vierzigjährigen und jüngeren Männer haben ihr ganzes Leben in der feministischen Ära verbracht. Auch Männer über vierzig haben sich damit auseinandersetzen müssen.

Nicht, daß wir bereits in einer Welt lebten, in der sich der Feminismus mit all seinen Forderungen durchgesetzt hätte, aber immerhin agieren wir in einer sozialen Atmosphäre, in der die vorherrschenden Einstellungen, die qualifiziertesten Meinungen und die hellsichtigsten Analysen übereinstimmend den Wert, die Qualitäten und die Rechte der Frauen betonen. Das ist bestimmt ganz toll, wenn »man« eine Frau ist – aber selbst der gutwilligste Mann fühlt sich dadurch natürlich irgendwie an den Spielfeldrand verwiesen.

Der Feminismus ist nicht für die Männer da

Billy Connollys ganzes Geheimnis besteht darin, daß er das Unsagbare auszudrücken versteht (Germaine war natürlich ganz begeistert von ihm – während sie einfühlsame New-Age-Typen zum Frühstück verspeist). Diese die Wahrheit aussprechende Funktion des Komödianten ist für unsere seelische Gesundheit sehr wichtig. In diesem Fall besteht die unaussprechliche Wahrheit in dem Umstand, daß der Feminismus für die Männer nichts tut! Und das will er natürlich auch gar nicht – es sei denn indirekt, indem er dafür sorgt, daß es immer mehr glückliche Frauen gibt.

Der Feminismus ist mit der Selbstbefreiung der Frauen befaßt – mit der Veränderung von Wahrnehmungen, von Gesetzen, Arbeitsbedingungen und so fort. Das ist zwar wundervoll – aber genau wie man als Weißer der Black-Power-Bewegung nur vom Seitenaus applaudieren kann, steht man als Mann beim Feminismus außen vor (Woody Allen sagt in einem seiner Filme, er hätte in Berkeley drei Jahre »Black Studies« betrieben. »Nur noch ein Jahr«, runzelt er die Stirn und legt den Kopf schief, »und dann bin ich schwarz!« Doch über Woody Allen später mehr).

Der Feminismus verlangt von den Männern, sich zu ändern, aber er ist nicht für die Männer da. Wenn Sie ein Mann sind, können Sie starke Frauen bewundern und unterstützen, Sie können die Unterdrückung und den Mißbrauch verletzlicher Frauen bekämpfen, aber Sie können kein Feminist sein, weil Sie einfach nicht zu dem Club gehören. Sie werden stets ein Löwe unter Vegetariern sein, und das bleibt natürlich niemandem verborgen.

Es ist wichtig, daß wir begreifen, in welcher Zeit wir eigentlich leben. Unsichtbare Kräfte ziehen uns mit sich fort, während wir versuchen, unseren eigenen Kurs zu halten. Der Feminismus ist gewiß die umfassendste Bewegung der gesamten Menschheitsgeschichte. Frauen aller Kulturen und Religionen haben seit Tausenden von Jahren unermeßlich gelitten und lassen sich jetzt nicht länger einfach abspeisen. Wenn wir noch den Kampf der Frauen um das Wahlrecht am Anfang dieses Jahrhunderts einbeziehen, ist der Feminismus gewiß das wichtigste Ereignis des gesamten zwanzigsten Jahrhunderts.

Hier nur eines von Tausenden möglicher Beispiele, die belegen, daß eine Frauenbewegung absolut nötig war. Eine Frau, mit der ich befreundet bin, wurde 1972 wegen einer anderen Frau von ihrem Mann verlassen. Sie hatte zwei kleine Kinder und kein Einkommen, deshalb beantragte sie Sozialhilfe. Das entsprechende Amt erklärte ihr, daß sie erst nach sechsmonatiger Trennung Ansprüche geltend machen könne und zudem beweisen müsse, daß sie ihrem Ehemann keinen Anlaß gegeben habe, sie zu verlassen. Das heißt, sie mußte Zeugen dafür beibringen, daß sie 1. seine Sachen gebügelt, ihn 2. gut bekocht und ihm 3. Sex gewährt hatte!

Das alles hat sich in Australien seit der Whitlam-Ära und der Einführung des neuen Familienrechts geändert, aber das ist ja auch noch nicht lange her und macht überdeutlich, warum der Feminismus überhaupt entstehen mußte. Selbst heute sind erst gerade einmal zehn Prozent der akademischen Positionen oder des höheren Managements mit Frauen besetzt. Die Gleichheit ist für Frauen noch immer ein ferner Traum.

Die andere Hälfte der Befreiung

Die Frauen haben wichtige Geländegewinne zu verzeichnen gehabt, aber jetzt in den Neunzigern ist man sich bereits wieder einig, daß die Dinge abermals ins Stocken geraten sind oder sich, schlimmer noch, sogar wieder zurückentwickeln. Sollte das wahr sein, so überrascht es nicht, denn die Ursache dafür ist Bestandteil des Gesamtprozesses. Einfacher ausgedrückt: Man kann nicht nur die eine Hälfte der Menschheit befreien.

Der Wunsch, die Frauen von den Männern zu befreien, setzt voraus, daß die Männer in irgendeinem Machtkampf den Sieg davongetragen haben und daß das ganze Leben um nichts als um Macht kreist. Kurz: Eine Grundannahme des Feminismus war, daß die Männer sich hervorragend fühlten. Doch ist jedem, der sich die Zeit nimmt, darüber nachzudenken, klar, daß es sich bei dem sexistischen Ehemann, der seine Frau schlägt, oder dem Chef, der seine Mitarbeiterinnen belästigt, oder dem Mann, der sich an seinen Kindern sexuell vergeht, kaum um siegreiche oder starke Persönlichkeiten handeln kann.

Diese Art von Männern sind sich ihrer selbst auf geradezu klassische Weise unsicher – deshalb ihr Drang, Frauen niederzuhalten. Sie mögen zwar »oben« sein, aber sie sind alles andere als echte Siegertypen. Es ist deshalb wesentlich vernünftiger zu sagen, daß Männer und Frauen in einem System gefangen waren und noch sind, das ihnen beiden Schaden zugefügt hat und weiterhin zufügt. Der Weg, der vor uns liegt, kann nicht darin bestehen, daß Frauen Männer bekämpfen, sondern, daß Frauen und Männer gemeinsam jene alten Dummheiten überwinden, die wir als gemeinsames Erbe mit uns herumschleppen.

Nehmen wir die Geschäfts- und Berufswelt als Beispiel. Für viele Frauen hat sich der Wunsch, mit den Männern in der Arbeitswelt gleichberechtigt zu sein, bestenfalls in mehr oder weniger »pervertierter« Form erfüllt. Jene Frauen, die gelernt haben, nach männlichen Maßstäben zu konkurrieren – und dann wie Männer leben, wie Männer reden und wie Männer ausbeuten –, sind die Opfer dieses Mißverständnisses. Der Preis sind ebenfalls Magengeschwüre, Herzinfarkte und Kinder, die die eigene Mutter hassen. Willkommen in der privilegierten Welt der Männer!

Weil die Männer Angst haben und schon von jeher Angst gehabt haben, betreiben sie jetzt gegenüber den Frauen eine Politik der »Zurückdrängung«. Und ein einseitiger Feminismus begünstigt noch eine solche Reaktion. Wie wir aus der Gruppenarbeit wissen, sind gewalttätige Männer unter der Oberfläche nur selten wirklich zornig. Verängstigt, ja. Einsam, ja. Die Wut ist nur eine Tarnung. Jeder Versuch, die Ordnung der Dinge zu verändern, der nicht zugleich auch den Umstand berücksichtigt, daß sich die Männer genauso verloren, gefangen und elend fühlen wie die Frauen, wird nur Widerstand auslösen – eben jene vieldiskutierte Politik der Zurückdrängung.

Doch die Männerbewegung will niemanden zurückdrängen. Im Vorwort zu seinem Eisenhans weist Robert Bly auf diesen Punkt nachdrücklich hin:

»Ich möchte betonen, daß dieses Buch nicht darauf angelegt ist, Männer gegen Frauen auszuspielen, und ebensowenig ist es meine Absicht, Männer wieder zu den herrischen Verhaltensweisen anzuhalten, die zu einer jahrhundertelangen Unterdrückung der Frauen und ihrer weiblichen Werte geführt haben. Die Gedanken dieses Buches sind nicht dazu angetan, die Frauenbewegung herauszufordern. Beide Befreiungsbewegungen sind miteinander verknüpft, aber jede bewegt sich nach einem anderen zeitlichen Rhythmus.«

Bly ist für die von den Männern erzeugten Probleme nicht blind. Er wirft nur einen differenzierteren Blick auf die Ursachen und Heilungsmöglichkeiten. Ein paar Zeilen später in seinem Vorwort heißt es:

»Die dunkle Seite der Männer ist offensichtlich. Ihre irrwitzige Ausbeutung der Bodenschätze unseres Planeten, ihre Geringschätzung und Erniedrigung der Frauen und ihre zwanghafte Leidenschaft für atavistische Kriegsspiele [siehe Bosnien] sind nicht zu leugnen. Ihr genetisches Erbe ist diesen Obsessionen ebenso förderlich wie das kulturelle und gesellschaftliche Umfeld.

Unsere Mythologien haben den Nachteil, daß sie Männern keine tiefen Gefühle zusprechen, ihnen einen Platz im Himmel statt auf Erden zuweisen, Gehorsam gegen falsche Mächte lehren, darauf hinwirken, daß Männer Jungen bleiben und daß sie Männer ebenso wie Frauen in Systeme industrieller Herrschaft verstricken, die ein Matriarchat wie auch ein Patriarchat ausschließen.«

Der sinnlose Streit darüber, welches der beiden Geschlechter für all dies die »Verantwortung« trägt, flackert sofort auf, sofern wir nicht schlicht lernen, diese Frage fallenzulassen. Die Männer allein zu beschimpfen, ist weder sonderlich mitfühlend noch sachlich berechtigt oder auch nur sinnvoll. Frauen, die die Männer als Gruppe attackieren, reichen lediglich das weiter, was sie selbst an Unrecht erfahren haben. Das mag ihnen zwar ein gutes Gefühl verschaffen, ist aber unentschuldbar. Es gibt in der Welt wahrlich bereits genügend Haß. Was wir brauchen, ist mehr Intelligenz und guten Willen.

Wir müssen deshalb jetzt vergleichbare Schritte zur Stärkung der Männer unternehmen, ähnlich denjenigen, die Frauen schon zum Teil für sich selbst unternommen haben. Die meisten Männer (und gewiß die meisten fähigen und nachdenklichen Männer) haben den Feminismus nicht nur begrüßt – sie sind bisweilen auch mit einem gewissen Neidgefühl gegenüber dieser Bewegung aufgewachsen, haben sie bewundert und sich für ihre Ziele eingesetzt. Und darin liegt das Problem. Die bedeutendste soziale Bewegung unserer Zeit bezieht uns Männer überhaupt nicht ein (ja, schließt uns wegen einiger zwischen unseren Beinen baumelnder Dinge sogar aus)! Welcher Ausweg aus diesem Dilemma bietet sich da noch? Die Männerbewegung der Neunziger ist keine Gegenbewegung zur Frauenbewegung. Sie ist vielmehr die fehlende Hälfte der Frauenbewegung.

Das Ende der Verstellung

Was also hat es mit der Männerbewegung auf sich? Zunächst einmal ist sie bemüht, wieder das Bewußtsein dafür zu schärfen, daß Männlichkeit eine positive, lebensbejahende Kraft ist. Im heutigen Australien gibt es über 300 Männergruppen, die dieses positive Ziel verfolgen. Bereits seit fast zwanzig Jahren gibt es dort so etwas wie eine »Männerbewegung«. Bedauerlicherweise hatten diese Männer oftmals den Ansatz, sich zunächst dafür zu entschuldigen, daß sie Männer waren. Sie hatten ehrenwerte Absichten und haben gewiß auch das eine oder andere Positive bewirkt.

Auch ihnen ist es zu verdanken, daß wir heute emotional offeneren Männern begegnen (ja, bisweilen sogar Politikern oder Sportlern, die ihren Kummer zeigen), die auch einen herzlicheren Umgang miteinander pflegen. Man ist sich heute überdies allgemein darüber einig, daß die Belästigung und Unterdrückung der Frauen durch die Männer zu verurteilen ist.

Doch sowohl die Themen als auch die Ausstrahlung der »männlichen Feministen« hatten nur allzuoft etwas Negatives, etwas Destruktives an sich, so daß sich die meisten der »normalen« Männer damit überhaupt nicht anfreunden konnten. Stellen Sie sich einmal vor, Sie schließen sich einer Bewegung oder einer Gruppe an, die von der Voraussetzung ausgeht, daß Sie von Geburt an einen (zudem unabänderlichen) Defekt haben und wegen Ihres Geschlechts immer nur zweitklassig sein können – einer Bewegung, die ferner unterstellt, daß Sie im Grunde ein Vergewaltiger, ein Kinderschänder und Mörder sind und erst einmal lernen müssen, sich selbst zu beherrschen. Eine solche Prämisse konnte natürlich nur eine begrenzte Anziehungskraft auslösen!

Als die Öffentlichkeit von dieser Bewegung Kunde erhielt, dauerte es nicht lange, bis die Figur des nicht ganz ernstzunehmenden »Softies« durch die Medien geisterte – eine Figur, die nicht etwa wegen ihrer Sensibilität so lächerlich wirkte, sondern weil sie so leicht durchschaubar war.

Und da stellte sich so mancher Mann die Frage: Wenn ich, um diesen großartigen feministischen Frauen zu gefallen, einfühlsam und mitfühlend sein und im Haushalt »mithelfen« muß und am besten auch noch irgendwo hinter der Garage übernachten soll – ja, was zum Teufel will ich damit?

Die Softie-Masche wirkte ziemlich aufgesetzt und war das im allgemeinen auch. Pseudo-Softies begegnete man ab Beginn der siebziger Jahre überall. Und was noch schlimmer war: Die wirklich gutwilligen und ernstzunehmenden Männer wurden in eine Abwehrhaltung getrieben und erstarrten zusehends in dieser Defensive (als ob Vergewaltigungen oder Kindsmißbrauch durch ein weißes Band am Revers gestoppt werden könnten. Nein, Kindsmißhandlungen sind nur durch harte Arbeit abzubauen). Auch läßt sich eine neue Identität nicht auf einen Minderwertigkeitskomplex gründen. Alle waren stolz auf sich: die Schwarzen, die Schwulen, die Frauen – nur den Männern waren in dem ganzen Kontext die Schuldgefühle zugedacht.

Anfang der neunziger Jahre aber tauchte in den Medien ein neues Bild auf: das von den »armen verwirrten Männern«. Und tatsächlich war es an der Zeit, daß sich etwas änderte. Die Leute redeten unentwegt von ihrer »Rolle«. Aber nur jemand, der kein »Selbst« hat, hält Ausschau nach einer Rolle. Gerade Männer haben über lange Zeit nur Rollen gespielt. Und wie ich bereits am Anfang dieses Buches gesagt habe, haben Männer gelernt, sich zu verstellen. Wenn wir jedoch etwas Authentisches zutage fördern möchten, dann müssen wir schon tiefer graben!

John Wayne ist an allem Schuld!

Vor rund dreißig Jahren war die Rolle des Mannes noch genau definiert. John Wayne ist vermutlich der Inbegriff dieses Mannes der fünfziger Jahre: der Mann als Holzblock!

Robert Bly hat in Eisenhans den Mann der Fünfziger in seinen Stärken und Schwächen wunderbar beschrieben:

> »Er ging früh zur Arbeit, rackerte sich pflichtbewußt ab, versorgte Frau und Kinder, und Disziplin ging ihm über alles. Reagan ist eine Art mumifizierte Ausgabe dieses zähen Typs. Diese Sorte Mann nahm die Seele der Frau nicht so genau zur Kenntnis, aber er schätzte ihren Körper; sein Verständnis von Kultur und von Amerikas Beitrag dazu war jugendhaft-optimistisch.
>
> Er besaß viele starke und positive Eigenschaften, doch hinter dem Charme und dem Schein verbargen sich, und verbergen sich noch immer, eine große Isolation, Deprivation und Passivität. Wenn er keinen Gegner hat, fühlt er sich nicht wirklich lebendig.
>
> Von dem Mann der fünfziger Jahre wurde erwartet, daß er sich für Football interessierte, aggressiv war, sich rückhaltlos zu den Vereinigten Staaten bekannte, nie weinte und stets gut für die Seinen sorgte. Doch dieses Männerbild bot keinen Platz für Offenheit oder Intimität.«

Bly beschreibt die Generation unserer Väter und zugleich viele Angehörige unserer eigenen Generation. Der Mann der Fünfziger hat durchaus eine Menge Pluspunkte aufzuweisen – Loyalität zum Beispiel oder die Bereitschaft, hart zu arbeiten und schwierige Dinge anzupacken. So habe ich in meiner Praxis auch mit australischen Soldaten, Ingenieuren, Forstbeamten und Polizisten des älteren Typs gearbeitet, und immer ist mir aufgefallen: Diese Leute wissen zwar, wie man bestimmte Aufgaben erledigt, aber nicht immer, warum.

Mit dieser Einstellung gelangten diese Männer schließlich auf den Mond – und nach Vietnam. Sie wußten nur nicht, warum. Handeln ohne Empfindungen oder im Fall Vietnams: Zuerst Handeln und später Fühlen und Nachdenken.

Warum aber zeichnete sich die Generation unserer Väter durch einen solchen Gefühlsmangel aus? Oder – wieso versuchte sie so angestrengt, ihre Gefühle in Schach zu halten? Warum gab diese Generation kaum einmal mehr von sich als ein gelegentliches Brummen? Die Antwort liegt nahe, denn auch der Mann der Fünfziger spielt ebenfalls lediglich eine Rolle. Er wußte nicht, was Fühlen bedeutet, weil Gefühle von innen kommen. Wenn das eigene Rollenvorbild hölzern und distanziert ist, wie soll man dann lernen mitzuteilen, was innen passiert? Unter solchen Umständen fehlen völlig die Worte, um Gefühle auszudrücken. Und deshalb konnten diese Männer gar nicht sagen: »Ich fühle mich in dieser Situation ziemlich im Stich gelassen« oder: »Ein Mann fühlt, was er fühlen muß.«

Wenn ein Rollenvorbild keine Informationen über die Innenwelt bereithält, dann gelingt es einem Jungen, der sich an diesem Rollenvorbild orientiert, ganz einfach nicht, überhaupt eine Innenwelt zu entwickeln.

Diese Jungmänner haben dann zwar immer noch Gefühle, doch diese sind recht chaotisch und nicht zu steuern, weil sie keinen Namen haben. Nach diesem Muster sind in diesem Jahrhundert immer neue Generationen von jungen Männern aufgewachsen. Und wir heutigen Männer sind zwischen zwei Rollenvorbildern hin- und hergerissen: zwischen dem »Macho« à la John Wayne und dem »Softie« à la Woody Allen – ein Hin und Her zwischen zwei völlig wirklichkeitsfremden, unlebbaren Extremen also!

(Was Woody Allen erlebt hat, ist in diesem Zusammenhang sehr aufschlußreich. Hinter der Fassade eines jeden Softies, unter all der Freundlichkeit und Sanftheit, lauern Begierden und Aggressionen, die um so gefährlicher sind, als sie nicht eingestanden werden. So hatte Allen offenbar keine Hemmungen, eine sexuelle Beziehung zu einer Stieftochter einzugehen, die nicht einmal halb so alt war wie er selbst. Seine Ehe flog daraufhin unter Inzestgezeter auseinander. Gerade bei einem solch wundervoll kreativen Mann war dieser Gang der Dinge natürlich besonders traurig. Und die Welt machte sich selbstverständlich auf diese ganze Geschichte den Reim: So sind sie also wirklich, diese »New-Age-Männer«.)

Tiefe Männlichkeit

Falsche Härte oder falsche Nettigkeit – bis dahin waren die Männer der frühen neunziger Jahre gelangt. Da verwundert es kaum, daß sie immer verwirrter wurden. Aber es besteht eine echte Alternative. Denn es gibt so etwas wie eine »tiefe Männlichkeit«, die in jedem jungen Mann angelegt ist und sich entwickeln und zur Reife bringen läßt. Statt zu »beweisen«, daß Sie ein Mann sind, sollten Sie Schritte unternehmen, die Ihnen dabei helfen, auf der Grundlage der bereits in Ihnen angelegten Fähigkeiten einer zu sein. Viele »harte« und »coole« Halbwüchsige können beispielsweise wundervoll mit kleinen Kindern umgehen, wenn sie entsprechend angeleitet und ermutigt werden.

Auch ältere Teenager arbeiten durchaus bereitwillig auf persönliche Ziele hin, wenn sich dabei nur jemand wohlwollend um sie kümmert. So entwickeln sich dann männliche Fürsorglichkeit und männliches Durchhaltevermögen. Männlichkeit muß erlernt werden, und zwar von Männern, die sie von anderen Männern erlernt haben, die in dieser uralten »Tradition« aufgewachsen sind. Natürlich können Frauen Jungen ebenfalls positive Eigenschaften vermitteln, aber was die Lehr methoden eines Mannes und die Lernbereitschaft eines Jungen anbelangt, gibt es subtile und wichtige Unterschiede.

Die Xervante, ein Volk aus dem brasilianischen Regenwald, kennen acht Stadien der Männlichkeit und verwenden vierzig Jahre darauf, diese zu erlernen. Bei diesem Volk gibt es deshalb die vielleicht ausgeglichensten Männer der Welt, die all die von uns gesuchten Eigenschaften in sich vereinen: Stärke und Zärtlichkeit, Tapferkeit und Mitempfinden. Xervante-Männer lieben die Schönheit und setzen sich aktiv für deren Erhaltung ein. Über die Angebote des Stadtlebens lachen die Xervante nur und kehren so schnell wie möglich in ihren Wald zurück. Ein Xervante-Mann fühlt sich niemals allein. Ein westlicher Zivilisationsmann dagegen ist bereits in jungen Jahren und dann für den Rest seines Lebens auf sich gestellt.

Ein neuer Anfang

> »Ein Mann braucht andere Männer, besonders ältere Männer, die ihn segnen, die ihn ehren, die ihn ermutigen, die ihn auf seine Fehler hinweisen und seinen Status erhöhen.«
>
> Douglas Gillette in *Wingspan*

Wie das Problem des heutigen Mannes zu lösen ist, das ist glasklar. Wir müssen die zerrissene Kette jener Tradition wieder zusammenfügen, die den Männern seit Urzeiten vermittelt hat, was es bedeutet, ein Mann zu sein. Denn dieses Problem ist vergleichsweise neu. Entstanden ist es erst vor rund zweihundert Jahren – und zwar gleichzeitig mit der Industriellen Revolution. Für uns ist die Industrialisierung heute selbstverständlich, doch kann man ihre Auswirkungen auf uns kaum hoch genug einschätzen.

Die industrielle Revolution war wohl das wichtigste Ereignis der gesamten Menschheitsgeschichte. Sie vollzog sich – im Guten wie im Schlechten – vor rund zweihundert Jahren innerhalb einer Generation, und wir leben noch immer in ihrem Schatten. Sie nahm von England ihren Ausgang und hat sich dann langsam über den Globus ausgebreitet. Die Gesellschaften, in denen sie sich durchgesetzt hat, bezeichnen wir als »entwickelte« Länder. Und in der Tat haben diese eine völlige Wandlung ihrer Lebensweise durchgemacht. Wir sehen die Industrielle Revolution für gewöhnlich unter dem Gesichtspunkt ihrer Vorzüge – und tatsächlich hat sie uns ja auch eine Menge gebracht (oder würden Sie gerne den Tag damit verbringen, im strömenden Regen Rüben zu hacken!?). Freilich haben wir noch lange nicht begriffen, was wir verloren haben. Zum erstenmal in der fünfhunderttausendjährigen Geschichte der Menschheit arbeiteten die Männer plötzlich nicht mehr gemeinsam mit Frauen und Kindern in Dörfern und auf Höfen, sondern verrichteten ihren »Job« abgetrennt in Fabriken oder Bergwerken.

Und in völliger Abweichung von allem bisher Dagewesenen wurden die Jungen jetzt plötzlich fast ausschließlich von den Frauen erzogen. Zuvor waren die kleinen Jungen seit undenklichen Zeiten der Obhut wohlwollender älterer Männer anvertraut worden, die stolz auf diese Aufgabe waren und den Entwicklungsprozeß der Knaben begleiteten. Schließlich war das Leben aller bedroht, wenn es dem Stamm oder dem Dorf nicht gelang, gute Männer heranzuziehen.

Noch um 1900 waren in den USA über 90 Prozent der Väter in der Landwirtschaft beschäftigt, im Deutschen Reich war dies 1882 jeder zweite Erwerbstätige. In jenen Tagen erlebte ein typischer Sohn seinen Vater fast den ganzen Tag bei der Arbeit, und das rund ums Jahr.

Der Umstand, daß kleine Jungen jetzt plötzlich fast ohne männliche Beeinflussung heranwuchsen, veränderte nachhaltig die Struktur der Familie, doch wir gewöhnten uns schnell daran, und schon bald galt das als ganz normal.

Daß kleine Jungen nicht nur ein paar Minuten lang, sondern viele Stunden am Tag »bevatert« werden müssen und daß Onkel und Großväter für die seelische Gesundheit des männlichen Nachwuchses unverzichtbar sind – das alles wurde schlichtweg ignoriert. Und so waren schon bald bei den meisten Männern tiefgreifende Entwicklungsdefizite zu verzeichnen, die vielleicht sogar die in der modernen Welt wie Seuchen um sich greifenden »Vernichtungs«-Kriege mitverursacht haben.

Vaterhunger

Am meisten Schaden jedoch hat unser persönliches Leben genommen. Denn es trat der Vater des 19. Jahrhunderts auf den Plan – fremd, fern, häufig gewalttätig und auf verschiedene Weise sexuell verwirrt. Die heutigen Männer sind in diesem Umfeld aufgewachsen – Männer, die in den dreißiger und vierziger Jahren und noch später zur Welt gekommen sind – und haben ihren Vater meistens gehaßt. Aber dieser Haß wurzelte in der Trauer über den Mangel an Kontakt und Liebe.

Und so stolperten wir Männer voran und versuchten, uns selbst in einem Vakuum neu zu erfinden. Wir waren ratlos und machten uns Selbstvorwürfe, wenn wir in diesem Bemühen zwangsläufig scheiterten. Wie sollten wir um etwas trauern, wovon wir noch nicht einmal wußten, daß wir es überhaupt vermißten? Irgendwann wurde dann ein schlichter und anschaulicher Begriff für diesen Kummer geprägt: Vaterhunger. Der Vaterhunger gründet in einem tiefen, biologisch verankerten Bedürfnis nach einem starken, humorvollen, behaarten, wilden, zärtlichen, liebevollen, fürsorglichen männlichen Gegenüber. Einem Bedürfnis nach langen beglückenden Stunden, in denen wir die Welt vertrauensvoll und ohne Angst erleben konnten – in dem Vergnügen, gemeinsam etwas zu tun oder zu bauen, gemeinsam nach etwas zu streben und allen Widrigkeiten ins Gesicht zu lachen, in der Freude, von Männern, die all dies kennen und bereitwillig teilen, zu lernen, was es bedeutet, ein Mann zu sein.

Vaterhunger ist der vielleicht wichtigste Begriff für die Psychologie des Mannes. Er bildet für die meisten nach seelischer Gesundheit suchenden Männer den Ausgangspunkt. Und wie wir das Verlorene wiederfinden können, damit wollen wir uns in den folgenden Kapiteln befassen.

Kurzgefaßt

1 **Der Feminismus befreit die Frauen aus langer Unterdrückung. Deshalb ist er wichtig und muß weitergeführt werden.**

2 **Aber die meisten Männer sind ebenfalls unterdrückt worden – von einem unmenschlichen System, das seit dem Beginn des Industriellen Zeitalters nur noch schlimmer geworden ist.**

3 **Die Männer von heute sind reif für eine Wandlung. Die aktive Vaterschaft ist vermutlich einer der entscheidenden Schritte für einen Neuanfang.**

Weitere Stimmen

»Ich mag den Gedanken, daß die Dinge, die ich tue, männlich sind ... Wenn ich ein Baby halte und küsse, dann hält der männliche Teil von mir dieses Baby. Wenn mir vor Angst oder Freude die Tränen kommen, dann sind sie ganz und gar männlich. Sie haben nichts Weibliches an sich.«

Marvin Allen in *Wild Man Weekend*

»Wenn man heute eine Familie besucht, dann ist es häufig die Mutter, die selbstbewußt auftritt. Der Vater hält sich irgendwo im Hintergrund auf, artikuliert sich nicht.«

Robert Bly in *Eisenhans*

»Manche Leute machen keinen Unterschied zwischen instinktiver Wildheit und instinktiver Aggressivität ... Aus berechtigter Furcht vor Brutalität hat es sich der separatistische Feminismus zum Ziel gesetzt, dic Wildheit im Mann auszumerzen.«

Robert Bly in *To Be a Man*

»Die feministische Kritik an der Industriegesellschaft hat die Männer in die Defensive gedrängt und die Männlichkeit selbst vor den Richterstuhl zitiert, als ob Maskulinität von Natur aus destruktiv wäre. Die Männerbewegung hilft uns dabei ..., eine gesunde Männlichkeit wiederzufinden und diese zu ehren, und zu dieser Männlichkeit gehören natürlich auch schaffende, erdverbundene und nährende Eigenschaften.«

Shepherd Bliss in *Wingspan*

»Dieser ›softe‹ Mann, der aus seiner ›falschen Weiblichkeit‹ eine Show macht, ist leicht zu erkennen. Seiner Stimme, seinen Handlungen und seinem Wesen fehlt es an Durchschlagskraft. Er liebt vielleicht die Erde und ißt nur vegetarisch, aber er ist unfähig, entschieden für die Rettung des Planeten oder für irgendeinen Menschen oder irgendeine Sache einzutreten. Es fehlt ihm an Energie, die ja sagt zum Leben und nein zu Drogen, Alkohol und anderen Abhängigkeiten und selbstzerstörerischen Verhaltensweisen.«

John Lee in *Auf der Suche nach dem Vater*

»In meinen Talk Shows und Interviews der letzten Zeit ist das Männer-Abqualifizieren das mit Abstand beliebteste Thema. Selbst aus Dänemark, Australien und Deutschland sind schon Reporter und Fernsehteams zu mir gekommen, die etwas über dieses amerikanische Phänomen in Erfahrung bringen wollten. Was passiert hier eigentlich? fragen sie mich. Warum wollen die Frauen das? Und weshalb lassen die Männer es zu?

Besonders aufdringlich ist der Trend in der Werbung. Eine Auswertung von 1000 nach dem Zufallsprinzip ausgewählten Werbesendungen hat ergeben, daß in allen (100 Prozent!) der darin dargestellten Mann-Frau-Beziehungen der Mann der Trottel war. Von dieser Regel gab es keine Ausnahme. Das heißt, in jeder der gezeigten Ehemann-Ehefrau- oder Jungmann-Freundin-Interaktionen war der männliche Beteiligte der Depp.

Einhundert Prozent der schlecht riechenden Personen waren männlichen Geschlechts. Einhundert Prozent der in einer Wettbewerbssituation Unterlegenen waren Männer. Einhundert Prozent derjenigen, die ohne die Chance, sich zu wehren, niedergemacht wurden, waren ebenfalls Männer. Bisweilen beleidigte der Mann die Frau, aber sie zahlte ihm das noch vor dem Ende des Werbespots heim und behielt immer das letzte Wort. Personen, die auf Ablehnung stießen, waren gleichermaßen zu einhundert Prozent männlichen Geschlechts. Einhundert Prozent der mit Wut Bedachten waren männlichen Geschlechts. Und einhundert Prozent der gezeigten Gewaltopfer waren Männer. Auch in der Fernsehunterhaltung wütet dieser Trend. Ganze TV-Shows sind inzwischen kaum mehr etwas anderes als ein irgendwie zusammengeschustertes Bündel männerfeindlicher Witze. Als ich einmal während einer einzigen Folge von ›Golden Girls‹ die entsprechenden Äußerungen gezählt habe, bin ich auf einunddreißig Beleidigungen der Männer durch die Frauen und auf zwei Beleidigungen der Frauen durch die Männer gekommen. In Familienkomödien wie ›Die Cosby Show‹ oder ›Family Tie‹ gilt das ungeschriebene Gesetz, daß die Mütter niemals zur Zielscheibe des Spotts werden dürfen.

Was die Literatur anbelangt, so schaue man sich nur einmal die Bestsellerlisten der vergangenen Jahre an: Es gibt schlicht keine frauenfeindliche Literatur, die es mit dem männerfeindlichen Ton aufnehmen könnte, wie er etwa in ›Wenn Frauen zu sehr lieben‹ angeschlagen wird. Zwei Autoren haben mir sogar erzählt, daß ihre Verlage sie unter Druck gesetzt hätten, ihre Bücher zwecks Verkaufsförderung unter männerfeindlichen Titeln erscheinen zu lassen. Die einzige weibliche ›Schwäche‹, von der man öffentlich überhaupt reden darf, ist die Neigung ›zu sehr zu lieben‹.

Auch bestimmte Produkte reflektieren diese Popularität des Männerhasses. Die Besitzerin eines Postkartenladens hat berichtet, daß Männer-herabsetzende Karten ihr größter Verkaufsschlager seien. Eine große amerikanische Firma verkauft eine Vielzahl von Aufklebern mit Sprüchen wie: ›Je mehr ich über Männer weiß, um so lieber mag ich meinen Hund‹ oder: ›Es gibt nur zwei Dinge, die mich an Männern stören: Alles, was sie sagen, und alles, was sie tun.‹

[In Australien waren die ›All-Men-Are-Bastards‹-Kalender ein großer Verkaufsschlager. Man stelle sich nur vor, was für einen Aufruhr es gegeben hätte, wenn bei diesen Erzeugnissen das weibliche Geschlecht im Mittelpunkt gestanden hätte. S.B.]

Bedauerlicherweise lehrt uns der Sexismus, die Männer seien eine Art seit Jahrtausenden herrschender Riesenorganismus, der ohne weiteres ein oder zwei Generationen lang Prügel vertragen kann (und sogar verdient hat). Die Wahrheit ist jedoch, daß Männer dieselben Schwächen haben wie Frauen, und die mittlerweile eine Generation währenden Abwertungen haben bereits für die seelische Gesundheit zahlloser Männer verheerende Konsequenzen gehabt.

Besonders aber leiden unter alledem die heutigen männlichen Jugendlichen, die nie etwas anderes als die derzeit üblichen Abqualifizierungen kennengelernt haben. [Man denke nur daran, daß Selbstmord zu den häufigsten Todesursachen bei jungen Männern zählt – ein deutlicher Hinweis auf ihr kulturell verankertes schwaches Selbstwertgefühl. S.B.] Auch die Beziehungen leiden unter dieser Entwicklung. In Zeiten der Männer-Abwertung führen

Auseinandersetzungen dazu, daß der Mann sich als Prügelknabe sieht und die Frau sich unterdrückt fühlt.

Seit der Morgendämmerung der Geschichte hat die Mann-Frau-Beziehung zahllose evolutionsbedingte Traumata überstanden, weil sie in ein perfekt ausbalanciertes System eingebettet war. Sowohl Männer als auch Frauen hatten bestimmte Privilegien und Machtbefugnisse. Für die Männer wie für die Frauen gab es positive und negative Stereotypen. Die feministischen Aktivistinnen haben als erste erkannt, daß dieses System in seiner konkreten Ausformung inzwischen überholt ist, sie begreifen aber offenbar als letzte, daß das System zumindest ein gewisses Gleichgewicht garantierte. Sie haben das System auseinandergenommen, und das war gut so, sie haben aber auch die Balance zerstört, und das ist gefährlich.

Die derzeit populäre Männer-Abqualifizierung wendet sich an den weiblichen Konsumenten, von dessen Launen unsere Wirtschaft abhängt. Gewiß ist es wohltuend für Frauen, sich vorzustellen, daß Männer stets im Unrecht und die Frauen ausnahmslos unschuldig seien. Um der Gesellschaft insgesamt und der künftigen Intaktheit der Mann-Frau-Beziehung willen sollten wir jedoch mit dieser exzessiven Männer-Abwertung Schluß machen. Schon relativ wenige verärgerte Briefe reichen aus, um ein Unternehmen zur Rücknahme eines männerfeindli- chen Werbespots oder den Hersteller oder Verkäufer eines beleidigenden Produktes zu Änderungen zu veranlassen.

Wenn wir uns jedoch für die andere Möglichkeit entscheiden und weiterhin nach Lust und Laune Männer-Abwertung zulassen, so begünstigt das vielleicht die Entstehung einer Männerbewegung, die genauso wütend, aber weit aggressiver mit den Frauen umgeht, als dies die Frauenbewegung gegenüber den Männern praktiziert hat. Es ist deshalb an der Zeit, Stellung zu beziehen. Es ist an der Zeit, anzuerkennen, daß die Mann-Frau-Beziehung wesentlich stärker durch Gegenseitigkeit charakterisiert ist, als es die feministische Theorie wahrhaben will. All jenen, die nichts als die feministische Perspektive gelten lassen, sei gesagt: Ihr habt euren Auftritt gehabt, aber damit ist es jetzt vorbei.«

Frederic Hayward in *To Be a Man*

Den Vater entdecken

Ich würde schätzen, daß dreißig Prozent der heutigen Männer überhaupt nicht mehr mit ihrem Vater sprechen. Dreißig Prozent haben ein gespanntes oder feindseliges und schwieriges Verhältnis zu ihrem Erzeuger. Und dreißig Prozent mühen sich redlich, ein guter Sohn zu sein und sprechen mit dem Vater bestenfalls über den neuen Rasenmäher. Weniger als zehn Prozent der Männer sind mit ihrem Vater befreundet und sehen in ihm eine seelische Stütze.

Wie halten Sie es mit Ihrem Vater?

... und mit älteren Männern im allgemeinen? Das ist eine wichtige Frage – denn Ihre Männlichkeit hängt entscheidend davon ab. Männlichkeit, stellen wir dabei fest, ist nicht an ein bestimmtes Alter oder Lebensstadium gebunden, sie ist vielmehr eine Frage der Verbundenheit. Wer nicht die Möglichkeit hat, mit der ererbten Maskulinität ganzer Generationen von älteren Männern in Verbindung zu treten, der gleicht einem Telefonapparat ohne Kabel.

Denken Sie ein paar Minuten über diese Verbindung zu Ihrem Vater nach. Denn ob es uns paßt oder nicht: Von diesem Draht hängt – unbewußt – unsere Männlichkeit ab. Die meisten Männer erkennen irgendwann irritiert, daß die Schrullen, Einstellungen, ja, selbst bestimmte Worte ihres Vaters in ihnen lebendig sind und jederzeit hervorbrechen können. Wenn Sie mit Ihrem Alten im Kopf auf Kriegsfuß stehen, dann stehen Sie mit Ihrer Männlichkeit selbst auf Kriegsfuß. Und oft genug bedeutet das, daß Sie mit sich selbst hoffnungslos uneins sind.

Es ist deshalb wichtig, daß wir zu irgendeinem Zeitpunkt unseres Lebens – wenn irgend möglich – eine echte Aussprache mit unserem Vater suchen. Nur wenn wir das tun, werden wir sein Leben verstehen, seine Motive, seine Mißerfolge *und* Erfolge. Solange Sie sich dazu nicht durchringen können, gründen Sie Ihre Männlichkeit auf Treibsand – auf Mutmaßungen und Kindheitseindrücke, die immer nur Stückwerk bleiben. Andere ältere Männer und Frauen können vielleicht das eine oder andere wettmachen, was Sie von Ihrem Vater nicht bekommen haben – ja, sie spielen oft sogar eine entscheidende Rolle –, gleichwohl kommt ihm in Ihrem Leben eine überragende Stellung zu.

Selbst wenn er Alkoholiker war, Ihre Mutter geschlagen, Kinder mißbraucht hat – selbst wenn Sie ihn nie kennengelernt haben –, Ihr biologischer Vater ist wichtig. Solange Sie nicht mit ihm irgendwie ins reine kommen, *wird er Sie von innen her verfolgen*, wo er auf »ewig« als Symbol weiterlebt.

Wie Ihr Vater Ihr Leben beeinflußt

Ihr Vater wird sich beispielsweise durch die Art und Weise »bemerkbar« machen, wie Sie sich gegenüber älteren Männern verhalten. Vielleicht mißtrauen Sie älteren Männern, weil Sie Ihrem Vater nicht trauen konnten. Vielleicht lehnen Sie sich gegen Autorität überhaupt auf, weil Sie einen lieblosen und harten Vater hatten. Vielleicht versuchen Sie, ältere Männer zu beeindrucken, weil Sie Ihrem Vater nie gefallen konnten. Vielleicht denken Sie auch, Sie seien älteren Männern überlegen und könnten auch ohne sie auskommen. Tatsache ist, solange Sie Ihren Vater nicht irgendwie lieben und achten und zudem die Liebe und Achtung älterer Männer *gewinnen* können, *bleiben Sie ein kleiner Junge.*

Ich habe mit Männern gesprochen, deren Vater bereits gestorben ist oder die Mutter verlassen hat und nie mehr aufgetaucht ist. Ich habe auch mit vielen Männern gesprochen, deren Vater sich selbst umgebracht hatte. All dies verursacht tiefsitzende Verletzungen, aber auch Verwirrung. Denn ein kleines Kind reagiert auf solche Geschehnisse stets mit Fragen wie: Was hab ich nur getan, daß er uns verläßt? Was ist falsch an mir?

Ein Mann kann diesen Schmerz durch harte Arbeit und Verleugnung zwar verdrängen, wird dann jedoch zu – häufig als Wut verkleideten – Gefühlsausbrüchen neigen. Ich habe solche Männer ermutigt, eine Reise in die Vergangenheit ihres Vaters zu unternehmen, was vielfach eine wirkliche Reise zu den Schauplätzen seines Lebens erforderte. Manche dieser Männer sind sogar nach Europa gereist und haben dort Lager oder Gedenkstätten besucht, oder aber sie haben sich mit Altersgenossen ihres Vaters unterhalten, lange »verschollene« Verwandte ausfindig gemacht und tief in sich selbst nachgeforscht, um jenes Gefühl der Leere zu bearbeiten und sich ein Gesamtbild der Situation zu verschaffen. Denn nur so läßt sich der äußere und/oder innere Sohn-Vater-Clinch beenden. Die Reise kann aber auch tief in die eigene Erinnerung zurückführen, wobei lange vergessene Vorfälle und Erfahrungen an die Oberfläche drängen. Auch sich von anderen Männern deren Geschichte erzählen zu lassen ist hilfreich, da unser aller Kindheit sehr ähnlich verlaufen ist. Bisweilen bringen auch Träume oder gründliches Nachdenken neue Erkenntnisse.

Besonders wichtig ist es, diesen Vorgang einzuleiten, wenn Sie eine Führungsposition innehaben. Denn wer keinen Respekt vor Autoritäten hat, kann auch keine echte Autorität ausüben. Deshalb müssen wir in dieser führungslos dahintaumelnden Welt eine Autorität finden, die unsere Achtung verdient.

Für diejenigen von uns, deren Vater noch am Leben ist, stellen sich die Dinge – ein wenig – einfacher dar. Viele Männer werden sich in der Geschichte jenes Mannes wiedererkennen, der mit seinem Vater ein Ferngespräch führt. Der jüngere Mann versucht, die Kluft zu überbrücken, die sich zwischen den beiden aufgetan hat. Vater und Sohn haben in den vergangenen Jahren kaum Kontakt gehabt, und der Sohn hat über ihr Verhältnis nachgedacht. Als der Vater den Telefonhörer abnimmt, versucht der Sohn mit ihm ins Gespräch zu kommen ...

»Hallo, Papa, ich bin's.«

»Ach ja, hallo Sohnemann. Ich hole gleich mal deine Mutter ...«

»Nein, du brauchst Mama nicht zu holen. Ich will mit dir sprechen ...«

Es entsteht eine Pause ... und dann ...

»Wieso? Brauchst du Geld?«

»Nein, ich brauche kein Geld.«

Der jüngere Mann beginnt dann, seinen (ein wenig einstudierten, gleichwohl höchst störanfälligen) Text zu sprechen ...

»Ich habe in letzter Zeit oft an dich gedacht, Papa, und an alles, was du für mich getan hast. All die langen Jahre, die du gearbeitet hast, damit ich aufs College gehen konnte und damit wir was zum Leben hatten. Ich führe jetzt ein ganz angenehmes Leben, und das verdanke ich deiner Starthilfe. Das ist mir gerade so eingefallen, und dabei ist mir klar geworden, daß ich eigentlich nie wirklich ›Danke‹ zu dir gesagt habe ...«

Schweigen am anderen Ende der Leitung. Der Sohn fährt fort:

»Ich wollte dir eigentlich nur sagen, daß ich dir danke ... und daß ich dich liebe.«

»Hast du getrunken???«

Wann immer ich diese Geschichte erzähle, lacht das Publikum laut auf, doch die Männer lachen mit feuchten, leuchtenden Augen.

Was Väter hören möchten

Jeder Vater, egal wie kritisch oder gleichgültig er nach außen hin auch erscheinen mag, wartet sein Leben lang insgeheim darauf, zu erfahren, ob sein Sohn ihn liebt *und* achtet. Prägen Sie sich das bitte sehr deutlich ein! *Er wartet sein Leben lang darauf.*

Das ist die große Macht, die jeder Sohn durch sein bloßes Sohn-Sein in den Händen hält. Man ist sich heute allgemein darin einig, daß Eltern die Macht haben, das Selbstwertgefühl eines Kindes zu zerstören. Doch nur wenige wissen, daß ein Kind diese Macht je länger, desto mehr auch umgekehrt besitzt. Eltern warten – wie abwehrbereit auch immer – darauf, von ihren Kindern beurteilt zu werden. So ist das Leben.

Einer meiner Freunde hatte einen Vater, der so unmöglich war, daß er das Haus verließ, wenn irgendwer versuchte, mit ihm über wichtige Dinge zu sprechen. Dieser alte Mann bekam (kaum ganz zufällig) Krebs und lag – mit Schläuchen ver- und entsorgt – im Sterben. Mein Freund ging in das Krankenhaus, schloß die Tür zum Zimmer seines Vaters hinter sich und sagte: »So, jetzt hab' ich dich!« Er erzählte ihm, wie wütend er auf ihn sei, aber (nach einer gewissen Zeit) auch, was er an ihm schätzte. Am Ende hielten sich die beiden bei der Hand.

Zu einem bestimmten Zeitpunkt in meinem Leben bin ich einmal mit meinem Vater an einen abgelegenen Strand gefahren und habe ihm erklärt, daß ich ihn erst wieder heimfahren werde, nachdem wir miteinander gesprochen hätten! Er hat diese kleine Erpressung sehr gut überstanden!!

Wir haben es hier also mit einer Verantwortung zu tun, nicht bloß mit einer Pflicht. Sich dieser ungemein schwierigen Situation zu stellen, ist eine zutiefst aufrüttelnde Erfahrung. Die Worte »Ich liebe dich« sind leicht dahingesprochen, was zum Teil der Grund dafür ist, weshalb wir sie so zögerlich in den Mund nehmen. Aber es kommt nicht in erster Linie auf die Worte an. Entscheidend ist die Botschaft, egal, wie wir sie vermitteln – sei es durch den respektvollen Ton unserer Stimme, durch ein vertrauliches Beisammensein, eine Umarmung oder eine Berührung –, da muß jeder seinen eigenen Weg finden. Um jedoch am Ende jeden Zweifel auszuräumen, müssen Sie Ihrem Vater (und natürlich auch Ihrer Mutter) irgendwann sagen, was Sie empfinden – und zwar alles –, ansonsten verpfuschen Sie die Situation letztlich doch nur wieder.

Es steht dabei eine Menge auf dem Spiel. Wenn Sie ein Mann sind und sich diesem Drachen nicht stellen, wird Ihr Vater irgendwann einmal voll Kummer sterben, und auch ein Teil von Ihnen wird sterben. Bly sagt: »*Viele Männer scheiden in dem Gefühl aus dieser Welt, daß sie den an sie gestellten Ansprüchen nicht gerecht geworden sind.*« Die Ursache hierfür ist die mangelnde Achtung, die ihnen ihre nahen Angehörigen entgegenbringen – nicht zuletzt ihre Söhne, durch die sie mit dem ewigen männlichen Leben verbunden sind.

Die durch diese Erfahrung ausgelösten Schmerzen sind immens. Es kann – theoretisch – geschehen, daß Ihr Vater sich eines Tages an Sie wendet, um diese Frage mit Ihnen von sich aus zu klären. Das ist möglich, aber unwahrscheinlich. Sie genießen den Vorzug, an den Erkenntnissen unserer Generation teilzuhaben. Sie sind derjenige, der dieses Buch liest. Sie sind derjenige, der weiter zu blicken vermag, weil Sie gleichsam auf den Schultern Ihres Vaters stehen.

Entdecken Sie Ihren Vater

Vielleicht tragen Sie aus einem überraschenden Grund so dezidierte Vorurteile gegen Ihren Vater mit sich herum. Sehr viele Mütter bringen ihre Söhne – oft in der besten Absicht – gegen den Vater auf. Bly erzählt in dem Fernsehfilm »A Gathering of Men« eine kurze, eindrückliche Geschichte, die bei seinen Zuhörern wie eine psychologische Handgranate einschlägt.

Sie handelt von einem Mann, der beschließt, mit seinem Vater ins reine zu kommen:

> »Als er Mitte dreißig war, fing er an, darüber nachzudenken, wer sein Vater wirklich war. Er hatte seinen Vater ungefähr zehn Jahre nicht gesehen. Er flog nach Seattle, wo sein Vater wohnte, klopfte an die Tür, und als sein Vater öffnete, sagte er zu ihm: ›Ich wollte dir nur sagen, daß ich die Meinung, die meine Mutter von dir hat, nicht mehr gelten lasse.‹
> Was passierte dann? fragte ich.
> Mein Vater brach in Tränen aus und sagte: ›Jetzt kann ich sterben.‹ Väter warten. Was können sie sonst tun?«
>
> Robert Bly in *Eisenhans*

Wenn Sie ein Vater mit einem erwachsenen Sohn sind (und dieses Buch lesen), warum warten Sie dann noch? Wenn Sie ein Sohn mit einem lebenden Vater sind, dann ist die Konsequenz aus Blys Geschichte ohnehin klar: Sind Sie bereit, diese Reise anzutreten? Viele von uns empfinden für ihren Vater nicht sonderlich viel Liebe und noch weniger Achtung.

Vielleicht hassen Sie Ihren Erzeuger sogar. Wenn es zwischen Ihnen beiden schwerwiegende Differenzen gibt, so läßt sich das natürlich nicht einfach ignorieren. *Geben Sie nicht vor, daß alles in Ordnung wäre.* Das funktioniert ohnehin nicht, und hinterher fühlen Sie sich nur um so schlechter. Differenzen müssen ausgetragen werden (doch darüber später mehr).

> »So mancher vaterhungrige Sohn schleppt eine stille Verzweiflung mit sich herum, über die er mit Frauen nicht spricht. Ohne sich überhaupt mit dem Werdegang ihres eigenen Vaters auseinanderzusetzen und sich zu fragen, warum dieser so geworden ist, wie er ist, stürzen solche Männer in eine angstbesetzte Hoffnungslosigkeit und akzeptieren einfach ein Vaterbild, das diesen auf seine biologische Zeugungsfunktion reduziert.

> Sie denken: Ich bin aus unbedeutendem männlichen Material entstanden, und ich werde vermutlich auch nicht mehr wert sein als mein biologischer Erzeuger.«
>
> Robert Bly

Alle Söhne, die sich zu richtigen Männern entwickeln möchten, müssen aufrichtig versuchen, sich über die Position ihres Vaters Klarheit zu verschaffen. *Achtung (das heißt, eine Mischung aus Liebe und Bewunderung) ist das Lebenselixier der männlichen Seele.* Söhne müssen in sich die Achtung für ihre Väter »entdecken«, was nicht gleichbedeutend mit »vortäuschen« ist. Sie müssen aber auch danach streben, die Achtung ihrer Väter zu gewinnen.

Die Anerkennung, nach der sich alle Söhne sehnen

In seinem – in christlichem Geist verfaßten – erstklassigen Buch (*Healing the Masculine Soul*) über die Entwicklung des Mannes erzählt der Geistliche Gordon Dalbey ein Fallbeispiel, das zu der eingangs des Kapitels zitierten Telefon-Geschichte komplementär ist. Diesmal möchte ein Sohn hören, daß sein Vater ihn liebt/achtet/bewundert.

Der beruflich erfolgreiche, aber innerlich unsichere junge Mann ist Ende zwanzig und schreibt seinem Vater einen Brief. In dem Schreiben kommt er sogleich zur Sache. Er fragt seinen Vater unumwunden, ob dieser ihn liebe. In dem Antwortbrief heißt es: »Ich liebe alle meine Kinder – das solltest Du eigentlich wissen.«

Merken Sie, was an der Antwort falsch ist? Der alte Knabe hat sich um eine eindeutige Antwort herumgedrückt.

Der junge Mann ist niedergeschlagen, obwohl er eine Weile braucht, bis er kapiert, warum. Schließlich begreift er, daß der Alte ihn mit zuwenig abgespeist hat und daß *genau dies während seiner ganzen Kindheit der Fall gewesen ist.* »Ich liebe alle meine Kinder ...« Dieser Satz vermeidet eine klare Auskunft, impliziert sie bestenfalls. Auch ein direktes Lob ist aus dieser Feststellung nicht ableitbar, ebensowenig der Wunsch nach einem direkten persönlichen Kontakt. Von Dalbey moralisch unterstützt, läßt der Filius nicht locker. Er schreibt einen weiteren Brief. Er hat davor zwar gehörige Angst, aber er tut es gleichwohl.

Hier der Wortlaut der väterlichen Antwort:

> »Ich muß Dir dafür danken, daß Du so hartnäckig fragst. Ich glaube, ich habe über die Frage in ihrer ganzen Tragweite nicht richtig nachgedacht. Aber als ich dann darüber nachgedacht habe, ist mir klargeworden, daß ich Dich wirklich liebe, Peter, und es ist für mich persönlich wahrscheinlich genauso wichtig, das einmal auszusprechen, wie für Dich, es zu hören.«

Nichts ist für die Entwicklung eines Kindes so wichtig wie Liebe und Zustimmung. Wenn ein Kind keine eindeutigen, spürbaren Beweise solcher Gefühle erhält, welkt es dahin wie eine Blume ohne Wasser. Ja, so grundlegend sind diese Liebes- und Anerkennungsbeweise. Ich habe selbst in Kalkutta kleine Kinder in irgendwelchen Bruchbuden für Familienangehörige und Freunde tanzen sehen, die mit herzlichem Applaus und Umarmungen reagierten. Ich habe gleichermaßen australische Kinder erlebt, die mit ihrem Zeugnis aus einer teuren Privatschule nach Hause kamen – junge Gesichter, die sich nach Anerkennung verzehrten und von ihren leistungsorientierten, zugeknöpften Eltern lediglich ein kaltes, kritisches Lob erhielten.

In meinem Herzen kann ich nicht begreifen, woher die Kälte dieser Eltern rührt. Wenn ich meine eigenen Kinder anschaue, erfüllt mich bisweilen ein schier überwältigender Drang, sie zu umarmen und über den grünen Klee zu loben – aber nicht etwa, weil sie anders wären als andere Kinder (oder gar, weil sie »meine« Kinder sind), sondern weil sie wundervolle junge Menschen sind. Bei Leuten, die sich als Eltern von diesen ganz natürlichen Gefühlen derart abschotten, muß irgend etwas ganz furchtbar schiefgelaufen sein.

Was aber sind die Folgen einer mangelnden Nähe zum Vater? Wenn wir uns nach Liebe sehnen, sie aber nicht erhalten, dann nimmt unser Seelenleben Schaden. Wenn unser natürliches Bedürfnis nach Liebe hingegen erfüllt wird, hält diese Liebe uns den Rücken frei, und wir können uns dem Leben angstfrei stellen. Bleibt der Wunsch nach Zustimmung und Anerkennung unerfüllt, wird er zu einer Obsession.

Viele der Leute, die die Schlagzeilen in den Medien beherrschen – Großunternehmer, Politiker und überehrgeizige Sportler –, werden von dieser ungestillten Sehnsucht angetrieben: *Schau mal, Papa. Schau mal, was ich kann?* Aber natürlich funktioniert dieses Rezept meistens überhaupt nicht. *Na ja, mein Sohn, das müßtest du aber schon lange besser können!*

Es ist für Männer unterschiedlicher Generationen stets ein wenig schwierig, sich miteinander zu versöhnen, noch größere Probleme freilich treten auf, wenn beide Beteiligten durch konträre Grundeinstellungen charakterisiert sind – wie es etwa bei einem schwulen Sohn (oder zur Abwechslung einem schwulen Vater) der Fall ist. Im Grunde genommen geht es auch hier wieder um dieselbe Frage: Liebst du mich, auch wenn ich deine Erwartungen nicht erfülle? Ja, ich bin vielleicht nicht derjenige, den du dir erträumt hast. Der wundervolle Film *The Sum of Us* mit Jack Thompson und Russel Crowe kann eigentlich nur jedem Vater empfohlen werden, besonders aber solchen mit einem schwulen Sprößling.

Viele Wunden werden aber auch von Vätern geschlagen, die einen Sohn wollten und eine Tochter bekommen haben oder die einen Athleten wollten und einen Künstler bekommen haben oder die einen Musiker wollten und einen Arbeiter bekommen haben – kurz, die eine Goldmedaille wollten, aber eine Gehirnlähmung bekommen haben.

Vielleicht gehört es zu den schwierigsten Aufgaben der menschlichen Seele auf dieser Erde – auf die eigenen seichten egoistischen Träume zu verzichten und zu begreifen, wieviel besser unsere wirklichen Kinder sind als sämtliche hochfahrenden Träume. Man lasse deshalb den eigenen Kummer zu, fühle ihn nach, erforsche ihn – und überantworte ihn dann der Vergangenheit.

Wie Mann mit seinem Vater ins reine kommt

Natürlich kann ein Sohn bestimmte Dinge am besten mit seinem noch lebenden Vater besprechen. Wenn man diese Auseinandersetzung erst einmal als Voraussetzung für die eigene Befreiung akzeptiert hat, gilt es, das Problem von der praktischen Seite her anzupacken. Viele Männer, mit denen ich gesprochen habe, sagen, daß sie Angst haben, ein wirkliches Gespräch mit ihrem Vater werde unvermeidlich zu einem Riesenkrach führen. Vielleicht leben auch viele Väter in der Furcht, daß ihr Sohn in einer solchen Situation einen ganzen Sack voller Vorwürfe und Kritik über ihnen ausschütten werde. Sie erwarten also kaum so etwas wie einen positiven Ausgang.

Um eine konfrontative Situation zu vermeiden, sollte man deshalb das notwendige Gespräch ganz offen führen. Gehen Sie also nicht mit erhobenen Fäusten in die Begegnung (nach dem Motto: »Wie konntest du damals nur, du alter Sack!«). Auch der richtige Zeitpunkt ist wichtig. Vielleicht ergibt sich ein zwangloser Abend, an dem keine Frauen zugegen sind. Erkundigen Sie sich nach der wahren Geschichte seines Lebens und wie er die Zeit erlebt hat, als Sie Kind waren. Fragen Sie ihn nach seiner Arbeit, seinem Leben und den Entscheidungen, die er getroffen hat. Halten Sie sich dabei jedoch mit Urteilen zurück (wenn Ihnen das schwerfällt, denken Sie daran, daß Ihr Sohn Sie eines Tages dem gleichen »Verhör« unterziehen wird).

Gehen Sie dann noch weiter zurück. Finden Sie heraus, wie die Kindheit Ihres Vaters verlaufen ist. Kommen Sie danach allmählich auf die Zeit zu sprechen, in der Sie selbst aufgewachsen sind. Die Wahrheit – seine Wahrheit – wird häufig gravierend von Ihren eigenen Kindheitseindrücken abweichen. Wenn Sie so vorgehen, vermenschlichen Sie Ihren Vater in Ihrem eigenen Fühlen und Denken, ergänzen das Bild, das Sie von ihm haben, und entlassen ihn aus jener starren Rolle, die alle Kinder ihren Eltern zuweisen.

Manche Väter versuchen es zuerst mit der Totalverweigerung – sie verlassen das Zimmer oder lehnen es strikt ab, über diese Dinge zu sprechen. Ich habe auch schon von Boxkämpfen gehört, aber diesen Weg halte ich für wenig empfehlenswert. Vergessen Sie nicht, was Ihr Anliegen ist – Sie wollen *Widerstände* brechen, nicht den Mann selbst fertigmachen.

Das Ziel ist es, die wahre Geschichte zu erfahren, herauszufinden, was damals wirklich geschehen ist. Machen Sie sich auf Überraschungen gefaßt.

Einer meiner Freunde, Trevor, der inzwischen Anfang fünfzig ist, hat mir einmal ein Beispiel aus seinem Leben erzählt. Als er noch ein kleiner Junge war, fuhr er gemeinsam mit seinem Vater jeden Morgen mit dem Wagen Zeitungen aus. Die beiden verbrachten somit jeden Tag in trauter Zweisamkeit zwei Arbeitsstunden miteinander, während es draußen allmählich hell und wärmer wurde. Für Trevor waren dies die schönsten Stunden des Tages. Er liebte die Nähe seines Vaters und das Gefühl, in der Männerwelt von Nutzen zu sein. Dann wurde seinem Vater eines Tages plötzlich die Chance geboten, seinen (verhaßten) Tagesjob aufzugeben und als Partner bei dem Zeitungslieferanten miteinzusteigen, für den er allmorgendlich besagte Runde machte. Zur Enttäuschung seines Sohnes lehnte er das Angebot ab. Die Zeitschriftenhandlung wurde deshalb verkauft, und die morgendliche Tour entfiel.

Trevor trug die Wut über die damaligen Geschehnisse ungefähr dreißig Jahre mit sich herum. ›Er hat nur abgelehnt, weil er mich nicht mehr bei sich haben will!‹ Als sein Vater dann schließlich alt und krank wurde, sprach er mit ihm über die alte Geschichte.

> *»Warum hast du dich eigentlich damals nicht in die Zeitschriftenhandlung eingekauft und unsere morgendliche Tour beibehalten?«*
> *»Weil der Partner ein Spieler war und uns alle in den Ruin getrieben hätte.«*

So einfach ist das manchmal.

Wer selbst Kinder aufzicht, wird auch für seine eigenen Eltern wesentlich mehr Verständnis aufbringen. Mark, der an einer meiner Gruppen teilnahm, pflegte seine Frau während einer vierjährigen Krebserkrankung. Er war während dieser Zeit bisweilen sehr zugeknöpft und verängstigt und reagierte oft aggressiv auf seinen kleinen Sohn, der nur die ganz normalen Ansprüche eines Kindes stellte und von der Situation nichts wußte. Mark konnte jedoch mit seinem Sohn über seine Sorgen nicht sprechen, und der Achtjährige lebte in einem Zustand der Ungewißheit und der Verunsicherung.

Als sein Sohn schließlich zwölf war, schloß sich Mark einer Männergruppe an. Die übrigen Männer drängten ihn, seinem Sohn zu erklären, was damals losgewesen sei. Sein Sohn – der früher vielleicht wirklich überfordert gewesen wäre – war erleichtert, als er jetzt begriff, was damals geschehen war, und stolz auf das ihm entgegengebrachte Vertrauen. Sein allgemeines Verhalten wurde fortan ausgeglichener, und auch seine schulischen Leistungen wurden plötzlich besser.

Kinder wissen häufig nicht, was eigentlich genau los ist, und wir Erwachsene verpassen oft den richtigen Zeitpunkt, sie in bestimmte Zusammenhänge einzuweihen. *Deshalb gelangen sie vielleicht zu dem Schluß, daß wir sie nicht lieben, und tragen dieses Gefühl ein Leben lang mit sich herum.*

Um die Aufklärung solcher Dinge geht es also. Wenn *Sie* mit *Ihrem* Vater sprechen, werden vielleicht unversehens viele Dinge verständlich. Sehr wichtig ist es aber auch, ganz einfach »Danke« zu sagen. Es kann ja durchaus sein, daß Sie mit der Kindheit viele schöne Erinnerungen verbinden. Und der »Alte« weiß nicht mal, daß er Ihnen solche Erlebnisse beschert hat.

Natürlich kann es sein, daß Wertschätzung nun wirklich das letzte ist, was Sie für Ihren Vater empfinden. Wenn die Erinnerung an Ihre Kindheit in erster Linie mit Wutgefühlen verbunden ist, sollten Sie dies auch (in aller gebotenen Zurückhaltung) zum Ausdruck bringen. Sagen Sie Ihrem Vater, was Sie gehaßt haben, was Sie geängstigt hat oder wie einsam und traurig Sie waren, weil er Ihnen so wenig Aufmerksamkeit und Zuneigung geschenkt hat.

Es mag sein, daß er erst einmal auf Sie losgeht. Vielleicht macht er Ihnen wieder die altbekannten Vorhaltungen. Lassen Sie sich dadurch nicht aus dem Konzept bringen – schließlich sind Sie jetzt kein Kind mehr. Behalten Sie einen klaren Kopf. Fragen Sie, warum. Erkundigen Sie sich nach allem und jedem. Nach einiger Zeit wird sich zwischen Ihnen beiden ein gewisses Verständnis einstellen – eine gewisse Bereitschaft, zu verzeihen und einen Neuanfang zu versuchen. Niemand kann vorhersagen, wie dies im einzelnen geschehen wird. Machen Sie sich auf Überraschungen gefaßt.

Einer der wenigen unumstößlichen Grundsätze, zu denen die Psychologie im zwanzigsten Jahrhundert gelangt ist, lautet, daß unerledigte Dinge erledigt werden müssen. Es reicht nicht aus, zu »vergeben und zu vergessen« – zu sagen, daß die Eltern es »schwer hatten« oder daß sie »ihr Bestes getan haben« oder daß sie »jetzt alt sind – warum soll man da noch einen Aufstand machen?« Das alles trifft nicht den Kern der Sache, und es erlöst auch nicht das Kind in Ihnen mit all seinen Schmerzen.

Wenn Sie sich diese Mühe ersparen, nehmen Sie Ihren Vater nicht wirklich ernst und zementieren die zwischen Ihnen bestehende Entfremdung. Auf diese Weise wird die Distanz zwischen Ihnen beiden nur noch zunehmen.

Vergessen Sie nicht, daß es *einzig darauf ankommt, mit Ihrem Vater ins reine zu kommen.* Es geht also nicht etwa darum, daß Sie sich revanchieren oder »ihn genauso leiden lassen, wie er mich früher hat leiden lassen« oder so etwas. Das würde das Rad der Schmerzen nur weiter antreiben. Sie erstreben eine wirkliche, vollständige Lösung des Problems. Sie möchten, daß Sie beide geheilt werden.

Den Vater in sich selbst lieben

Die meisten Männer finden es unangenehm, über ihren Vater zu sprechen, und tatsächlich ist es den Männern seit vielen Generationen gelungen, dieses Thema zu vermeiden. Das ist schade, weil sie sich dadurch von den eigenen Wurzeln abgeschnitten haben. Ein therapeutischer Gemeinplatz besagt, daß wir mit unseren Eltern Frieden schließen müssen, aber die Überlieferung zeigt sich da weniger kompromißbereit. In gewisser Hinsicht *sind* Sie nämlich Ihr Vater. Ein Individuum sind Sie nur in dem Ausmaß, wie Sie auf dem von ihm bereitgestellten Fundament eine eigene Struktur errichten. Im tiefsten Innern stehen Sie auf einem Untergrund, den Sie kennenlernen, annehmen und verstehen müssen. Die meisten von uns bemerken bisweilen mit einem gewissen Unbehagen, daß sie bestimmte Gesten, Manieriertheiten und Verhaltensweisen unseres Vaters übernommen haben.

Wir sollten jedoch nicht etwa versuchen, diese Dinge in Bausch und Bogen abzulegen. Der menschlichen Psyche ist das Wegwerfprinzip fremd. Sie müssen vielmehr lernen »Ihren Vater in sich« zu lieben. Wem das nicht gelingt, der ist sehr oft uneins mit sich selbst.

Aber wie viele der Männer, die Sie kennen, genügen schon dieser Forderung? Während sie Holz hacken oder das Auto reparieren oder einen Scheck ausfüllen, kann man fast hören, wie sie mit einem bereits lange dahingeschiedenen Geist herumstreiten: »Du wirst die Sache ohnehin wieder verpfuschen, Junge!« – »Du kannst mich mal, Alter!« Dem eigenen Vater zu vergeben – nicht nur durch Willensanstrengung, sondern indem wir lernen, sein tatsächliches Leben zu verstehen –, ist einer der befreiendsten Schritte, die wir überhaupt tun können.

So mancher Mann mag an dieser Stelle von Trauer erfüllt sein, weil sein Vater bereits gestorben ist und die hier empfohlenen Gespräche niemals stattfinden können. Diese Gelegenheit scheint für immer dahin. Das stimmt aber nicht. Er ist in Ihnen, und Sie können die Auseinandersetzung mit ihm durchaus führen: in Ihren Gedanken, im Traum, indem Sie an seinem Grab Zwiesprache halten oder ihm einen Brief schreiben. So kann sich der Kummer in Ihnen allmählich verflüchtigen. Das ist zwar nicht ganz einfach, aber sehr wichtig. Sie können auch wirklich eine Reise unternehmen – Informationen über ihn sammeln, seinen Geburtsort und die wichtigsten Schauplätze seines Lebens aufsuchen.

Oder aber Sie können mit seinen Altersgenossen reden und so langsam das Bild abrunden. Sehr oft hilft es auch, wenn man mit anderen Männern diskutiert, die sich mit ganz ähnlichen Schwierigkeiten herumschlagen. Wir alle haben soviel gemeinsam und können uns wechselseitig bei der Bewältigung unseres Kummers helfen. So erfahren wir zugleich Trost und gelangen zu einer Klärung bestimmter Fragen. Im Verlauf dieses Prozesses können wir dann gewisse Gefühle abbauen und werden zugleich von neuer Kraft und heilenden Energien erfüllt.

Laufen Sie nicht vor der Vergangenheit davon. Sie erweist sich nämlich zu guter Letzt stets als eine Schatztruhe.

Kurzgefaßt

1 Ihr Vater ist der Mensch, der Ihnen zuerst und am nachdrücklichsten »beigebracht« hat, was es heißt, ein Mann zu sein. Er hat dies getan, indem er schlicht Ihr Vater gewesen ist. Ob es Ihnen nun gefällt oder nicht, er ist auf ewig in Ihrem Kopf, Ihren Gliedern, Ihren Nerven.

2 Dieses väterliche »Erbe« ist eine Mischung aus reinem Müll und kostbarsten Schätzen. Solange Sie nicht darangehen, diese Dinge zu sortieren, werden Sie nie wissen, was was ist. Die meisten Männer betreten niemals dieses »Dachstübchen«, jene Sphären ihres Gedächtnisses, in denen all dies gespeichert ist.

Sie ordnen alle Erinnerungen einfach der Kategorie »Müll« zu und lassen sie – ungeprüft –, wo sie sind. Infolgedessen macht sich von dort oben ständig ein seltsamer Modergeruch in ihrem Leben breit. Zugleich leiden sie unter seelischen Entbehrungen – und wissen nichts von den in diesem »Müllhaufen« verborgenen Juwelen und Reichtümern.

3 Die einfachste Möglichkeit, die Spreu vom Weizen zu scheiden, besteht in einem oder mehreren klärenden Gesprächen mit Ihrem Vater. Erkundigen Sie sich bei ihm nach der

a Wahrheit Ihrer Kindheit.
Wie haben sich die Dinge aus seiner Sicht zum Zeitpunkt Ihrer Empfängnis, Geburt und danach in Ihrer Kindheit abgespielt? Seine Antworten werden viel Licht in die von Ihnen damals nur aus der Sicht des Kindes wahrgenommenen Zusammenhänge bringen.

b Wahrheit seiner Kindheit.
Wie ist seine Kindheit und Jugend verlaufen? Wie haben sich die entsprechenden Erfahrungen auf sein Verhalten Ihnen gegenüber in Ihrer Kindheit ausgewirkt?

4 Diese Gespräche sind gleichsam ein Austausch von Geschenken: Sie berichten ihm von Ihren Erfahrungen und erkundigen sich nach den seinen. Machen Sie sich auf Überraschungen gefaßt! Lassen Sie sich

nicht mit bequemen Antworten, Klischees oder oberflächlichen Erklärungen abspeisen. Was Sie interessiert, sind das wirkliche Blut, der wirkliche Schweiß und die wirklichen Tränen seines und Ihres Lebens.

5 Sollte Ihr Vater tot sein, müssen Sie ihn vielleicht wieder »ausgraben«. Hier einige Möglichkeiten:

- **Schreiben Sie ihm einen Brief, als wäre er noch am Leben.**
- **Besuchen Sie die wichtigen Schauplätze seines Lebens.**
- **Sprechen Sie mit Leuten, die etwas über ihn wissen könnten.**
- **Nehmen Sie sich vor, von ihm zu träumen.**
- **Sprechen Sie mit einem männlichen Therapeuten über ihn, um so Ihre Gefühle und Erinnerungen zu reaktivieren.**

Viel Glück und Mut!

Weitere Stimmen

»Wir waren nicht wie Vater und Sohn. Mein Vater sagte manchmal, wir seien eigentlich sowas wie Kumpel. Ich nehme an, mein Vater hat das wirklich geglaubt. Ich allerdings nie. Ich wollte auch gar nicht sein Kumpel sein; ich wollte sein Sohn sein. Was zwischen uns so an männlichem Geplänkel ablief, strengte mich an und erschreckte mich.«

James Baldwin zit. in *To Be a Man*

»Wir können unseren Vater mit unserer Sehnsucht nach Männererfahrungen aber auch überfordern. Auch dürfen wir nicht vergessen, daß der Verlust von Männerzirkeln, der Verlust der Gesellschaft von Onkeln und Großvätern und der Mythologie und Tradition des Mannseins überhaupt noch viel weitreichendere Folgen hat. In sämtlichen traditionellen Gesellschaften lag die Erziehung der kleinen Jungen nicht allein in den Händen des Vaters. Die ganze männliche Gemeinschaft war irgendwie in diese wichtige Aufgabe einbezogen. Unsere Väter haben all dies auch nicht mehr persönlich kennengelernt und sind deshalb genauso hilflos wie wir selbst.«

Robert Bly in *Wingspan*

»Ich möchte in der Erinnerung meiner Kinder nicht als monolithischer Block erscheinen ... Im Gegenteil, ich möchte, daß sie den verletzlichen Mann kennen, der ich bin, der genauso verletzlich ist wie sie selbst, vielleicht sogar noch mehr.«

Georges Simenon zit. in *Wingspan*

»Sowohl Freud als auch Jung waren Mutter-Männer, und sie sind die Begründer der heute herrschenden Psychologie.«

Robert Bly in *Wingspan*

»Nicht alle Männer haben alles versäumt. Manche berichten über großzügige, fürsorgliche Väter, die ihre Söhne so gut ermutigten, liebten und beschützten, wie sie nur konnten, und sie sogar nach ihren besten Kräften in das Mannsein initiierten ...«

Robert Bly in *Wingspan*

»Mein Vater hat sich nie gegen meine Mutter durchgesetzt, und darüber bin ich bis heute böse.«

John Lee in *Auf der Suche nach dem Vater*

»Es wird eine Menge über physisch und/oder emotional abwesende Väter geredet, aber immer mehr Söhne fragen sich inzwischen auch: War mein Vater wirklich abwesend, oder war da nicht vielleicht die unbewußt getroffene Vereinbarung zwischen ihm und mir, einander zu ignorieren?«

Christopher Harding in *Wingspan*

»Viele junge Drehbuchautoren rächen sich an dem abwesenden Vater, indem sie alle erwachsenen Männer wie Tölpel aussehen lassen, statt die Konfrontation mit ihren eigenen Vätern in Kansas zu suchen, oder wo auch immer sie leben mögen. Sie bekämpfen die Achtung vor der männlichen Integrität, die jeder Vater insgeheim an seine Enkel und Urenkel weitergeben möchte.«

Robert Bly in *Eisenhans*

Sexualität und Geist

Was eigentlich eine der wundervollsten Erfahrungen unseres Lebens sein sollte, gerät uns häufig zu einer großen Enttäuschung. In ihrem tiefsten Inneren fühlen sich viele Männer als »miese Typen«.

Ich würde einmal schätzen, daß sechzig Prozent der Männer unter vierzig die Sexualität nicht als ein in sich ausbalanciertes Gesamtgeschehen erleben, sondern schlicht »süchtig« nach Sex sind.

Was die Sexualität anbelangt, sind die heutigen Männer schlecht weggekommen. Die menschliche Sexualität ist potentiell ein gewaltiger Kraftquell, der uns zur Vereinigung mit einem Partner drängt und uns weg vom Gewöhnlichen führen kann. Es ist tragisch, daß die abendländische Kultur und Religion einen so wichtigen Aspekt des Lebens ausgebeutet, mißverstanden und herabgewürdigt hat.

Die meisten Männer schämen sich im Grunde genommen ihrer sexuellen Gefühle. Bestenfalls haben wir gelernt, unsere Sexualität als etwas *Normales* anzusehen – etwa wie ein Jucken, das man durch Kratzen lindert. Während wir uns vom Jungen zum Mann entwickeln, werden unsere tiefsten Gefühle unentwegt mit allen möglichen billigen »Botschaften« zugeschüttet. Die beliebten Vergleiche mit der Tierwelt und die Verniedlichungen der Kindheit sind nicht gerade ein großartiger Beginn – und danach wird es nur noch schlimmer. Eigentlich sollten wir in unserem Penis ein geflügeltes Roß sehen, auf dem wir dem Himmel entgegenfliegen. Statt dessen dient er vornehmlich dazu, uns am Boden festzunageln.

Es ist dringend an der Zeit, die männliche Sexualität mit neuer Freude und Bedeutung zu erfüllen. Die Veränderungen, die die Männerbewegung in diesem Punkt bewirkt, sind genauso bedeutend wie die Befreiung der weiblichen Sexualität in den siebziger Jahren durch den Feminismus. Wie wir uns noch erinnern, mußten die Frauen damals zunächst *sich selbst* entdecken und dann den Männern beibringen, ihnen Vergnügen zu bereiten. Ganz ähnlich müssen jetzt die Männer zuerst reden und sich selbst verstehen lernen, herausfinden, was sie in der Sexualität wollen und was nicht, und sich zugleich gegen Fremd- und Selbst-Herabwürdigungen zur Wehr setzen.

Diese Selbsterforschung wird unser Sexualleben mit genau dem erfüllen, was wir stets vermißt haben – dem Vertrauen, mit unserer Partnerin offen und ungehemmt über Sex zu reden. Nur so können wir endlich in den Genuß einer erfüllten, aufrichtig intimen Sexualität gelangen.

Haben die meisten Männer keinen Orgasmus?

Die männliche Sexualität, besonders das Wesen des männlichen Höhepunkts, wird von vielen Männern – und Frauen – total mißverstanden. Der Kolumnist Michael Ventura hat in diesem Zusammenhang die folgende brilliante Analyse verfaßt:

> »... der gewiß schwächste, albernste Aspekt des – im großen und ganzen ungemein wohltätigen – Feminismus ist dessen Charakterisierung der männlichen Sexualität. Diese Beschreibung geht von einer monolithischen, in ihrer Zielsetzung völlig eindimensionalen Erektion aus und setzt die Ejakulation des Spermas dem Orgasmus gleich. Aber eine Erektion ist durch eine Vielzahl nicht offensichtlicher Empfindungen geprägt. Was den männlichen Orgasmus anbelangt, so handelt es sich dabei um einen großen Komplex bisher noch unbeantworteter Fragen.
>
> Eine Ejakulation ist ein Muskelspasmus, bei dem viele Männer häufig kaum etwas anderes empfinden als die Zuckungen des Spasmus selbst. Eine Ejakulation ist also durchaus nicht gleichbedeutend mit einem Orgasmus.
>
> Ein Orgasmus besteht aus einer höchst differenzierten Konstellation körperlicher, psychischer und gefühlsmäßiger Komponenten. Eine Ejakulation mag bisweilen oder häufig mit einem Orgasmus einhergehen, sofern es überhaupt zu einem solchen Höhepunkt kommt. Aber viele Männer erleben Ejakulationen, ohne diese als Orgasmus zu empfinden.
>
> Solange eine Frau das nicht begreift, kennt sie noch nicht einmal die Anfangsgründe der männlichen Sexualität. Das gleiche gilt für viele Männer. Es gibt zahllose Belege dafür, daß es – genau wie manche

Frauen noch nie einen Orgasmus erlebt haben – Männer gibt, die zwar schon oft ejakuliert, aber noch nie einen wirklichen Höhepunkt gehabt haben. Und sie sind sich dessen noch nicht einmal bewußt, genau, wie viele Frauen sich darüber erst klar wurden, als einige wenige anfingen, über solche Dinge zu sprechen.

Diese Männer leben in einer beängstigenden, verblüffenden sexuellen Dumpfheit dahin und versuchen unentwegt, sich ›technisch richtig‹ zu verhalten und die richtigen Dinge zu sagen – doch jeder ihrer Höhepunkte ist buchstäblich ein neuer Tiefpunkt. Es erstaunt daher nicht weiter, daß sie im Laufe der Zeit zunehmend den Kontakt zu ihrem eigenen Körper verlieren und sich immer weiter von der Frau entfernen, die sie doch lieben möchten.«

Aus *To Be a Man*

Das ist gewiß starker Tobak. Es gibt also allem Anschein nach solche und solche Orgasmen. Norman Mailer spricht in *Prisoner of Sex* von »kümmerlichen Orgasmen, die genauso gemein und wild, erdrückend und verkrampft sind wie das qualvolle Alltagsleben der Männer und Frauen, die sie erleiden«.

Er vergleicht diese mit anderen Höhepunkten, die »so weit weg sind wie eine Arie und die Jagd und das Eintauchen in das Eis der Hölle, Orgasmen wie der Zusammenprall mit einem Laster oder Höhepunkte, so weich wie Schnee, bei denen man im vollen Ornat eines Königs ankommt oder brünstig einen glitschigen Abhang hinabgleitet«.

Diese Passage gibt bereits wunderbare Erfahrungsmöglichkeiten preis (obwohl in Mailers Schriften von Nähe, Kontakt oder anderen emotionalen Zuständen kaum die Rede ist. Ihm geht es nach wie vor primär um den Empfindungsgenuß, nicht um Gefühle. Sein Ich und sein Körper stehen im Vordergrund. Und dann ist da noch eine Frau, die mit ihm auf den Trip geht!).

In dem Buch *Wie die Liebe bleibt*, das ich gemeinsam mit Shaaron Biddulph verfaßt habe, haben wir die tiefe Verbundenheit beschrieben, die das wirkliche Ziel des Liebesaktes ist: den sanften Blick, der das Gesicht des anderen liebkost, die offenen Herzen, die entspannten, ganz hingegebenen Körper, die allmähliche Aufgabe aller Widerstände im Vertrauen auf den anderen und auf die natürliche Kraft, die von den Liebenden Besitz ergreift. Kurz: Wer einmal wirklich einen anderen in Liebe »erkannt« hat, für den wird schlichter Sex nie mehr ausreichend sein.

Das soll nicht heißen, daß der Liebesakt diese Intensität jedesmal erreichen muß, sondern nur, daß er die ganze Person betrifft, daß es sich dabei also nicht (wie Carl Whitaker einmal gesagt hat) um einen »Penis und eine Vagina [handelt], die eine mehr oder weniger zufällige Begegnung miteinander haben«.

Als ganzer Mann lieben

Die besonders im Englischen verbreitete Bezeichnung des sexuellen Höhepunktes als »Kommen« wirft eine interessante Frage auf. Wer oder was ist es denn, was im Liebesakt zum Vorschein »kommt«? Die Antwort lautet: die göttliche Seite des Mannes. Unsere alltägliche Selbstwahrnehmung wird in diesem Akt von dem Gefühl überwältigt und erschüttert, daß wir an etwas noch Größerem und Schönerem teilhaben – und zwar völlig zu Recht, denn unsere alltägliche Wahrnehmung deckt nicht die ganze Wirklichkeit ab. Im Liebesakt begegnet der Gott im Manne der Göttin in der Frau, und sie beide sind durch den kosmischen Raum und die kosmische Zeit miteinander verwoben, allwissend und ganz der Liebe hingegeben.

Die Wiederentdeckung der spirituellen Seite unserer Sexualität erfordert freilich eine gewisse Mühe. Bisweilen reicht es schon aus, daß wir die einfache und doch so fundamentale Kunst der Entspannung erlernen.

In seinem Roman *Treffpunkt Samarra* läßt John O'Hara eine seiner Figuren diese Erfahrung so ausdrücken:

> »Ich hatte nie zuvor wirklich geliebt, sondern nur herumgevögelt. Aber als es dann geschah, war es völlig anders als alles, was ich bis dahin erlebt hatte. Ich glaube, ich muß eine Sekunde lang das Bewußtsein verloren haben, und alles, was ich spürte, war eine unglaubliche Wärme, mein ganzer Körper war davon erfüllt, und ich wollte die Frau nicht mehr loslassen und mich auch nicht von ihr wegrollen. Ich wollte ihr nur ganz, ganz nahe sein. Ich spürte die Wärme ihres Körpers – weich und sanft, und zum erstenmal in meinem Leben schlief ich in den Armen einer Frau ein.«

Paul Olson kommentiert diese Stelle (in Wingspan) so: »Was er aus dieser Erfahrung macht, kann nur die Zeit erweisen. Er kann sie bereits am folgenden Morgen leugnen. Oder aber er kann sich ganz auf sie einlassen und wird dann nie wieder den Drang verspüren wegzulaufen.«

Diese Art von Vereinigung (man könnte auch von »heiligem Sex« sprechen) erfährt jedoch nur, wer innerlich dazu bereit ist, den rechten Zeitpunkt zu erkennen vermag und genügend Offenheit und Kommunikationsfähigkeit mitbringt. Und auch dann ist noch eine Menge Glück erforderlich! Zudem müssen noch eine Reihe anderer Voraussetzungen stimmen. Vielleicht braucht man Jahre, um den eigenen Körper allmählich zu öffnen, um Vertrauen zu lernen und wieder genügend Natürlichkeit zu erwerben. Aber dieser Aufwand lohnt sich. Wir treten als zarte Babys in das Leben ein und verbringen unser restliches Leben damit, jene absolute Offenheit und jenes grenzenlose Vertrauen unserer Anfangsphase wiederzugewinnen.

Im Liebesakt rückhaltlos hingeben können wir uns überdies nur, wenn wir der Natur ihr Recht gewähren – also die Signale und Rhythmen zulassen, die aus der natürlichen Welt zur »Einstimmung« auf unsere Zellen einwirken. Genau das ist es, was wir mit dem Wort »Romantik« bezeichnen, einem Zustand, in dem alles Künstliche bedeutungslos wird. Auch außerhalb der erotischen Sphäre bezeichnen wir meist Naturerlebnisse als »romantisch« und nicht etwa Erfahrungen mit der künstlichen, vom Menschen geschaffenen Welt.

Die alten Klischees sind deshalb so dauerhaft, weil sie starke Gefühle auslösen. Romantik bedeutet für uns, am Meeresstrand zu stehen und dem Mondaufgang zuzuschauen, bei Kerzenlicht zu speisen, auf einem Teppich vor einem Kamin »Liebe zu machen« oder einfach mit der geliebten Frau irgendwo im Freien ins Gras zu sinken, zu lachen, einander die Kleider abzustreifen und die warme Haut des anderen zu erkunden. Sex ist eine Art Rückkehr zur Natur, die Befreiung unserer Wildheit – etwas, wofür man nie zu alt ist! Romantik bedeutet, einen erotischen Körper mit einem wilden Herzen zu erfüllen: »Die nackte Erde unter uns und über uns das unendliche Universum.«

Männer und »Ganzer-Körper-Sexualität«

Der Feminismus hat den Frauen die Macht über den eigenen Körper zurückgegeben – und das Vergnügen, ihren Körper in seiner ganzen Lebendigkeit zu erfahren. Die heutigen Frauen entscheiden selbst darüber, ob und wann und wie sie ihre Sexualität ausleben wollen. Die bahnbrechenden Studien der fünfziger und noch früherer Jahre zeigten, daß weniger als zwanzig Prozent der damaligen Frauen Orgasmuserfahrungen hatten. Daß sie inzwischen diese Fähigkeit und zugleich damit das Selbstvertrauen erworben haben, dem eigenen Geschlechtspartner ganz selbstverständlich die eigenen Wünsche und Bedürfnisse kundzutun, ist eine große Errungenschaft – auch wenn dies alles »lediglich« in Millionen von Schlafzimmern stattgefunden hat.

Wie die Frauen des 19. Jahrhunderts wissen die meisten Männer bis heute nicht, was ihnen eigentlich fehlt. Man muß nur einmal das reptilische Grunzen und Stöhnen männlicher Porno-Darsteller gehört haben, um zu begreifen, daß diese Burschen weder je einen wirklichen Orgasmus gesehen, geschweige denn erlebt haben. Viele der heutigen – ejakulationsfreudigen – Männer müssen deshalb selbst erst noch orgasmusfähig werden. Um dahin zu gelangen, muß Mann erst lernen, der mechanischen Seite des Geschehens weniger Bedeutung beizumessen und mehr auf die inneren Qualitäten der sinnlichen und emotionalen Erfahrung zu achten. Wir Männer fühlen uns schon wie Glückspilze, wenn unsere Partnerin uns fragt, was wir gerne im Bett *tun* möchten. Aber geradezu magische Eigenschaften entwickelt die Frau, die uns fragt, was wir *fühlen* möchten.

In einer Kolumne im *Australian Magazine* hat Barry Oakley diesen Unterschied mit Hilfe zweier Zitate verdeutlicht. Das eine stammt aus Ken Folletts Erfolgsbuch *Nacht über den Wassern:*

> »Das hätte nicht passieren dürfen, dachte sie, ihr Widerstand schmelzend. Er legte sie sanft rücklings auf das Bett, und ihr Hut fiel herunter. ›Das ist nicht richtig so‹, sagte sie schwach. Er küßte ihren Mund und knabberte leicht mit seinen Lippen an den ihren. Durch das feine Gewebe ihres Höschens spürte sie seine Finger ...«

Man bemerkt sofort, daß in diesen Zeilen das Tun im Vordergrund steht. Von Gefühlen und inneren Erfahrungen hingegen ist nicht die Rede. Das Geschehen ist rein mechanisch und ohne Charme.

Zum Vergleich zitiert Oakley dann aus *Liebende Frauen* von D. H. Lawrence:

> »Sie war bei Birkin, sie war gerade erst zum Leben erwacht, hier in dem tiefen Schnee unter den Sternen. Was hatte sie mit Eltern und Herkunft zu schaffen? Sie fühlte sich neu und ungezeugt, sie hatte keinen Vater, keine Mutter, keine Verbindungen zur Vergangenheit, sie war ganz sie selbst, rein und silbrig, sie gehörte einzig ihrem Einssein mit Birkin, einem Einssein, das tief in ihr etwas zum Klingen brachte, was ins Herz des Universums, ins Herz der Wirklichkeit selbst hinüberschallte, in Sphären, in denen sie nie zuvor geweilt hatte.«

Hier wird das Geschehen von innen her geschildert – aus der Fülle der Erfahrung. So etwas gelingt nur großen Schriftstellern, und zwar aus dem einfachen Grund: Man muß zuvor dort gewesen sein.

Lawrence berichtet überhaupt nichts über die Details – nichts, worüber kleine Jungen kichern könnten, da sie überhaupt nicht wüßten, worum es geht. Heutzutage klären wir Kinder über die Mechanik der Sexualität auf – in unserer Welt ist das eine Notwendigkeit. Aber in gewisser Hinsicht können wir ihnen wenig darüber sagen, was es mit der Sexualität wirklich auf sich hat, was hinter der Mechanik liegt. Sexuelle Kunstfertigkeit und Wahrnehmungsfähigkeit müssen auf die eine oder andere Weise erst Schritt für Schritt erlernt und erfahren werden, müssen genährt und ermutigt werden. Die Anfänge der sexuellen Erfahrung sind weitgehend privater Natur. Und dabei fangen wir zunächst an, uns selbst zu verstehen, und wenden uns dann nach außen.

Selbstliebe

Sexualtherapeuten und -erzieher ermutigen zur Masturbation als Teil des Erlernens und Erhaltens einer gesunden Sexualität. Der durchschnittliche Junge beginnt mit der Selbstbefriedigung irgendwann in der Pubertät, lange bevor er Beziehungen zum anderen Geschlecht aufnimmt. Neueren Untersuchungen zufolge wird diese Praxis sogar in Beziehungen und auch nach deren Ende beibehalten. Offenbar handelt es sich oftmals um Langzeitstudien!

Für Männer, die willens sind, ihre Vorstellungskraft zu aktivieren, ist die Masturbation eine Übung in sexueller Unabhängigkeit und praktizierter Sinnlichkeit. Und das ist auch gut so – denn nach Auskunft zahlreicher Frauen braucht die Mehrzahl der Männer soviel Übung wie eben möglich. Wenn wir die Dinge nicht übereilen und auch Experimente nicht scheuen, werden wir geschicktere und sinnlichere Liebhaber (die Hast, mit der die meisten Jugendlichen masturbieren, ist auch ursächlich dafür, daß so viele erwachsene Männer unter vorzeitigem Samenerguß leiden). Würden Jungen und Männer die Masturbation spielerischer und »genüßlicher« praktizieren, so käme das ihnen selbst und ihren Partnerinnen zugute.

Männer jeden Alters sollten die Selbststimulierung dazu nutzen, ein Gefühl für die Besonderheit des sexuellen Geschehens zu entwickeln. Seit einigen Jahrzehnten gilt die Masturbation nicht mehr als Todsünde, aber ihr Status hat sich nur geringfügig verbessert, und heute betrachtet man sie weithin als eine Art notwendiges Übel. Sie ist zwar inzwischen zulässig, soll aber vorwiegend nur dem »Dampfablassen« dienen (womöglich hat sie mehr Spaß gemacht, als sie noch als Sünde galt!).

Es ist wichtig, sich vergnüglich, entspannt und ohne Eile in die Erregungsempfindungen des gesamten Körpers – von Kopf bis Fuß – einzuklinken. Denn die Selbststimulierung ist für Männer wie Frauen gleichermaßen eine Möglichkeit, etwas über die eigene Sexualität und die eigenen Wünsche zu erfahren. Sie ist eine wichtige Quelle der Selbsterfahrung – und die Voraussetzung für das »Gut-im-Bett-sein«. Und nur wer seine eigenen Bedürfnisse wirklich kennt, kann sie auch einem Partner mitteilen. Ferner kann man bei der Selbstbefriedigung lernen, für die vielfältigsten Empfindungen empfänglich zu sein (was gerade Männern häufig schwerfällt) – sich hinzugeben und dem ganzen Körper zu erlauben, jene Liebesenergie anzunehmen, die im sexuellen Austausch in Hülle und Fülle zur Verfügung steht.

Die Magie bewahren

Unser Körper sendet uns von innen her die Botschaft: Sex ist Magie! Aber von außen – sei es durch Zeitschriften, Schulhofwitze oder gar durch sexuellen Mißbrauch seitens Erwachsener – erhalten Jungen und junge Männer den Eindruck, daß ihre sexuellen Sehnsüchte schmutzig, animalisch, schäbig sind. Als Vater und Mutter müssen wir in unseren Kindern das Bewußtsein für die positiven Seiten der Sexualität wecken und sie so gut als möglich vor den negativen Botschaften schützen, die unentwegt auf sie einwirken. Auch als erwachsene Männer müssen wir uns immer wieder daran erinnern, daß unsere Sexualität, so wie sie ist, gesund und gut ist.

Ich habe einmal spät nachts ein Radiointerview mit den Herausgebern eines Sexmagazins gehört. Es war eines dieser wöchentlichen Titten-Magazine mit Schlagzeilen wie »Mann treibt es mit Hai« (oder umgekehrt). Die Herausgeber des Blattes machten sich über ihr eigenes Produkt lustig und über die unendliche Langmut der Leser, die ihnen sogar Schlagzeilen wie »US-Kriegsschiff auf Mond entdeckt« noch abnahmen.

Während ich mir das Interview anhörte, mußte ich immer wieder lächeln – doch Humor ist eine Gratwanderung. Der Grund für das Interview war die verbreitete Kritik, die laut geworden war, als das Blatt kurz zuvor auf dem Titelblatt eine nackte Frau mit einer Hundekette abgedruckt hatte. Es war deswegen sogar zu einem Gerichtsverfahren gekommen. Die meisten Leute fanden dieses Titelbild zu Recht beleidigend. Das Interview endete mit der Frage: »Würdigen Sie in Ihrem Magazin die Frauen herab?« »Nein, überhaupt nicht«, erwiderte der Herausgeber. Und dann fuhr er lachend fort: »Wenn es überhaupt jemanden erniedrigt, dann die Typen, die das Blatt lesen.«

Genau. Wenn der weibliche Körper dazu benutzt wird (und wenn die Frauen ihren Körper dafür hergeben), irgendwelche Waren zu verkaufen, dann werden dabei alle irgendwie mißbraucht. Selbst Modells und Fotografen sollten angesichts der zahlreichen Fälle von Kindsmißbrauch einmal darüber nachdenken, ob nicht häufig ein kleines Kind den Preis zu zahlen hat, wenn die Bilder Männern etwas versprechen, was sie nie einlösen können.

Die richtige Balance finden

Die Eltern des 19. und frühen 20. Jahrhunderts enthielten ihren Kindern jedwede sexuelle Aufklärung vor. Inzwischen hat sich das Gott sei Dank grundlegend geändert. Deshalb leben wir heute in einer glücklicheren, gesünderen und weniger verlogenen Welt, in der die unter dem Mantel bürgerlicher Wohlanständigkeit verborgenen Perversionen und Grausamkeiten erheblich an Bedeutung verloren haben.

Wir heutigen Eltern haben gegen Aufklärung nichts mehr einzuwenden – vielmehr ärgern wir uns über die zahllosen Fehlinformationen, die allenthalben verbreitet werden. Wir möchten unseren Kindern eine voll entwickelte Sexualität ermöglichen. Und deshalb wünschen wir, daß sie je nach Alter und Entwicklungsstufe Schritt für Schritt in das »Geheimnis« eingeführt werden. Doch viele Experten weisen darauf hin, daß die Konfrontation unserer Kinder mit der harten Medien-Wirklichkeit die Kleinen vorzeitig ihrer Kindheit beraubt – in ihnen ein Gefühl der Ohnmacht hervorruft, sie ängstigt und überwältigt.

Die Unschuld eines Kindes kann durch Mißhandlung zerstört werden, sie kann aber ebensogut durch entsprechende Videos beschädigt werden. Wir müssen deshalb auf der Hut sein, und auch die Medien sollten ihre Schulaufgaben machen, wenn sie nicht mittelfristig Elternboykotte provozieren wollen.

Natürlich brauchen wir Erotika, aber warum müssen die fast immer so schlecht – vielfach geradezu demoralisierend sein? Wir brauchen ein Verfahren (etwa der Praxis der von den Japanern früher verwendeten Kopfkissen-Bücher vergleichbar), um unseren Kindern ein Gefühl dafür zu vermitteln, was wirklich in zwei Menschen vor sich geht, die ineinander verliebt sind. Vielleicht eine poetische Form. Die übliche Sexualaufklärung bietet nur technische Anweisungen – sie ist zwar nötig, aber völlig uninspiriert. Eine Liebeserziehung dagegen würde wesentlich größere Anforderungen stellen.

In ihrem Buch *Söhne erziehen* beschreiben Don und Jeanne Elium, daß sie mit jedem ihrer Söhne etwa im Alter von zehn Jahren nicht nur die »Fakten des Lebens« rekapituliert, sondern auch über die spezifische Gefühlsqualität der Sexualität in ihrer Ehe gesprochen haben. Anschließend besuchten sie mit dem Sohn ein richtiges »Erwachsenen«-Restaurant, um dort das Nahen der Pubertät festlich zu begehen.

Mit strengen Zensurmaßnahmen kommen wir nicht weit – wir müssen vielmehr zum Gegenangriff übergehen und unseren jungen Männern das Empfinden für eine Magie vermitteln, die mehr ist als jener kleinste gemeinsame Nenner, demzufolge die Sexualität nur dazu dient, überschüssige Triebenergien abzubauen.

Die Verkrüppelung der männlichen Sexualität

Aber die Banalisierung und Herabsetzung der Sexualität ist nicht das einzige Risiko. In der Macht der Sexualität lauern für Jungen und Männer noch größere Gefahren. Denn wenn diese Energie nicht in eine positive Richtung fließt, kann sie bisweilen ausgesprochen destruktiv wirken.

Der Feminismus verweist immer wieder zu Recht auf die Fähigkeit des Mannes, im Bereich der Sexualität zu verletzen und zu erniedrigen, zu belästigen und zu vergewaltigen. Das ist beileibe keine nebensächliche Angelegenheit – wenn zum Beispiel in fast jeder Straße unserer Großstädte irgendwo ein Kind mißbraucht wird. Freilich vermag die Feststellung »alle Männer sind Tiere« dieses Problem weder zu erklären noch zu beheben. Wir müssen vielmehr dringend die Entwicklung der männlichen Sexualität erforschen, um herauszufinden, wie eine an sich gesunde, wohltätige Energie in derart perverse Bahnen geraten kann.

Das folgende Zitat stammt von Jai Noa, einem körperbehinderten Mann, der an sich selbst beobachtet hat, wie seine Körperbehinderung aus ihm sehr rasch auch einen »seelischen« Krüppel machte. Über die Erforschung seines eigenen Zustandes gelangte er dann zu der Erkenntnis, daß in unserer Gesellschaft mehr oder weniger ausgeprägt *alle* Männer diesem Mechanismus unterworfen sind. Fast jeder von uns fühlt sich wenigstens einmal innerlich »verkrüppelt«.

Die oben beschriebene Medienbotschaft – die »Schau-mich-an-aber-berühr-mich-nicht-Kultur« – kann leicht dazu führen, daß wir Männer unsere Sexualität als verabscheuenswert empfinden und infolgedessen den Wunsch entwickeln, uns zu »rächen«, indem wir den Frauen Leid zufügen. Bei Noa selbst heißt es:

> »Ich verwende die Bezeichnung ›Krüppel‹ in einem sehr engen Sinn. Das Wort verweist auf die in unserer Gesellschaft fast unvermeidliche Tatsache, daß die meisten Männer sich ihrer Sexualität schämen und mit diesem Zustand früher oder später in ihrem Leben konfrontiert werden. Es ist schon eigenartig, daß die den allermeisten Männern

gemeinsame ›Behinderung‹ ausgerechnet in der Unfähigkeit besteht, sich sexuell adäquat auszudrücken ...

Wegen seines geringen Selbstwertgefühls glaubt der ›Krüppel‹, daß er keine auf Dauer angelegten intimen Freundschaften mit anderen auf die Reihe kriegt. Da er an der Möglichkeit eines intersubjektiv begründeten Glücks zweifelt, sieht er in dem anderen Menschen [der Frau] lediglich ein Objekt, das es nach Kräften auszubeuten gilt. Dies ist die zynische Variante des Versuchs, sich durch Machtausübung des eigenen Werts zu versichern. Durch die von Schuldgefühlen getriebene Suche nach Macht verwandeln sich die an sich wundervollen Freuden der Liebe in ihr Gegenteil.

Und so tritt der ›Krüppel‹ dann als Voyeur, als Pornophiler oder als Exhibitionist in Erscheinung. Er genießt es, nicht nur in die sexuelle Sphäre anderer einzudringen, sondern er liebt auch das Gefühl, daß sein Penis die Macht hat, eine Reaktion auszulösen – nämlich Verunsicherung und Ekel.

Der heterosexuelle männliche ›Krüppel‹ versucht alle Frauen auf den Status von Huren zu reduzieren, also, zu billigen Flittchen zu degradieren, die so tief stehen, daß sie selbst mit einer so verächtlichen Figur wie ihm selbst vögeln (und ihn dadurch erhöhen!). Vielleicht besucht er Bars oder Partys in der Hoffnung auf eine betrunkene, schnelle Nummer. In seinen Masturbationsphantasien wählt er stets Frauen, die zu gut für ihn sind und die er sich als Sklavinnen ihrer sexuellen Leidenschaft ausmalt.

Der ›Krüppel‹ ist ein Mann, dem es nicht gelingt, seinem romantischen Ideal zu genügen, und der sich wegen dieses Versagens erniedrigt fühlt und verbittert und resigniert reagiert. Und weil die meisten Männer in einer Gesellschaft, die ›Romantik‹ nach Leistungskriterien bewertet, irgendwann einmal eine oder mehrere Niederlagen hinnehmen müssen, findet der ›Krüppel‹ in der Männerwelt genügend Identifikationsobjekte. Schon als Teenager und später dann manchmal ein ganzes Leben lang sucht der ›Krüppel‹ mit Vorliebe die Gesellschaft solcher Männer, die sich ebenfalls in Frauenhaß ergehen.«

An der auch sprachlich brillianten Analyse dieses Mannes ist aber überhaupt nichts »Krüppelhaftes« zu finden! Als ich seinen Essay *The Cripple and the Man* erstmals gelesen hatte, habe ich hinterher noch lange schweigend dagesessen. Möglicherweise hat Noa sogar auf eine der drängendsten sozialen Fragen unserer Zeit eine Antwort gefunden. Picken wir nur einmal den folgenden Schlüsselsatz heraus: »Da er an der Möglichkeit eines intersubjektiv begründeten Glücks zweifelt, sieht er in dem anderen Menschen [der Frau] lediglich ein Objekt, das es nach Kräften auszubeuten gilt.«

Mit anderen Worten: Da er daran zweifelt, je die Liebe und Nähe eines anderen Menschen gewinnen zu können, zieht es der zum »Krüppel« gewordene Mann vor, stets die Oberhand zu behalten. Wir haben es hier mit der Struktur des Vergewaltigers, des Kinderschänders, des Pornografie-Süchtigen, des Serienmörders und des Frauen-Schlägers zu tun. Wir haben es aber auch mit Otto-Normalverbraucher zu tun, der sich abmüht, seine Wünsche und Bedürfnisse trotz der immer wiederkehrenden Aufforderung »Stell' dich hinten an!« in den Griff zu kriegen – die Zeile aus dem Song von *Dr Hook and the Medicine Show:* »Girls can get it anytime they want« (Mädchen kriegen es jederzeit) drückt das Gefühl dieser Männer sehr gut aus.

Es handelt sich bei alledem aber nicht allein um eine Frage des *sexuellen* Selbstbewußtseins. Viele Männer verwechseln die Ablehnung sexueller Wünsche mit einer Zurückweisung ihrer ganzen Person und einer Leugnung ihrer Liebenswürdigkeit überhaupt. In solchen Situationen empfinden sie deshalb einen doppelten Schmerz (vielleicht sehen sie auch noch andere Aspekte ihres Leistungsvermögens in Frage gestellt – etwa ihre Fähigkeit, Geld zu verdienen, oder ihre körperlichen Vorzüge und so fort).

Alle Menschen wollen geliebt werden. Wir alle möchten wertgeschätzt werden, *so wie wir sind*, freundlich behandelt werden und täglich Nähe spüren. Da die meisten Männer den Frauen jedoch mit einem gravierenden Mangel an Selbstwertgefühl begegnen, geraten sie stets aufs neue in die Versuchung – statt eine Zurückweisung von gleich zu gleich zu riskieren –, zur Durchsetzung ihrer Bedürfnisse Stärke oder Täuschung, Geld oder andere Machtmittel und -spiele einzusetzen. Frauen zahlen dafür einen hohen Preis. Somit hat das ganze den Charakter einer doppelten Tragödie.

Die ganze Prostitutionsbranche lebt von der emotionalen Verarmung der Männer – von denen so viele sich lieber vorgespielte »Liebe« kaufen, als sich mit den Schwierigkeiten einer echten Beziehung auseinanderzusetzen.

Sexualstraftäter

Die meisten Männer empfinden ihre sexuelle Reduziertheit lediglich als bedrückend. Männer jedoch, die von ihren Müttern oder Vätern schwer mißbraucht wurden und von dem Grundsatz geprägt sind »Verletze oder werde verletzt«, bilden eine echte Risikogruppe. »Wer mir keine Liebe gibt, soll dafür büßen«, lautet oftmals die Dynamik, von der sie sich bestimmen lassen.

Der Vergewaltiger weiß, daß sein Opfer hilflos ist, und empfindet diesen Umstand als lustvoll. Der Kinderschänder kann sich nur in einer Position absoluter Macht und Kontrolle wohl fühlen. Er fühlt sich so einfach sicherer. Warum die Zurückweisung einer erwachsenen Frau riskieren, wo sich doch ein Kind so leicht kontrollieren läßt? Es kommen noch weitere die Sache komplizierende Faktoren hinzu: Häufig bilden in der Erfahrung solcher Männer seit der Kindheit Aggressivität und sexuelle Erregung eine unauflösliche Einheit.

Andere Kindsmißhandler machen sich die Erinnerung an die Mißbrauchserfahrungen ihrer eigenen Kindheit erträglicher, indem sie die Rollen einfach umkehren. Man kann an all diese Dinge kaum ohne eine Gänsehaut denken, aber um der leidenden Frauen und Kinder überall willen müssen wir uns den Tatsachen stellen. Es ist bekannt, daß in unserer Gesellschaft eines von sechs Kindern irgendwann einmal sexuell mißbraucht wird, gewöhnlich von einem Mann, der zur Familie oder dem engeren sozialen Umfeld zählt. Im Laufe seiner »Karriere« vergreift sich ein solcher Kinderschänder womöglich an Dutzenden von Kindern, Enkeln, Kindern von Freunden und Verwandten.

Die psychischen Schäden, die solche Kinder davontragen, belasten sie – wenn nicht entsprechend therapeutisch gegengesteuert wird – ein Leben lang. Selbstmordversuche, Magersucht, Alkoholismus, Eheprobleme, Drogenabhängigkeit, Depressionen oder die Neigung, die eigenen Kinder zu mißbrauchen, sind nur einige der möglichen Folgen solcher Kindheitserfahrungen.

Was diese Männer anderen antun, ist unverzeihlich, gleichwohl versteht man heute besser, wie es überhaupt dazu kommen kann. Ein »Krüppel« ist nicht ein ganz anderer Typus Mann – sondern nur einer, der den schwierigen Pfad der Intimität zugunsten des – für ihn selbst – weniger riskanten Verfahrens der Ausbeutung verlassen hat.

Wir alle sind oftmals nicht weit davon entfernt, uns wie »Krüppel« zu verhalten und müssen stets aufs neue darauf bedacht sein, uns nicht von den vordergründigen Verlockungen dieses Weges irreführen zu lassen.

Die richtige Erziehung

Vorbeugung ist das sicherste Mittel der Kindererziehung. Kinder, die in einem Gefühl der Sicherheit aufgewachsen sind, entwickeln ein angemessenes Selbstwertgefühl und sind nicht darauf angewiesen, andere zu verletzen. Als Männer müssen wir uns rückhaltlos verpflichten, uns niemals mit Kindern auf sexuelle Handlungen einzulassen. Kinder müssen mit absoluter Gewißheit darauf vertrauen können, daß sie nicht mißhandelt werden und daß ihre Sexualität vor Gewalt und sonstigen Übergriffen geschützt ist.

Zweitens sollten wir als Eltern auf Ohrfeigen und Schläge verzichten und nach besseren Möglichkeiten suchen, wie Kinder zur Kooperation bewegt werden können. Kinder, die sich bei ihren Eltern physisch sicher fühlen und deren psychische Grenzlinien nicht durch Eingriffe und Launen der Erwachsenen verletzt werden, lassen sich wesentlich seltener widerstandslos sexuell mißbrauchen und können auch deutlich leichter darüber sprechen, sollte dies doch einmal geschehen.

Drittens ist es wichtig, daß junge Menschen – die allein wegen ihres Jungseins ein hohes Risiko laufen, mißbraucht und später selbst zu Kinderschändern zu werden – ein starkes Gefühl der Zugehörigkeit erfahren. Dieses Gefühl ergibt sich von ganz allein aus der Zuwendung der und Unterweisung durch die verantwortlichen Erwachsenen. Besonders junge Männer fühlen sich in unserer Gesellschaft oft wie Außenseiter und nehmen es dementsprechend mit dem Gesetz und der Moral nicht so genau.

Gerade in unserer heutigen Gesellschaft erhalten junge Männer nur wenig Aufmerksamkeit. Wenn der junge Mann nicht gerade ein Sportstar zu werden verspricht, interessiert sich kein älterer Mann für ihn. Jungen, die sehr stark unter Gruppenzwang stehen, haben fast immer einen schwachen oder durch Abwesenheit glänzenden Vater und genausowenig Onkels oder sonstige Vaterfiguren, die diese Lücke ausfüllen könnten. Vielleicht sollte man die Väter von Jungen, die sich mit ihrer Gang zu Massenvergewaltigungen hinreißen lassen, gemeinsam mit ihren Sprößlingen in den Knast stecken. Auf einem Kongreß über Jugendkriminalität war kürzlich zu hören, daß junge Leute nicht vor Mitte zwanzig von den Erwachsenen getrennt leben sollten. Erst in diesem Alter hätten sie sich innerlich so gefestigt, daß sie ein unabhängiges Leben führen könnten.

Jungen geraten in Gangs, weil sie instinktiv nach Führung suchen. Doch der – meist ein Jahr ältere oder ein paar Zentimeter größere – Ganganführer ist kaum je in der Lage, seinen »Untergebenen« eine positive Richtung zu weisen (Ghetto-Jungen schließen sich vielfach aus Gründen bloßer Selbstverteidigung einer Gang an, weil alles andere an Selbstmord grenzen würde. Allein die Gang bietet ihnen die Sicherheit, die ihnen die Erwachsenen nicht mehr bieten können). Die Gang verlangt von ihren Mitgliedern freilich einen hohen Preis – sie nimmt ihnen ihre Individualität.

In der Welt der Gangs herrscht eine auf Angst beruhende, intensive Konformität. Wenn man sich von den übrigen Gangmitgliedern unterscheidet, ist man kein Mann, wird man verfolgt, geschmäht, verprügelt oder sogar umgebracht (unter richtigen Männern dagegen werden Unterschiede hochgeschätzt). Auch darf man sich als Mitglied einer solchen Gang über Frauen nur in einer harten, unterdrückerischen Sprache äußern. Wer keine sexuellen Erfahrungen hat, muß sie sich zusammenphantasieren. Zuneigung und Zärtlichkeit für ein Mädchen zu zeigen gilt als Ausweis der Schwäche.

Sich über die eigene sexuelle Identität klarwerden

Wir brauchen die Unterstützung und Hilfe von Angehörigen des eigenen Geschlechts, um uns in unserer eigenen geschlechtlichen Identität sicher zu fühlen (das Initiationskapitel »Der Wilde Geist des Mannes« wird dies noch näher ausführen). In der Praxis ist die Sexualität eine innere, persönliche »Sache«, zugleich aber auch eine Begegnung zwischen Mann und Frau.

Wenn ein junger Mann erfolgreich eine Beziehung zu einer jungen Frau aufnehmen möchte, muß er sich zunächst als Mann in seiner Haut wohl fühlen. Das ist jedoch nur selten der Fall. Wer in der Liebe Erfolg haben möchte, muß sich zunächst selbst als liebenswert erfahren haben und aus seiner »magischen Seele und aus kraftvollem

Herzen« die Fähigkeit hervorzaubern, Zärtlichkeit zu geben und zu empfangen.

Bly betont, wie wichtig es für junge Männer ist zu wissen, daß unsere »sexuelle Energie, daß animalische Wollust, Wildheit und leidenschaftliche Spontaneität gut sind«. Sofern dieses Vertrauen besteht, nehmen auch die Aggressivität und das Konkurrenzdenken ab – und der Drang, Frauen zu unterdrücken. Erst wenn wir unsere ungestüme, wilde Sehnsucht akzeptieren, verlieren wir auch unsere falsche Scham und unsere Herrschsucht. Wenn die von Ihnen begehrte Frau Sie erhört – großartig! Wenn nicht, dann ist das auch in Ordnung. Denn es gibt gewiß eine andere, die Ihnen mehr zugeneigt ist.

Wenn ein Mann – mit ruhigem Selbstbewußtsein und ohne Arroganz – seinen Wert richtig einzuschätzen vermag, dann kann er von gleich zu gleich ohne Macht- und Herrschgelüste auf eine erwachsene Frau zugehen. Er wird sich dann weder übertrieben scheu oder aggressiv verhalten. Und er tritt voll Stolz in den Tanz der Liebe ein.

Die sexuelle Initiative behalten

> »In der sogenannten Playboy-Philosophie beispielsweise dreht sich alles um das verführerische Playmate. Dabei verkündet das Playboy-Evangelium, daß die Frau den Leser in seiner Männlichkeit bestärkt, indem sie ihn sexuell mit ihrer »Na-komm-schon«-Pose erregt. In Wahrheit dagegen hat der Leser seine männliche Initiative vollends an die Frau verloren ... Er hat seinen männlichen Geist der Göttin übereignet und ihn so verloren.«
>
> Gordon Dalbey in *Healing the Masculine Soul*

Es gilt, noch mit einem weiteren Ungeheuer die Kräfte zu messen. Das ist schon von jeher so gewesen, aber in unserer Gesellschaft mit ihrem beständigen Medien-Bombardement ist aus dem Tier ein mit vielen Klauen bewehrtes Riesenmonster geworden!

Frauen üben auf Männer eine so starke visuelle und fühlbare Magie aus, daß Männer leicht in den Fehler verfallen, ihnen die eigene Macht widerstandslos zu übergeben. Sie genießen dann plötzlich den Status überirdischer, göttlicher Wesen. Von Marilyn Monroe bis Madonna läßt sich beobachten, daß wir Männer diese mythische Figur offenbar brauchen.

Wenn wir Männer die Frauen als »Besitzerinnen« sexueller Attraktivität betrachten – als Herrinnen über unser Verlangen –, dann *begeben* wir uns freiwillig unserer eigenen sexuellen Energie. Wir stellen die Frauen dann auf ein Podest und machen ihnen zugleich zum Vorwurf, daß sie sich dort befinden.

Doch inzwischen wissen wir, daß die sexuelle Attraktivität nicht allein davon abhängt, wie eine Frau aussieht, sondern auch *von dem Blick, mit dem wir eine Frau ansehen wollen.* Im allgemeinen kommen wir Männer mit dem Leben weitaus besser zurecht, wenn wir erkennen, daß wir selbst uns »anmachen« und daß wir ein vernunft- und verantwortungsbegabtes Wesen mit einem Penis sind und nicht etwa umgekehrt!

> »Niemand vermag uns geschlechtlich zu erregen. Wir erregen uns selbst, egal, wie überzeugend wir diese Fähigkeit auch auf andere Personen projizieren. Männer werden nicht von Frauen verhext, sondern von ihrem eigenen Wunsch nach Verschlungen-Werden – oder genauer ausgedrückt, durch die von ihnen selbst unwissentlich vorgenommene Stimulierung solcher Wünsche samt bereitwilliger Unterwerfung unter sie; besonders faszinierend sind dabei all jene Begierden, die eine von Vergnügen begleitete Betäubung versprechen.«
>
> Robert Masters in *To Be a Man*

> »Viele Männer behaupten, ihr Penis hätte seinen eigenen Willen, dabei sind die Männer lediglich Genies, wenn es darum geht, sich vor der Verantwortung zu drücken.«
>
> Richard Rhodes in *Making Love*

Das Mißverständnis beginnt meist schon in der Pubertät. Unsere Kultur, in der »Softporno«-Magazine den Maßstab setzen, führt zu einer Art schizophrenen Spaltung: Die scheinbar willfährige, provozierende Perfektion der Hochglanzbilder untergräbt immer wieder die unbeholfenen, menschlichen und keineswegs einfachen Versuche, mit einem wirklichen Mädchen in Beziehung zu treten.

Die Klage lautet nicht ohne Grund: »Die Bilder haben mich nie wiedergeliebt.« Die ausklappbare Posterseite suggeriert einem jungen Mann: »Schau nur, ist das nicht genau das, was du willst« – aber sie gibt ihm keinerlei Wärme, sie bleibt völlig unverbindlich, sie streift den jungen Mann lediglich mit einem Lusthauch, der ein langanhaltendes Gefühl der Leere zurückläßt.

Der junge Mann, der in Adelaide von einem Hochhaus in den Tod sprang, hatte zuvor eine MacPherson-Dessous-Schau gestört und einem Mannequin: »Du Hure!« zugerufen. Danach hatten ihn Sicherheitsleute aus dem Kaufhaus befördert. Ein Fotograf hatte sein wutverzerrtes Gesicht festgehalten, als er aus der Menge der Schaulustigen hervorbrach, um den Laufsteg zu entern.

Später hieß es dann in den Zeitungen, der Selbstmörder habe psychische Probleme gehabt – was aber nicht heißt, daß seine Gefühle keine Gültigkeit besessen hätten. Vielleicht hat er nur, wie viele aufgewühlte junge Leute, den ganzen Schwindel durchschaut. In gewisser Hinsicht könnte man ihn als einen der ersten Märtyrer der Männeremanzipation bezeichnen.

In Zukunft können wir erwarten, daß sich immer mehr Männer mit Frauen zusammentun, um gegen sexistische Werbung ebenso wie gegen die Tabakindustrie und andere vorzugehen, die unseren Kindern Schaden zufügen und sie ausbeuten – auf daß die Spray-Dosen des Protests nie austrocknen mögen!

Den Hengst niederzwingen

Der Geistliche und Therapeut Gordon Dalbey erzählt in seinem Buch *Healing the Masculine Soul* eine Geschichte, die anschaulich macht, wie Mann sich gegen sexuelle Manipulationen zur Wehr setzen kann. Ein junger verheirateter Mann konsultiert ihn, weil eine Arbeitskollegin ihn unentwegt mit Geschichten über die Grausamkeit ihres Ehemannes angeht. Die beiden verbringen mehr und mehr Zeit miteinander, und sie verhält sich immer verführerischer (beziehungsweise er fühlt sich immer mehr von ihr angezogen – je nachdem, wem man die Verantwortung zuweist).

Dalbey erkundigt sich nach der Kindheit des Mannes und entdeckt ein Muster, wie es für viele Männer in dieser Situation typisch ist. Der Vater des Mannes war wesentlich älter gewesen als die Mutter, ein eher distanzierter Mann, der starb, als der junge Mann vierzehn Jahre alt war. Der Junge hatte schon früh die Rolle des Trösters und Vertrauten seiner Mutter übernommen, eine Funktion, die er nach dem Tod des Vaters noch verstärkt ausfüllte. Als er erwachsen wurde, hatte er bereits verinnerlicht, daß es seine Lebensrolle sein werde – mit unterschwelliger Erotik –, den Frauentröster zu spielen. Kurz: Die Distanziertheit und spätere Abwesenheit seines Vaters und die von der Mutter aufgebaute subtile inzestuöse Bindung hatten ihn für eine solche Rolle geradezu prädestiniert.

Nach einigen Therapiestunden ergab sich eine Wende. Denn glücklicherweise (für die Geschichte) züchtete der Mann Pferde, und eines morgens geschah etwas, das seine ganze Situation veränderte. Ein aus der Koppel seines Nachbarn ausgebrochener Hengst war gerade im Begriff, eine der Stuten des jungen Mannes zu decken. Ohne nachzudenken, griff er sich eine Zaunlatte und trieb den hocherregten, riesigen Rappen mutig in seine Koppel zurück. Kurz darauf entdeckte er (wer hätte das gedacht!), daß er auch die junge Frau, die ihm am Arbeitsplatz gefährlich nahegekommen war, in die Schranken verweisen konnte. Sie war zunächst wütend und verletzt, suchte dann aber Hilfe bei einer Therapeutin. Später dankte sie ihm dafür, daß er sich nicht auf ein Spiel mit ihr eingelassen hatte, das sie nur beide verletzt hätte.

Der noch lange nicht gründlich genug erforschte psychische Inzest, zu dem es zwischen Müttern und Söhnen immer wieder kommt, kann die Entwicklung eines jungen Mannes so sehr belasten, daß dieser – falls er keine Hilfe findet – ein Leben lang an dieser frühen Bindung zu leiden hat. Das sich immer wiederholende Drama von Affären, Eroberungen oder schlicht ehelichen Spannungen rührt oft daher, daß viele Männer Selbstwertgefühl mit sexuellem »Erfolg« gleichsetzen. Von dem Glanz der Eroberung bleibt freilich wenig übrig, wenn der Betreffende begreift, daß er noch immer versucht, wieder »mit Mama eins zu werden«.

Situationen für Flirts, Versuchungen und die Möglichkeit zur Fehlleitung von sexuellen Begierden werden immer gegeben sein. Wirklich reif ist ein Mann erst, wenn er weiß, der *er selbst* Herr seiner Sexualität ist, daß er – um mit Dalbey zu sprechen – »seinen Hengst zurück in die Koppel treiben« kann. Der Hengst soll jedoch keineswegs kastriert, sondern lediglich in Schach gehalten werden, um ihn dann freizulassen, wenn *er selbst* es möchte. Männer, die das gelernt haben, begegnen Frauen mit einer inneren Ruhe, die das andere Geschlecht nicht etwa langweilt, sondern erotisiert und elektrisiert. Die Frauen suchen bei Männern nämlich gerade nach dieser Fähigkeit. Sie wollen jemanden, der ihnen mit ruhiger, unbeirrbarer Liebenswürdigkeit den Hof macht – und nicht etwa ein Riesenbaby, das sich ihnen gleich an die Brust hängt. Die Autoren von Liebesromanen verdienen Millionen damit, daß sie diesem Bedürfnis der weiblichen Psyche Rechnung tragen und – unwiderstehliche – Männer beschreiben, die in der Lage sind, ihren Hengst zu zügeln und ihm erst zur rechten Zeit und am rechten Ort die Sporen zu geben.

Doch damit genug der Pferdegeschichten!

Kurzgefaßt

1 Ejakulation ist nicht gleichbedeutend mit Orgasmus. Beginnen Sie damit, vor, während und nach dem Liebesakt mehr zu entspannen und achtsamer zu sein. Erwägen Sie die Möglichkeit, daß Sie sehr viel mehr Erfüllung in dem finden können, was Sie innerlich zulassen, als in dem »äußeren« Geschehen.

2 Die Sexualität ist nichts von Ihnen Getrenntes. Ihr Herz, Ihr Geist, Ihre Seele und Ihr Körper müssen alle gleichermaßen an dem Geschehen beteiligt sein. Sexualität kommt einer spirituellen Praxis gleich, die Ihren ganzen Ausblick auf die Dinge zu verwandeln vermag und Sie neu spüren läßt, wie herrlich es ist, am Leben zu sein.

3 Die Erfahrung einer wirklich tiefen sexuellen Befriedigung der oben beschriebenen Art stellt sich nur in einer vertrauensvollen Beziehung zu einem anderen Menschen ein. Dieses Vertrauensverhältnis erreicht man manchmal erst nach Jahren. Aber die Mühe lohnt sich.

4 Die Masturbation ist ein zeitlebens wesentlicher und gesunder Bestandteil der männlichen Sexualität. Sie hilft uns dabei, uns selbst und unser sinnliches Potential kennenzulernen und zu begreifen, daß unsere sexuelle Energie unser ureigener »Besitz« ist.

5 Auf Ausbeutung abzielende Pornografie, Prostitution, ein Großteil der Werbung, viele Pop-Videos und ähnliches werten Männer und Frauen gleichermaßen ab. Sie unterstellen nämlich, daß Männer nichts als den billigen »Lustgewinn« wollen und Frauen ansonsten nichts zu bieten haben. Lassen wir uns nicht verschaukeln!

6 Hüten Sie sich vor der »Verkrüppelung« – also der Versuchung, Macht über Frauen auszuüben, statt die mit einem gleichberechtigten Umgang verbundenen Verletzungsrisiken einzugehen. Wer stolz auf sein männliches Geschlecht und seine Sexualität ist, hat keine Angst vor Zurückweisung und braucht Frauen weder zum Sex zu zwingen noch zu nötigen – ebensowenig wird so jemand Kinder mißbrauchen.

7 Es sind nicht die Frauen, die uns Männer »anmachen«, sondern wir selbst, und zwar durch die Art und Weise, wie wir Frauen ansehen. Wenn Sie sich dessen bewußt sind, haben Sie selbst die Wahl – und die Verantwortung. Um es einmal unverblümt, aber treffend auszudrücken: Laßt euch nicht von eurem Schwanz an der Nase herumführen.

Weitere Stimmen

»Ein Teil von mir lebte außerhalb meines Körpers – von Gefühlen unberührt, zynisch und hart, ohne Glauben an irgend etwas, ohne Vertrauen in irgend etwas oder irgendwen ... Irgendwann im Laufe der Zeit ... ist diese Spaltung dann verheilt, zumindest beim Liebesakt.

Meine Empfindungen konzentrierten sich nicht mehr einzig auf meine Lendengegend, vielmehr dröhnten mir jetzt die Ohren, meine Haut errötete, meine Augen wurden trübe, meine Eingeweide lösten sich auf und fingen an zu fließen, und ich war nicht mehr geteilt, sondern eins. Ich spürte, wie Samenklumpen wie Feuerwerkskörper durch die Wurzel und den Schaft meines Penis schossen, und dann explodierte mein ganzer Körper, und ich war weder gespalten noch eins, ich war nichts und alles zugleich. Ich war hier und überall zugleich.«

Richard Rhodes in *Making Love*

»Die Männer, die sie gekannt hatte ..., warteten, bis es dunkel war, sie tranken sich Mut an, sie lieferten ein mechanisches Vorspiel ab, und dann vögelten sie, und was immer die Frau erlebte, spielte sich innerhalb dieses engen Rahmens ab. Ich habe jetzt mein Vergnügen gehabt, so, jetzt bist du dran. Sie gaben sich nicht einmal Mühe, ihr eigenes Vergnügen zu vergrößern. Hatten sie die Frau erst einmal penetriert, rammelten sie sich mehr oder weniger ohne Umschweife zur Ejakulation. Es überrascht mich nicht, daß sie Probleme hatten, einen hochzubekommen und die Erektion dann auch zu halten.

Es ist erschreckend, daß Männer, die bereit sind, viel Energie und Hirn in das Erlernen eines Sports zu investieren ..., kein Hirn und Willen darauf verwenden zu lernen, wie sie ihr Liebesleben interessanter und abwechslungsreicher gestalten könnten. Nach Lage der Dinge sind viel zu viele Männer Sexual-

Egoisten, die sich in der Intimität des Schlafzimmers wieder in Mamas Liebling verwandeln und lieber nehmen als geben – da sie, anders als Mädchen, nicht schon seit frühester Kindheit dazu angehalten werden, auf die Bedürfnisse anderer einzugehen.«

Richard Rhodes in *Making Love*

»Wenn man die Harmonie der Saiten zu schätzen weiß, das Sonnenlicht auf einem Blatt, die Anmut des Windes, den Faltenwurf eines Vorhangs, dann ist es möglich, daß man den Garten der Liebe in unerwarteten Momenten betritt. Wenn ein Mann oder eine Frau sich verliebt hat, sieht das Blatt noch schöner aus, sind gewisse Formulierungen noch anmutiger, sind Schultern noch lieblicher. Ich habe festgestellt, daß wir sogar Kleinstädte zu lieben beginnen. Wenn wir lieben, lieben wir das Gras und die Scheunen und die Straßenlaternen und die kleinen Hauptstraßen, die die ganze Nacht verlassen liegen.«

Robert Bly in *Eisenhans*

»Mein Mund liebkoste sie, meine Zunge ertastete noch die geheimsten Regionen ihres Körpers. Es war, als tauchte ich mein Gesicht in eine Schale reifer Sommerfrüchte und atmete deren Düfte ein – Pfirsiche, Äpfel, Birnen. Alles an ihr war frisch. Alles an ihr war schön.«

Richard Rhodes in *Making Love*

»Der erigierte Penis, der aus feministischer ebenso wie aus Macho-Sicht nur einem einzigen reduzierten Zweck dient, ist weniger ein Schwert, denn ein Zauberstab.«

Michael Ventura in *Shadowdancing*

»PSS – der Fluch des Mannes!

Professor Walker Feinlein von der Universität Hobart ist weltweit für seine Erforschung der prä-sexuellen Spannung oder PSS bekannt. Dieses verbreitete Phänomen bereitet zahllosen Männern ungemeine Schwierigkeiten und ist einer der Gründe dafür, weshalb Männer von den wichtigsten Schaltstellen der Macht und der Entscheidung eigentlich ferngehalten werden müßten. Ein unter PSS leidender Mann unterliegt nämlich erheblichen Stimmungsumschwüngen, ist ablenkbar und möchte ›nur das eine‹.

In einem demnächst unter dem Titel *Stop the World, I Want to Get off* erscheinenden Buch hat Feinlein die PSS-Komponente berühmter historischer

Ereignisse untersucht. So hat etwa das berühmte PSS-Opfer Napoleon am Vorabend der Schlacht von Waterloo die (oft falsch übersetzten) Worte gesprochen: ›Heute abend nicht? – Josephine!!!!‹

Die Kuba-Krise war in ihrem Verlauf ebenfalls von PSS-Faktoren mitbestimmt. Neue Dokumente aus dem Kreml beweisen, daß Chruschtschow während jener Tage unter erheblichen sexuellen Spannungen litt, weil er bereits seit zwei Monaten keinen Geschlechtsverkehr mehr gehabt hatte. Auch Kennedy stand unter immensem Druck, hatte er doch schon seit zwei Stunden nicht mehr kopuliert.«

Aus *Heavy Metall*, dem Journal der Risdon Zincworks

»Was tut ein Mann, wenn er sich in ein strahlendes Gesicht auf der gegenüberliegenden Seite des Raumes verliebt? Es bedeutet vielleicht, daß er einiges an Seelenarbeit zu erledigen hat. Seine Seele ist der springende Punkt. Statt der Frau hinterherzulaufen und zu versuchen, sie allein zu erwischen, ohne ihren Mann, sollte er selbst mit sich allein sein, vielleicht drei Monate in einer Berghütte, um Gedichte zu schreiben, Kanu zu fahren und zu träumen. Das würde so mancher Frau eine Menge Ärger ersparen. Ich behaupte nicht, daß es immer eine Illusion ist, sich zu verlieben, und daß eine romantische Liebe stets mit Mißtrauen und Vorsicht behandelt werden sollte. Die ganze Angelegenheit ist äußerst kompliziert.«

Robert Bly in *Eisenhans*

Männer und Frauen

Es gibt drei Dinge, die Männer beachten müssen, wenn sie eine gute Beziehung zu Frauen aufbauen wollen. Sie müssen ...

1 **... gegenüber ihrer Frau von gleich zu gleich »ihren Mann stehen«, ohne sie einzuschüchtern oder sich von ihr einschüchtern zu lassen;**

2 **... über die wesentlichen Unterschiede zwischen männlicher und weiblicher Sexualität Bescheid wissen und die »Kunst der Jagd« meistern lernen;**

3 **... begreifen lernen, daß die Ehefrau oder Freundin tatsächlich nicht die eigene Mutter ist.**

Interessiert? Na, dann kann's ja losgehen.

Der Mann als liebenswerter Trottel

Wenn die heutigen Männer mit der Wut, den Klagen oder der allgemeinen Unzufriedenheit ihrer Frau konfrontiert werden, ziehen die meisten den Kopf ein. Sie murmeln eine Entschuldigung und schleichen sich davon (es gibt allerdings eine kleine, »übriggebliebene« Gruppe von Männern, die Meinungsverschiedenheiten mit Frauen durch Gewalt und Einschüchterung »lösen« wollen. Diese Gruppe wird später noch zum Thema gemacht).

Wenn Männer überhaupt Widerworte geben, dann brummeln sie irgend etwas in ihren Bart. Zumeist jedoch verhalten sie sich versöhnlich und entschuldigen sich dafür, daß sie solche Trottel sind: »Tut mir leid, Liebes.«

In den Medien ist dieser Typus seit Jahrzehnten zum Stereotyp des Mannes geworden – angefangen von den klassischen Dagwood-Cartoons bis hin zur »Bill-Cosby-Show« (der amerikanische Frauen-Talkshow-Moderator Ray Martin hat diese Rolle ebenfalls gespielt, indem er die Intelligenz, die sein Job ganz offensichtlich verlangte, mit einem eingezogenen Kopf und einem süßen Lächeln maskierte). Wohin man auch schaut, überall ist der trottelig-liebenswürdige Ehemann zum gängigen Typ geworden.

Das wirkliche Leben freilich funktioniert nicht wie eine Fernsehserie. Die Millionen Männer, die in dieser Haltung leben, müssen meistens feststellen, daß dieses Verhalten sie nicht glücklich macht. Frauen mit trotteligen Ehemännern sind ebensowenig glücklich – ja, sie werden nur immer unzufriedener und quengeliger.

Ohne daß sie es bemerken, verstärkt sich ihr herrschsüchtiges, nörgelndes Verhalten sogar noch, und zwar aus einem einfachen Grund. Im tiefsten Innern möchte jede Frau es mit einem starken Mann zu tun haben. Sie möchte sich auseinandersetzen und nicht nur auf Zustimmung stoßen. Sie sehnt sich nach einem Mann, der wenigstens bisweilen die Initiative ergreift, Entscheidungen trifft und ihr klar sagt, daß nicht alles Gold ist, was sie den langen Tag daherredet. Schließlich ist es kein Vergnügen, als einziger im Haus erwachsen zu sein. Wie soll eine Frau sich entspannen oder sicher fühlen, wenn der Mann, mit dem sie zusammenlebt, so weich und schwach ist?

Ich habe viele starke, tüchtige feministische Frauen in der Therapie gehabt, die mir erzählten, endlich hätten sie den einfühlsamen, fürsorglichen New-age-Mann gefunden. Sie *meinten* zwar, sie hätten schon immer einen solchen Gefährten gesucht, aber jetzt plötzlich fühlten sie sich *zu Tode gelangweilt.* Manche von ihnen waren schon so weit, daß sie, wenn sie an einer Baustelle vorbeikamen, überlegten, ob sie es nicht einmal mit Pfeifen versuchen sollten!

Männer sind sich ihres Versagens in Beziehungen meist nur zu deutlich bewußt. Wann immer eine Gruppe von Männern zwischen dreißig und fünfzig zusammentrifft, zeigt sich sehr bald, wie viele von ihnen schwere seelische Verletzungen mit sich herumtragen. Ob sie ihre Trauer nun offen zeigen oder aber sich eine Fassade aufgeblasener Souveränität zugelegt haben, bleibt sich eigentlich gleich. Es ist ihnen bewußt, daß sie die Frau in ihrem Leben nicht zufriedenstellen können und daß es ihnen nicht gelungen ist, ihre Beziehungen zusammenzuhalten. Trotzdem wissen sie nicht, was sie falsch gemacht haben. Bly schreibt über dieses für Männergruppen typische Phänomen:

> »Wenn die jüngeren Männer sprachen, kamen ihnen nicht selten schon nach fünf Minuten die Tränen ...«

Ein Teil ihres Kummers kam aus der Distanz zu ihrem Vater, die ihnen schmerzlich bewußt war, doch zum Teil litten sie auch unter Problemen in ihren Ehen oder Beziehungen. Sie hatten gelernt, rezeptiv zu sein, doch diese Rezeptivität reichte nicht aus, um ihre Ehen durch schwierige Zeiten zu führen. Jede Beziehung braucht hin und wieder etwas *Wildes*: Der Mann braucht es, und die Frau braucht es. Doch gerade dann, wenn dieses Element gefragt war, fühlte sich der junge Mann häufig überfordert. Er war zwar fürsorglich, doch irgend etwas anderes war gefordert – für seine Beziehung, ja, für sein Leben.

> »Der Softie konnte sagen: ›Ich kann deinen Schmerz fühlen, und ich halte dein Leben für ebenso wichtig wie meines, und ich werde für dich dasein und dich trösten.‹ Aber er konnte nicht sagen, was er wollte, und dazu stehen. Eine solche Entschlossenheit war etwas ganz anderes.«
>
> Robert Bly in *Eisenhans*

Wie Mann sich gegen Frau behaupten kann

Obwohl viele männliche Leser diese Tatsache überraschen mag: Frauen sind auch nur Menschen. Das heißt, sie haben manchmal völlig recht und manchmal völlig unrecht. Die meisten Männer können sich Frauen entweder nur als Engel oder als Teufel vorstellen und vergessen dabei diese schlichte Wahrheit. Frauen sind normale, fehlbare Menschen. Daraus folgt, daß Mann nicht gleich sein Urteilsvermögen über Bord zu werfen braucht, bloß weil er mit einer Frau verheiratet ist. Mann darf sich nicht einfach gehen- und seiner Frau sämtliche Entscheidungen überlassen, wie das oft genug der Fall ist. Die Ehe ist kein Grund, das Denken einzustellen.

Frauen können nicht nur unrecht haben, unreif, pervers, vorurteilsbeladen, wettbewerbsorientiert oder niederträchtig sein (wie wir Männer übrigens auch). Bisweilen sehen Mann und Frau die Dinge auch unterschiedlich, weil sie nämlich *verschieden* sind. Was für eine Frau richtig sein mag, kann für einen Mann durchaus falsch sein – ja, so einfach ist das. Frauen verstehen Männer *oft* nicht. Aber wie sollen sie auch, wenn wir uns ihnen nicht erklären? Das heißt nicht, daß die beiden Geschlechter nicht miteinander auskommen können, es heißt nur, daß beide Seiten immer wieder aufs Neue verhandeln müssen! Falsche Konzessionsbereitschaft hilft weder der Frau noch dem Mann. Seien Sie also auf viele lange, Geduld erfordernde Diskussionen gefaßt.

Ich habe buchstäblich mit Hunderten von Ehefrauen gesprochen, die mir frustriert berichteten: »Mein Mann streitet sich nicht mit mir, er diskutiert nicht einmal. Er geht nur einfach weg.« Vielleicht geht der Ehemann weg, weil er Angst hat, er könnte – wie sein Vater – gewalttätig werden. Aber Weglaufen löst natürlich nicht das Problem. Vielleicht hat er eine keifende Mutter und einen schwachen Vater gehabt, und die einzige Reaktion auf solche Situationen, die er kennt, ist der Rückzug. Eine glückliche Ehe führen kann jedoch nur ein Mann, der seinen Standpunkt artikulieren, der diskutieren und einen Streit sachlich bis zu einer Lösung durchstehen kann.

Gordon Dalbey berichtet von dem Anruf einer Frau, deren Mann bei ihm – Dalbey – eine Therapie absolviert hatte. »Es ist unübersehbar, daß Sam stärker geworden ist, daß er seinen Standpunkt vertritt und mich auch wissen läßt, wie er sich fühlt«, sagte sie. Dann fügte sie zögernd hinzu: »Ich hab mir immer gewünscht, daß er sich so verhält, ... aber ... ich glaube, daß es einem Teil von mir durchaus Vergnügen bereitete, daß ich stets das letzte Wort hatte. Früher konnte ich ihn leicht dazu bringen, das zu tun, was ich wollte. Doch jetzt möchte ich selbst die nötige Stärke aufbringen, um das künftig nicht mehr zu tun.«

Es spricht für Dalbeys therapeutische Fähigkeiten, daß diese Frau bereit ist, ihre eigene Macht zugunsten einer gleichberechtigten Beziehung aufzugeben, die durch Intimität und Verhandlungsbereitschaft charakterisiert ist und nicht mehr durch die emotionale Dominanz des einen Partners.

Der Krieger

Es gibt in jedem gesunden Mann und in jeder gesunden Frau eine Art Instanz, die man als den Krieger bezeichnen könnte. Doch dieser Krieger verletzt andere nicht. Er hat das gar nicht nötig. Der Krieger bewacht vielmehr »die Mauern« unserer Seelen-Burg und schützt uns vor Mißhandlung und Erniedrigung. Bei einem Kind ist der Krieger noch kaum entwickelt, deshalb bedarf es unseres Schutzes.

Wenn ich mit sexuell mißbrauchten Klienten arbeite, besteht der letzte Heilungsschritt darin, daß ich ihnen dabei helfe, wütend zu werden. Sie sollen einen derart rasenden Zorn empfinden, daß dadurch ihre gesamte körperliche und psychische Energie mobilisiert wird. Nie zuvor haben sie so tief geatmet, so laut gebrüllt, waren sie so gesammelt. Ist diese Energie erst einmal in Fluß geraten, so hege ich keinerlei Sorge mehr, daß sie sich je wieder mißbrauchen lassen. Menschen, die zu ihrer inneren Wut einen Zugang haben, sind nachgerade ehrfurchtgebietend. Wenn der Krieger auf den Plan tritt, kann sich das innere Kind endlich sicher fühlen. Eine Frau, die den Krieger mobilisiert hat, kann damit beginnen, die Nähe eines Mannes zu suchen – und heiraten, wenn sie das möchte. Sie wird auch ein Kind von ihm bekommen können und wollen. Ich habe schon erlebt, daß Fertilitätsprobleme allein dadurch verschwunden sind, daß der Krieger Raum zum leben erhielt – als ob der Körper einer Frau so lange kein Kind austragen wollte, bis auch ihre Psyche sich das zutraute und die Stärke entwickelte, das Kind zu beschützen.

Eine Ehe kann nur gelingen, wenn beide Partner auf einen solchen Krieger zurückgreifen können. Dabei geht es nicht darum, dem anderen wehzutun. Beide müssen nur in der Lage sein, die eigenen Grenzen vor Übertretungen zu schützen und dem anderen kundzutun, wann dies der Fall ist. Oft reicht es schon zu sagen: »Hör auf, mich herumzukommandieren« oder »Du brauchst dir nicht meinen Kopf zu zerbrechen« oder »Ich weiß selbst, wie ich mich anzuziehen habe«.

> »Wenn mein König schwach ist, frage ich meine Frau und meine Kinder, was ich tun soll. Beim Pulloverkauf habe ich die seltsamsten Dinge erlebt.«
>
> Robert Bly in *Eisenhans*

Beide Partner können lernen, die innere Autonomie des anderen zu respektieren. Bisweilen werden die beiden Eigenwelten gleichwohl aufeinanderkrachen, und dann gilt es, den Klärungsprozeß erneut aufzunehmen. Deshalb müssen Paare immer wieder streiten, um tiefsitzende Einstellungen zu verändern und Mißverständnisse auszuräumen und ans Tageslicht zu bringen. Eine gute Ehe *ist* eine immer wiederkehrende Therapiestunde – solange sie fortdauert.

Es war ein schwere Fehler der Kultur der fünfziger Jahre, sich in den Kopf zu setzen, eine Ehe müsse ausschließlich durch Harmonie und romantische Gefühle gekennzeichnet sein. Die leidenschaftliche, hitzköpfige, »mediterrane« Ehe hat da schon wesentlich mehr für sich. C. G. Jung hat einmal gesagt: »Die amerikanischen Ehen sind die traurigsten der Welt, weil der Mann all seine Aggressionen bereits im Büro abläßt.« Und wir leben heute in einer Welt des »American Way of Life«. Bly stimmt dem zu:

> »Bewußte Auseinandersetzungen sind in den Beziehungen zwischen Männern und Frauen sehr wichtig ...
>
> Was will ein Mann wirklich, wenn er heftig mit einer Frau streitet? Meistens weiß er es selbst nicht. Er will, daß der Konflikt aufhört, weil er Angst hat, weil er nicht weiß, wie man kämpft, weil er ›nicht ans Kämpfen glaubt‹, weil er nie gesehen hat, daß sein Vater und seine Mutter auf fruchtbare Weise miteinander gekämpft haben, weil seine Grenzen so schlecht geschützt sind, daß jeder Stoß mit dem Schwert mitten in die Brust trifft ...
>
> Der gut trainierte, erwachsene Krieger in Männern und Frauen kann einen Schlag einstecken, ohne daß er gleich einschnappt oder zusammenbricht; er weiß, wie man um klar begrenzte Ziele kämpft, hält die Regeln des Kampfes ein und ist im allgemeinen in der Lage, fair zu kämpfen und Grenzen zu setzen.«
>
> Robert Bly in *Eisenhans*

Leidenschaft braucht Regeln

Auf den ersten Blick erscheint es paradox, daß wir unseren Gefühlen nur dann ihren Lauf lassen und wahrhaft leidenschaftlich sein können, wenn wir zunächst bestimmte Grenzen festgesetzt haben. Vertrauen ist dazu unerläßlich. Grenzen setzen bedeutet ...

- **... niemals körperliche Gewalt anzuwenden oder anzudrohen;**
- **... niemals während eines Streits einfach wegzugehen;**
- **... sich grundsätzlich nie einer unflätigen Sprache zu bedienen;**
- **... bei der Sache zu bleiben und nicht andere Dinge in den Streit mit einzubeziehen;**

- **... den Standpunkt des anderen genauso ernst zu nehmen wie den eigenen;**
- **... in wechselseitigem Einverständnis eine Pause einzulegen, wenn es zu hoch hergeht. Das schafft die Gelegenheit, noch einmal nachzudenken und dann erst die Auseinandersetzung fortzusetzen.**

Diese Regeln gestatten es, sauber und respektvoll miteinander zu diskutieren, bis eine Verständigung erreicht ist.

Streiten in der Ehe

Kreativer Streit kann in einer Ehe einen fruchtbaren Lern- und Wachstumsprozeß in Gang bringen. Marie-Louise von Franz berichtet von einer Freundin, die mehrere äußerst turbulente, schmerzvolle Ehen hinter sich hatte. Am Anfang ging stets alles gut, doch die anschließenden Streitereien führten dann jedesmal zu körperlichen Auseinandersetzungen und zur Scheidung.

Der vierte Ehemann der Freundin war anders. Als die Frau (nach eigenem Bekunden) erstmals einen »Anfall hatte« und wie wild herumschrie, ging der Mann nur ruhig in sein Zimmer und fing an, seine Sachen zusammenzupacken. Entgegen den Erwartungen der Frau weigerte er sich, unfair zu sein. Seine Worte sind sehr beeindruckend:

> *»Ich weiß, daß ich mich jetzt wie ein Mann benehmen sollte, dich anschreien und schlagen. Aber so bin ich nun mal nicht. Ich dulde nicht, daß irgend jemand so mit mir spricht, wie du es getan hast, und deshalb gehe ich.«*

Die Frau war so schockiert, daß sie sich entschuldigte. Die beiden sind noch immer zusammen.

Wichtig an dieser Geschichte ist: Hätte die Frau eine bestimmte Forderung erhoben oder von dem Mann eine Verhaltensänderung verlangt, hätte er nicht weggehen dürfen, sondern ihr zuhören müssen. Aber sie machte ihm stattdessen eine Szene. Dazu wieder aus einem Vortrag von Robert Bly:

> »Männer wie Frauen können sich zu blinden Wutausbrüchen hinreißen lassen, die zu nichts führen. Beide Geschlechter haben sich inzwischen jahrhundertelang wechselseitig verletzt. Deshalb schlep-

pen wir alle eine Wut mit uns herum, die alle Liebe und jedes Vertrauen zerstört, wenn wir sie in unsere Beziehungen hineintragen.«

»Ich hab genug von den Männern«, sagt sie. »Frauen«, schreit er: »Man kann weder mit ihnen leben noch ohne sie!« Für Menschen, die in jener uralten judäo-christlichen Tradition der Entfremdung und des wechselseitigen Mißverstehens aufgewachsen sind, ist es natürlich frustrierend, daß sie einander gleichwohl so sehr brauchen. Germaine Greer hat einmal gesagt: »Alle Männer hassen zu gewissen Zeiten alle Frauen.« Und, müßte man hinzufügen, umgekehrt.

Es gibt eine lange Tradition der Männer-Herabwürdigung durch Frauen und der Frauen-Herabwürdigung durch Männer. Aber das ist in erster Linie keine Angelegenheit der Individuen und sollte deshalb auch nicht in persönliche Auseinandersetzungen hineingetragen werden. Das innere Kind in unserem Partner kann soviel Haß einfach nicht ertragen und hat ihn überdies auch gar nicht verdient.

Es gilt in diesem Zusammenhang also zwei Grundsätze zu beachten: Wir *müssen* streiten, diskutieren *und* uns selbst treu bleiben. Denn sonst ist unsere Nähe zu dem anderen Menschen nur eine Fassade. Doch wenn wir streiten, müssen wir uns selbst disziplinieren und den anderen stets respektvoll behandeln (meine Partnerin Shaaron und ich haben über dieses Thema ein Buch, *Wie die Liebe bleibt,* geschrieben. Darin sind Streitregeln und viele beispielhafte Geschichten aufgeführt).

Sam Keen hat es einmal so ausgedrückt: »In der romantischen Liebe gibt es immer nur ›Ja‹ plus leidenschaftliche Umarmungen. In dieser ersten Phase herrscht noch die Illusion vor, man könne sich für alle Zeiten uneingeschränkt wechselseitig bestätigen. Doch in der Ehe gibt es ›Ja‹ und ›Nein‹ und ›Vielleicht‹. Bei einer Partnerschaft handelt es sich um eine Vertrauensbeziehung, die in die ursprüngliche Ambivalenz von Liebe und Haß eingebunden ist.«

Mit »Liebe« und »Haß« sind hier natürlich nicht die letzten Steigerungsformen dieser Gefühle gemeint. Vielmehr geht es hier ganz schlicht um den Gegensatz zwischen »Ich möchte ewig so mit dir zusammenliegen« und »Kannst du bitte aufhören, auf meinem Schreibtisch herumzukramen – ich weiß schon, wo ich meine Sachen finde«. »Aber ich wollte doch nur aufräumen.« »Genau das will ich ja nicht!«

Wir alle möchten uns anderen Menschen nahe fühlen, aber niemand mag es, wenn er erdrückt wird.

Männliche Gewalt stoppen

An dieser Stelle muß noch ein für die Problemlösung zwischen Mann und Frau wichtiger Punkt abgehandelt werden. Wenn Männer sich eingeschüchtert fühlen, neigen sie nicht selten dazu, direkt aus der Defensive in die Offensive, also zum Gegenangriff überzugehen. Und das bedeutet manchmal körperliche Gewalt. Häusliche Gewalt und ihre nahen Verwandten – ökonomische Kontrolle und emotionale Erpressung – sind in den westlichen Ländern überaus verbreitet. Wir lernen erst gerade, uns mit diesen Dingen auseinanderzusetzen.

Im folgenden wollen wir im Geiste einen kleinen Ausflug unternehmen, der uns ins westaustralische Perth führt. Dort hat sich eine Gruppe von Männern in einem Gesundheitszentrum versammelt. In dem Raum gibt es zwei Therapeuten und acht Männer, die alle hier sind, weil sie schon des öfteren gegenüber ihrer Frau oder ihren Kindern gewalttätig geworden sind. Während wir uns jetzt in das Geschehen einschalten, spricht einer der Therapeuten mit einem Mann in der Gruppe. Der Mann wirkt verlegen und hat die Arme eng auf der Brust verschränkt.

»Also, Dave, du hast gesagt, daß du sie ›ein bißchen aufgemischt‹ hast. Was heißt das – ›aufgemischt‹?«

»Ich hab sie 'n bißchen 'rumgestoßen, nichts Schlimmes.«

»Und wie hast du sie herumgestoßen?«

»Mit den Händen. Sie hat mich angeschrien. Sie war zu spät vom Unterricht nach Hause gekommen.«

»Und wie heftig hast du sie gestoßen?«

»Nicht sehr heftig. Sie ist nur rückwärts gegen die Wand gefallen, und dann hat sie zu weinen angefangen.«

»Wirkte sie verängstigt?«

»Ja.«

»Du hast sie also so heftig herumgestoßen, daß sie ziemlich viel Angst vor dir hatte?«

»Ja.«

»Meinst du, daß es für sie angenehm war, soviel Angst vor dir zu haben?«

»Nein.«

»Wie findest du es, daß du der Frau, die du liebst, soviel Angst eingejagt hast, bloß weil du größer und körperlich stärker bist als sie.«

»Nicht gut.«

»Möchtest du lernen, mit diesen Sachen besser zurechtzukommen – ich meine, mit solchen Situationen?«

»Deshalb bin ich ja hier.«

»Also gut.«

Das Duluth-Modell

Die oben beschriebene Gruppe arbeitet intensiv mit einem als »Kreis der Macht und der Kontrolle« bezeichneten Diagramm (siehe auch das Kapitel »Respektvoll miteinander umgehen«). Kreisförmig sind hier alle Varianten der Machtausübung (statt des gleichberechtigten Umgangs) aufgeführt, wobei körperliche Gewalt nur eine Variante darstellt. Wir wollen hier auch nicht unterschlagen, daß Frauen durchaus über eigene Machttaktiken verfügen. Damit dieses Verhaltensmuster jedoch durchbrochen wird, müssen die Männer sich dazu verpflichten, auf Gewalt in jeder Auseinandersetzung zu verzichten.

Ist diese Voraussetzung erst einmal gewährleistet, kann man darangehen, neue kommunikative Fertigkeiten zu entwickeln. Ferner ist es wichtig, das Selbstbewußtsein des betreffenden Mannes zu stärken und seine Gewalterinnerungen zu heilen (fast immer haben solche Männer nämlich in ihrer Kindheit Gewaltausbrüche am eigenen Leib erfahren oder wenigstens aus nächster Nähe miterlebt).

Das Ziel ist, Männer wie Frauen dahinzubringen, daß sie sich mit wechselseitigem Respekt aufeinander beziehen können, ohne dem Zwang zu unterliegen, Macht- oder sonstige Kontrollmechanismen gegeneinander anzuwenden. Die meisten Frauen wünschen sich dies schon seit langer Zeit. Geschieht dies freilich aus der Perspektive der Männerbewegung, kommt hinzu, daß der betreffende Mann sich mit Männern auseinandersetzen und von Männern geheilt werden muß.

Diese therapeutische Arbeit mit gewalttätigen Männern kann keine Alternative zu den Strafgesetzen sein, sondern kann diese nur ergänzen und abrunden. Männer, die an solchen Gruppen teilnehmen, wissen deshalb, daß sie vor Gericht gestellt und eingesperrt werden, wenn sie sich eines entsprechenden Verstoßes schuldig machen. Der Unterschied ist nur, daß sie nicht – wie in den meisten Teilen der Welt – später lediglich wieder in Freiheit gesetzt werden, um in ihr altes Verhaltensmuster zurückzufallen. Sie werden vielmehr aktiv und konfrontativ rehabilitiert.

> »Wenn der Machtkampf zwischen dem entmächtigten Mann und seiner Frau nicht befriedigend gelöst ist, kann es geschehen, daß sein guter Wille gegenüber seiner Partnerin in dieser Phase völlig zusammenbricht. Das kann ebenfalls passieren, wenn er nicht gelernt hat, seine Grenzen angemessen zu definieren und zu verteidigen.
>
> In dem vergeblichen Bemühen, seine legitime Macht zu erfahren, kann er versucht sein, die durch seine eigene wachsende Wut erzeugte Energie durch verbale und/oder körperliche Gewaltakte abzubauen. Genausogut aber auch kann er sich totstellen, sich vom Schlachtfeld zurückziehen und in eine schwere Depression fallen. Für gewöhnlich wird sein Verhalten zwischen diesen beiden Extremen hin- und herpendeln.«
>
> Douglas Gillette in *Wingspan*

Es ist immer wieder erstaunlich, aus welch nichtigen Anlässen vielfach häusliche Gewalt erwächst. Oft genug sind wirklich »kindische« Gründe der Auslöser: »Sie hat mir nichts Vernünftiges zu essen gemacht«; »Sie möchte mit ihren Freundinnen ausgehen, und ich soll allein zu Hause bleiben«; »Sie hat mit einem anderen Typen gesprochen«; »Sie möchte ihre Mutter besuchen«.

Es ist wahrhaft mitleiderregend und traurig, wenn man mit ansehen muß, wie ungemein bedroht sich diese Männer in ihrer Ehe und in ihrem Leben überhaupt fühlen. Viele Männer in solchen Gruppen räumen ein, daß sie vor Beginn ihrer Therapie nie Freunde gehabt haben, mit denen sie sich einmal aussprechen konnten. Die Männer, denen sie dann in der Gruppe begegnen, sind paradoxerweise zugleich konfrontativer und verständnisvoller als sämtliche männlichen Wesen, mit denen die Betreffenden bis dahin zu tun gehabt haben. Dank solcher männlicher Freundschaften – die sich während der Therapie ergeben – sind die einzelnen Gruppenmitglieder dann nicht mehr so sehr von ihrer Frau abhängig und fallen dieser folglich weniger zur Last. Und dieser Zustand kommt dem nahe, worum es der Männerbewegung in erster Linie zu tun ist.

Männer verändern Männer

Der Kampf gegen die Gewalttätigkeit ist eines der Hauptanliegen der Männerbewegung. Aus dem Sumpf von Rechtfertigungen, mit dem wir so lange haben leben müssen, könnte so allmählich eine klar umrissene neue Ethik hervorgehen. Männer sagen inzwischen unverblümt zu anderen Männern: »Es ist falsch, Frauen zu schlagen. Es ist falsch, Kinder zu schlagen oder sexuell zu mißbrauchen. Wir sind deine Freunde, und genau deshalb sagen wir dir das. Und wenn es sein muß, werden wir dich – mit legalen Mitteln – aufhalten, solltest du dich weigern, dich selbst zu beschränken.«

Solche Aufrichtigkeit unterscheidet sich diametral von verlogener Kneipen- oder Sportclub-Kumpelhaftigkeit. Die Ethik der Männerbewegung wird hier einen klaren Trennungsstrich ziehen. So würde beispielsweise kein Mann, der sich dieser Bewegung zurechnet, mit der Frau eines anderen schlafen. Wenn sich, etwa in einer Hotelbar, eine aufgedrehte junge Dame zu Ihnen gesellt und Ihnen erzählt, wie unausstehlich und verständnislos ihr Gatte doch sei, dann sagen Sie ihr, sie möge doch bitte diese Dinge mit ihrem Mann besprechen. Sagen Sie ihr, daß es wenig hilfreich ist, wenn sie *Ihnen* diese Dinge erzählt.

Was uns zum Thema Sexualität führt.

Sexualität und die »Jagd«

Eine Geschichte ...

Gemeinsam mit meiner Frau veranstalte ich regelmäßig für Ehepaare einer Kirchengemeinde ein Wochenendseminar. Die Teilnehmer sind alle sehr nette Leute – ja, eigentlich sogar ein bißchen zu nett, besonders die Männer: gutherzig, aber ein wenig zu umgänglich – der Typ Pantoffeln, hübscher, gepflegter Garten und nie ein lautes Wort.

Wir arbeiten eine Liste von Themen durch, und es ist bereits Sonntagnachmittag und ziemlich spät. Eines der Themen auf der Liste lautet »Sexualität und die Jagd«, aber wir sind bisher noch nicht darauf zu sprechen gekommen. Ein Mann Ende dreißig, der es sich in einem Sitzsack bequem gemacht hat und sich an seine hübsche junge Frau lehnt, fragt: »Und wann kommen wir endlich zum Thema Sexualität?«

»Oh«, sage ich grinsend, »darauf kommen wir vielleicht später noch zu sprechen.« (Ich will ihn ein bißchen ärgern, obwohl ich selbst nicht genau weiß, warum.) »Kommt darauf an, ob uns noch genügend Zeit bleibt.«

»Na gut«, sagt er und sinkt wieder in sein Sitzkissen zurück. Meine Lust zu provozieren erfährt einen gehörigen Schub.

»Macht er das im Bett genauso?« frage ich seine Frau grinsend.

»Ja, genau so«, sagt sie. Offenbar weiß sie, wovon ich spreche. Er wirkt verwirrt, also fahre ich fort:

»Sie wollten doch, daß wir über das Thema Sexualität sprechen. Und als ich nicht sofort positiv reagiert habe, haben Sie sich sofort wieder zurückgezogen. Ja, Sie haben augenblicklich wieder aufgegeben. Wissen Sie denn nicht, daß Sie beharrlich sein müssen? Sie möchten, daß man Ihnen die Dinge auf einem Tablett serviert.« Er errötet leicht, scheint aber nicht beleidigt zu sein – denn ihm ist ein Licht aufgegangen.

»Wissen Sie, so funktioniert die Sexualität nun einmal«, erkläre ich (ein wenig blasiert, schließlich bin ich ja der Experte!). »Man muß zwar rücksichtsvoll sein und geduldig – klar, aber aufgeben darf man nicht. Schließlich haben Sie ein Element der Wildheit und der Freiheit in sich, das einfach lospreschen will.« (Am liebsten würde ich »hemmungslos vögeln« sagen, aber schließlich habe ich es mit einer Kirchengruppe zu tun).

»Sie müssen sich klar machen, daß, wenn Sie es richtig anstellen und den richtigen Zeitpunkt wählen, Ihre Frau genau das gleiche will.« (An dieser Stelle muß ich, um nicht loszuprusten, unterbrechen, weil seine Frau, die außerhalb seines Blickfeldes direkt neben ihm sitzt, sich auf die Lippen beißt und heftig *zustimmend* nickt!)

> »Ein leidenschaftliches sexuelles Abenteuer in einem Heuschober bedeutet ihr mehr, als drei Jahre eher halbherzig mit jemandem zu

schlafen; sie wünscht sich von einem Mann Leidenschaft und Entschlußkraft, und sie trägt ein starkes Verlangen in sich, eine Leidenschaft, die irgendwo zwischen erotischen Gefühlen und religiöser Ekstase liegt.«

Robert Bly in *Eisenhans*

Beharrlichkeit siegt

Ein guter Liebhaber und »Freier« (diese Rolle muß jeder Ehemann nicht nur in der Werbephase für immer weiterspielen) ist in seinem Werbeverhalten unbeirrbar, ohne deshalb aufdringlich zu sein. Auch wenn es Wochen dauert, bis er zum Ziel gelangt. Die Biologie hat es so eingerichtet, daß Frauen sich langsamer entzünden und daß Männer sofort in Flammen stehen.

Ein geschickter Liebhaber versteht es zwar, sein Feuer zu zügeln, aber er läßt es nicht erlöschen. Das Vorspiel und die Werbung können Tage in Anspruch nehmen. Aber selbst wenn das Liebesspiel schon recht weit fortgeschritten ist, hält er sich noch zurück. Und so entflammt er die Dame seines Herzens Schritt für Schritt durch Zärtlichkeiten, Verführungskunst und leidenschaftliche Berührungen. Erst wenn dies geschehen ist, überläßt er sich seiner Leidenschaft und »holt sie ein« in glücklicher Selbstvergessenheit.

Eine der besten auf Zelluloid gebannten Liebesszenen findet sich in *Coming Home - Sie kehren heim* mit Jane Fonda und Jon Voigt. Voigt spielt in dem Film einen doppelseitig gelähmten Vietnam-Veteranen, der unterhalb der Taille nichts mehr fühlen kann. Aber er ist gleichwohl ein vollwertiger Liebhaber. (Der Film erteilt uns eine Lektion in Sachen Erotik. Sie, verehrter Leser, werden höchstwahrscheinlich die Kontrolle über Ihre Beine noch nicht eingebüßt haben. Um so weniger haben Sie eine Ausrede).

Dornröschen

In dem Märchen *Dornröschen* sind alle Elemente dieser Ursituation enthalten. Wenn Sie der Mann sind, dann dürfen Sie sich weder durch Dornen noch durch Schweiß und Tränen davon abhalten lassen, zu der Prinzessin im Schloß zu gelangen. (Hartgesottene Feministinnen haben diese Geschichte früher überhaupt nicht gemocht, da ihnen die scheinbare Passivität der Frau mißfiel. Doch beruht diese Auffassung auf einem gründlichen Mißverständnis. Denn Dornröschen ist alles andere als passiv. Sie hat soviel Macht, daß bereits das Gerücht von ihrer legendären Schönheit den Mann zu wochenlanger Arbeit antreibt. Im Grunde genommen bestimmt sie darüber, wo's langgeht. Und auf einer anderen Ebene kommt er mit seinem Zauberstab daher, um sie beide zu verwandeln. Sie sind zwar gleich, aber sie haben unterschiedliche Arten von Macht).

Im übrigen war die Prinzessin die ganze Zeit über nicht wirklich im Tiefschlaf. Sie machte ihre Scheine an der Uni, sie ging mit Freunden aus, sie spielte Tennis. Erst im letzten Augenblick eilte sie zurück und stellte sich schlafend. Auf einer anderen Ebene hat sie allerdings tatsächlich darauf gewartet, geweckt zu werden (und das gilt für ihn nicht minder).

Er kommt also herein und sieht sie dort liegen. Dann beugt er sich nieder, um sie zu küssen – falls er sich traut. Manche Männer werden durch weibliche Schönheit derart eingeschüchtert, daß sie durch die Dornen und das Gestrüpp zurück zur weniger bedrohlichen Gesellschaft ihres Pferdes hasten! (Viele schöne Frauen werden von guten Männern ignoriert, weil diese zuviel Angst haben. Sie müssen sich deshalb nicht selten mit »Raubtieren« begnügen). Aber wenn unser Held sich nicht verdünnisiert und sie sogar küßt, dann wacht sie auf. Und wenn sie tatsächlich erwacht, sollte der Mann besser auf Zack sein. Denn diese Frau hat hundert Jahre gewartet – sie *brennt* vor Sehnsucht.

> »Natürlich hat er seine Mutter als die mütterliche Form des Femininen erlebt, aber mehr nicht. Und nun ist er an dem Punkt, wo ihm das Weibliche in seiner nichtmütterlichen Form begegnen wird, in seiner kraftvollen, blühenden, klugen, wilden, drängenden, erotischen, verspielten Form. Sie ist die kluge Frau auf dem Planeten Erde.«
>
> Robert Bly in *Eisenhans*

Selbstvertrauen

Die Werbung um eine Frau und der Liebesakt verlangen von einem Mann ein bißchen Selbstvertrauen. Wie Marvin Allen gesagt hat: »Zwischen der ersten Begegnung mit einem Mädchen und dem Zeitpunkt, da man bei ihr ans Ziel gelangt, gibt es 573 Möglichkeiten der Zurückweisung!« Wenn wir die eine oder andere Art von Initiation durchlaufen haben, die eigene Sexualität wertschätzen und stolz auf unser Geschlecht sind, dann kommen wir zur Frau – voller Faszination und Respekt – aber als Gleicher zur Gleichen. Wir achten und begehren sie, aber wir achten auch uns selbst. Nur so schwindet die Verzweiflung dahin.

Beschützergeist

Auch Beschützergeist ist hilfreich. Viele Frauen, mit denen ich gesprochen habe, waren begeistert von der männlichen Hauptfigur im Film *Bodyguard*, die Kevin Costner spielte. Dieser Mann ist äußerst aufmerksam, fürsorglich und dickköpfig zugleich. Wieder einmal haben wir es hier mit der Kombination weich/stark zu tun, die sich nach Auskunft meiner Informantinnen großer Beliebtheit erfreut.

Einen Ort für sich selbst

> »Wenn ein menschliches Wesen handelt, handelt die Seele. [...] Der rituelle Raum gibt dem Mann oder der Frau, die ihn mit erwartungsvoller Disziplin und Stille betreten, etwas zurück.«
>
> Robert Bly in *Eisenhans*

Für unsere Selbstwahrnehmung ist es wichtig, daß wir einen Ort haben, an dem wir für uns sein können. Viele Männer haben bei sich zu Hause keinen solchen – durch die Einrichtung eindeutig definierten – Platz. Das Schlafzimmer ist für gewöhnlich die Domäne der Frau des Hauses. (Der Schuppen hinter dem Haus ist immerhin ein Anfang, ist aber mehr eine Art Rückzugsgebiet und gehört nicht wirklich zum Haus). Aber Mann braucht nicht nur einen eigenen Raum, sondern auch Zeit für sich selbst. Wenn Sie sich selbst und Ihrem Nachdenken jeden Tag eine gewisse Zeitspanne vorbehalten, haben Sie einen besseren Stand innerhalb Ihres Haushalts und müssen sich nicht mehr so oft in das Büro oder die Kneipe absetzen.

> »Wir brauchen einen *Ort*. Die Männer fühlen sich heimatlos. Der Geist oder die Seele des Mannes hat nicht das Empfinden, eine Heimstatt zu

> haben. Der Mann geht zur Arbeit und setzt sich mit den entsprechenden Pflichten und Schwierigkeiten auseinander. Dann geht er wieder heim und setzt sich dort mit den entsprechenden Pflichten und Schwierigkeiten auseinander. Aber er kennt nicht das Gefühl, irgendwo wirklich zu Hause zu sein – an einem Ort, wo er bei sich selbst sein darf.«
>
> Robert Bly

Ich habe mir daheim ein eigenes Zimmer ausbedungen: einen Raum zum Schlafen, zum Arbeiten und zur Verwahrung meiner Sachen – mit Wänden für meine Zitatensammlung, mit Bildern, Statuen, Werkzeugen und mit eigener Musik. Seltsam, daß Jugendliche normalerweise ein Refugium haben, Männer jedoch oftmals nicht. Ein gemeinsames Schlafzimmer entspricht vielfach den Bedürfnissen der Frau – doch ist sie oft die einzige, die sich für diesen Raum sonderlich interessiert.

Mann *und* Frau brauchen in einem gemeinsamen Haushalt eigene Räumlichkeiten. Sie können sich dann gegenseitig dorthin einladen, aber auch allein sein und in ihren eigenen vier Wänden ihr Selbstgefühl wieder auffrischen.

Zusammenfassend sei noch einmal gesagt: Eine Mann-Frau-Beziehung wird stets durch einige Spannungen gekennzeichnet sein. Die Liebe zwischen Erwachsenen ist nun einmal nicht durch die zuckersüße Harmonie geprägt, wie sie für das Mutter-Kind-Verhältnis charakteristisch ist. Wenn ein Mann und eine Frau zusammentreffen, befinden sich zwei mächtige Magier in einem Raum. Aber sie sind beide aufeinander angewiesen, um ihre Magie voll zur Entfaltung zu bringen.

Die zentrale Botschaft das Feminismus ist wahr: Wir *sind* alle gleich. Wir können auch die Rollen vertauschen, solange wir uns gut dabei fühlen.

Alles, was wir in diesem Kapitel gesagt haben, gilt auch umgekehrt. Vielleicht liegt *er* schlafend in irgendeinem Schloß, und *sie* kommt irgendwann daher und erweckt ihn. Wir sollten Archetypen nicht mit Stereotypen verwechseln. Sie sollten aber auch keine Angst vor dem Mannsein haben – und keine Angst davor, jenen geschlechtsspezifischen Funken in sich zu entzünden und die uralte Dynamik des Mann-Frau-Spiels zum größten Vorteil und Genuß für beide daran Beteiligten zu entfachen.

Die »lange dunkle Nacht« durchstehen

Die meisten der heutigen Männer tun sich zuerst mit einer Frau zusammen und werden dann erwachsen – falls sie Glück haben und die betroffene Frau genügend Geduld aufbringt. Die eine oder andere Wachstumskrise ist somit geradezu vorprogrammiert. Und wir müssen versuchen, diese Phasen innerhalb der Beziehung durchzustehen.

Es gibt eine außerordentlich weit verbreitete Krise, die vermutlich für neunzig Prozent der gescheiterten Ehen ursächlich ist (auch wenn zahllose andere Gründe dafür genannt werden). Ich nenne diese Phase »die lange dunkle Nacht«. Natürlich wäre es erbaulicher, wenn hier von der »langen dunklen Nacht der Seele« die Rede wäre. Doch in Wahrheit geht es nur um die lange dunkle Nacht des Penis. Eine solche Behauptung schreit natürlich nach einer Begründung.

Wir verlieben uns meistens dank eines glücklichen Zufalls. Es passiert einfach so. Die Kultivierung dieser Liebe bleibt aber zumeist ebenfalls dem Zufall überlassen. Anders als die Angehörigen jener Gesellschaften, in denen Ehen arrangiert werden, wissen wir nicht, daß die Liebe eine Kunst ist und deshalb Übung verlangt. Und so geht den meisten Männern und Frauen zu guter Letzt jener geheimnisvolle Funke verloren – und sie entlieben sich.

Der Mann gesteht sich das im allgemeinen nicht ein und ist zufrieden, solange seine Partnerin ihm sexuell weiterhin willfährig ist. Vielleicht hat die Sexualität für den Mann tatsächlich den Charakter einer den Tag beschließenden Belohnung. Sie ist für ihn eine Art Beruhigungsmittel (wie es in Sheena Eastons Song »My Baby Takes the Morning Train« heißt). Die Sexualität ist dann eine Art Ausgleich für die Tretmühle des Alltags – samt Kreditrückzahlung, kleinen Kindern und Pensionsanspruch.

Viele der heutigen Frauen haben inzwischen jedoch genug von dieser Art von Routine-Sex. Eben jene Eigenschaften, die aus *ihm* einen guten Ehemann machen – seine stete Arbeit für die Versorgung der Familie –, lassen seine Seele verkümmern, und er erscheint plötzlich langweilig. Weil ein solches Leben inklusive der oben erwähnten Routine-Sexualität langweilt, kühlt die Frau zunehmend ab und nimmt ihr ureigenes Recht in Anspruch, den Liebesakt zu verweigern. Mag der Mann auch noch so sehr jammern, leiden, herumnörgeln und auf Abhilfe sinnen, es nützt ihm alles nichts.

In dieser Situation gibt es nun zwei Verhaltensmöglichkeiten. Ein Mann mit geistig-seelischen Reserven empfindet eine solche Phase lediglich als vorübergehenden Rückschlag. Er gesteht sich zunächst einmal ein, daß sein Sexualleben *tatsächlich* in Routine erstarrt und daß die Beziehung zu seiner Frau hohl geworden ist. Vielleicht ringt er sich sogar zu der Erkenntnis durch, daß auch er selbst in der Vergangenheit nicht ganz so zufrieden gewesen ist, wie er sich das immer eingeredet hat.

Und so versucht er, gemeinsam mit seiner Frau einen Neuanfang zu bewerkstelligen: Er plant mit ihr gemeinsame Ferien oder Wochenenden, er bemüht sich, sie von der Versorgung der Kinder zu entlasten. Er versucht, seine beruflichen Verpflichtungen abzubauen, um daheim mehr Energie und Esprit zu versprühen – und weniger Unordnung im Haus zu verbreiten. Selbst tiefgreifende Veränderungen der Lebensweise sind denkbar. Es gibt zahllose Möglichkeiten.

Für viele Männer jedoch, denen es an innerer Sicherheit fehlt, kommt der Verlust des sexuellen Kontaktes einer Katastrophe gleich – abgesehen von dem aktuellen Gefühl des Unbefriedigtseins. Der seit seiner Kindheit gefühlsverschlossene, dumpf in seinen Körper eingesperrte Durchschnittsmann fühlt sich nämlich *nur dann wirklich lebendig, wenn er Sex hat.* Einzig die Sexualität eröffnet ihm seinen inneren Körper. Jetzt ist auch noch dieser Weg verschüttet.

Vielleicht reicht das Problem aber sogar noch tiefer. Da er von seinem Vater nicht genügend männliche Zuwendung erfahren hat, hat er sich nie wirklich von seiner Mutter gelöst. Vielmehr hat er einfach seine Bedürfnisse nach Bemutterung auf seine Frau übertragen. Und so leidet er nicht nur unter dem Verlust *sexueller Befriedigung*, sondern auf einer subtileren, infantilen Ebene zugleich auch unter dem Gefühl des *Liebesverlusts*. Es ist, als ob man ihn in seinem Gitterbettchen verhungern ließe.

Viele Männer Ende dreißig, Anfang vierzig haben diese Verzweiflung schon durchlitten. Der ertrunkene Schullehrer am Anfang dieses Buches ist dafür nur ein Beispiel. Die aus diesem Gefühl resultierende Depression ist so vollständig, daß alle früheren Freuden und positiven Lebenserfahrungen zu Asche werden.

Ein in diese Situation geratener Mann verhält sich meistens auch noch schwach und hilflos. Dadurch wird er für seine Frau noch unattraktiver, wie sehr sie auch grundsätzlich noch Sympathie für ihn empfinden mag (sie würde ihm zudem durch Zuwendung keinen Gefallen tun).

Vielleicht reagiert er aber auch bösartig oder gewalttätig, oder aber er wird knausrig mit dem Geld oder stürzt sich in eine Affäre. Tut er dies wirklich, so begeht er meist einen schweren Fehler. Mit der neuen Frau wird er nämlich höchstwahrscheinlich das alte Muster abermals durchspielen. Und fünf Jahre später befindet er sich dann wieder an demselben Punkt. Inzwischen vielleicht fünfundvierzig Jahre alt, läuft er nachts plötzlich wieder mit einem schlaflosen Baby in der Wohnung herum und denkt: Das habe ich doch alles schon mal erlebt.

Vielleicht ist diese Einschätzung aber auch zu pessimistisch. Entscheidend ist: Ein Mann, der diesen Wendepunkt erreicht hat, braucht keine neue Frau, und zwar aus den folgenden Gründen:

Die ganze Katastrophe der »langen dunklen Nacht des Penis« beruht nämlich auf seiten des Mannes auf einer völlig falschen Annahme. Er glaubt, *daß er nicht ohne die Liebe einer Frau leben kann.* Heilung kann er jedoch nur finden – über 156.000 Ehescheidungen im Jahr allein in Deutschland sprechen für sich –, wenn er jetzt zuläßt, daß andere Männer in sein Leben treten und ihn moralisch unterstützen.

Das heißt nicht, daß er mit irgendwelchen Kumpels saufen gehen soll. Gute Freunde hören zu, wenn ein gebeutelter Ehemann über seine Probleme spricht. Sie versuchen aber auch, etwas Spaß in die Situation zu bringen, zusammen zu essen, zu kochen, Ausflüge oder Wanderungen zu unternehmen. Allerdings werden sie Ihnen zum gegebenen Zeitpunkt auch sagen, daß es jetzt an der Zeit ist, zu Ihrer Familie zurückzukehren und die Dinge zu klären. Ja, wirkliche männliche Freunde und Gönner versorgen in dieser Situation unsere Wunden, sie geben uns Erfrischung und stoßen uns dann wieder in den Ring.

Wählen Sie Ihre Freunde deshalb sorgfältig aus. Manche Freunde werden Ihnen helfen, Ihre Ehekrise durchzustehen. Es gibt aber auch andere – verheiratete und unverheiratete – Zeitgenossen, die bei den Frauen kein Glück haben und daher *froh* sind, wenn es Ihnen nicht anders ergeht. Solche Männer *wollen nicht*, daß Sie verheiratet bleiben. Frauenfeindliche Männer können Sie in jeder Kneipe aufgabeln. Seien Sie vor ihnen auf der Hut!

Der Mann, der seine Krise überstanden hat

Den Mann, der die »lange dunkle Nacht« durchsteht, erwarten zahlreiche Belohnungen. Er verliert jene säuglingshafte Abhängigkeit, die so viele Männer charakterisiert. Er hat es plötzlich nicht mehr eilig. Besonders gegenüber Frauen verhält er sich anders. Er ist nicht mehr mutterorientiert und passiv, jedoch weiterhin verspielt und ironisch. Auch mit sich allein zufrieden, behandelt er Frauen von gleich zu gleich. Da er einer Frau ein echter Gefährte zu sein vermag und sich weniger fordernd verhält als zuvor, erscheint er plötzlich auch attraktiver. Es ist nämlich eine Tatsache, daß alles von selbst auf uns zukommt, wenn wir nicht mehr auf Gedeih und Verderb auf Liebe oder Zuneigung angewiesen sind.

Kurzgefaßt

1 Stimmen Sie Ihrer Frau nicht um des lieben Friedens willen zu. Sprechen Sie aus, was Sie für richtig halten. Sie müssen eine klare Linie verfolgen und dürfen weder aus Schwäche einlenken noch gewalttätig oder einschüchternd reagieren. Beides ist ein Symptom für unnötige Angst.

2 Männer sind nicht so geschickt in verbalen Auseinandersetzungen, da sie oft schon als Jungen weniger Training erfahren haben. Üben Sie so lange, bis Sie den Bogen heraushaben.

3 Fassen Sie jetzt den festen Entschluß, gegenüber einer Frau oder einem Kind niemals Gewalt anzuwenden. Sollte Ihnen das schwerfallen, dann schließen Sie sich einer Männergruppe an, in der dieses Problem behandelt wird. Wir empfehlen Gruppen, die nach dem sogenannten Duluth-Modell vorgehen (siehe auch das Kapitel »Respektvoll miteinander umgehen«).

4 In der Sexualität und in der Liebe muß der Mann einen Großteil der nötigen Aktivitäten entfalten. Das ist biologisch so vorgegeben. Lernen Sie, ausdauernd und höflich auf Ihr Ziel zuzusteuern. Seien Sie fürsorglich. Bedrängen Sie die Dame Ihres Herzens nicht. Versuchen Sie, sie für sich einzunehmen. Sollte dies einmal nicht gelingen, so nehmen Sie das nicht persönlich.

5 Die meisten Ehen durchlaufen Phasen der sexuellen Distanz und Verschlossenheit. Glauben Sie deshalb nicht gleich, Sie seien nicht liebenswert. Seien Sie deswegen auch nicht niedergeschlagen und nehmen Sie einfach ein zeitweilig unglückliches Sexualleben hin. Versuchen Sie herauszufinden, was schiefgelaufen ist, und sorgen Sie dann für Abhilfe.

6 Manche Männer wissen zwischen ihrer Frau und ihrer Mutter nicht recht zu unterscheiden und glauben, sie müßten sterben, wenn sie nicht an irgendeiner Brust saugen können. Wenn Ihre Partnerin sexuelle Avancen als übertrieben fordernd oder »bedürftig« empfin-

det, kann sie sich durchaus abgestoßen fühlen. Das ist eine gute Gelegenheit, ein bißchen erwachsener und weniger emotional abhängig vom Sex zu werden. Auf Sex nicht angewiesen zu sein, macht Sie im übrigen viel attraktiver.

Weitere Stimmen

»Viele Männer verhalten sich in einem Streit mit ihrer Partnerin nach dem folgenden – in vier Schritten ablaufenden – Muster:

Erster Akt: ›Du hast ja recht, ich hätte das wirklich nicht tun sollen.‹
Zweiter Akt: ›Ich bin schon immer so gewesen.‹
Dritter Akt: ›Das hab ich meinem Vater zu verdanken – er war ja nie für mich da.‹
Vierter Akt: ›Alle Männer sind Scheißtypen‹.«

(nach Robert Bly)

»Wenn ein Mann bei keinem anderen Mann das Vertrauen haben kann, daß dieser ihm Fürsorge, Mitgefühl und Rücksichtnahme entgegenbringt, dann wird er diese emotionale Unterstützung wie auch seine Verhaltensmodelle beim anderen Geschlecht suchen. Die Mutter ist leichter erreichbar, sanfter und wird ihm sogar manchmal zuhören. Er wendet sich dem Weiblichen zu, um Trost, Fürsorge, Verständnis und Liebe zu finden, sein Leben dreht sich um Frauen, die er ständig beobachtet und von denen er jedes Wort, jede Geste und Bewegung, die er später imitieren könnte, auf die Waagschale legt, was andere Frauen dann gewöhnlich anziehend an ihm finden (zum Beispiel seine Mutter).«

John Lee in *Auf der Suche nach dem Vater*

»Der männliche Geliebte sagt: ›Ich habe jahrzehntelang mein wahres Selbst mit Kompromissen verraten, deine Liebe werde ich nicht mehr dadurch erkaufen. Ich bin zu Kompromissen über unseren Wohnort, über unsere Ernährung, über die Anzahl zukünftiger Kinder, über das Kinoprogramm oder die Schule unserer Kinder bereit, aber nicht über Fragen, die meine Seele gefährden. Ich brauche es, daß du mit dem Trinken in diesem Haus aufhörst. Ich kann mit dieser Sucht nicht leben. Ich verlange Sicherheit. Ich brauche

Fürsorge. Ich brauche es, meine Wut herauslassen zu können. Ich brauche es, daß du das gleiche tust. Ich brauche gegenseitige Achtung und Gleichberechtigung. Ich werde mich nicht mit weniger abfinden, als mir zusteht, und das ist meine Gesundheit. Ich werde meine Genesung nicht für eine Beziehung aufs Spiel setzen.‹«

John Lee in *Auf der Suche nach dem Vater*

»Das Risiko ein Mann zu sein

Es gibt die verbreitete Auffassung, daß die Männer dank der Bemühungen der feministischen Bewegung irgendwie schon nebenher befreit werden. Das ist zwar eine für Männer beruhigende Vorstellung, die aber auf falschen Tatsachen aufbaut. Sie verschleiert lediglich die Angst davor, aktiv die eigene Veränderung in Angriff zu nehmen. Wenn wir uns untätig und passiv verhalten, werden wir Männer in der Tat irgendwo hingeschoben, aber nicht in eine sinnvolle, produktive Richtung.

Wenn es für uns eine konstruktive Veränderung geben soll, müssen wir unseren eigenen Weg einschlagen, unseren eigenen Stil entwickeln und unsere eigene Angst und Wut kennenlernen. Denn diesmal kann uns Mama leider nicht helfen.

Der bemerkenswerteste und bedeutendste Aspekt des Feminismus ist bis heute die kühne Bereitschaft der Frauen gewesen, ihren inneren Widerstand und Widerwillen gegen die von der Zeit geheiligten Rollen als Ehefrau und Mutter anzunehmen. Wir Männer indes müssen die belastenden Aspekte vieler unserer Rollen erst einmal wahrnehmen, anerkennen und dann von uns weisen – angefangen vom Part des braven Ehemanns bis hin zum guten Papi.

Viele von uns stehen innerlich unter dem Druck, unentwegt ihre Überlegenheit und Männlichkeit zu beweisen. Deshalb verhalten wir uns so, als könnten wir alle uns aufgebürdeten Erwartungen leicht aushalten, einlösen, ja sogar noch genießen – egal, wie widersprüchlich und erdrückend sie auch sein mögen.

Tatsächlich geschieht mit vielen Männern nach der Heirat etwas Fürchterliches. In einem Interview beschrieb mir eine sensible, geistig wache und verheiratete Frau die Männer in ihrer Nachbarschaft so: ›Sie sind alle so passiv. Offenbar hassen sie ihre Frauen, diese Typen wirken irgendwie scheintot. An einem typischen Wochenende fällt ihnen allem Anschein nach nichts Besseres ein, als die Hecke zu scheren, den Rasen zu mähen und an ihren Autos herumzubasteln.‹ Überdies werden viele verheiratete Männer immer kindischer und in ihren Interaktionen mit ihrer Frau immer abhängiger und hilfloser. Ehefrauen, die mit mir allein über ihre Männer sprechen, geben häufig Kommentare von sich wie: ›Er benimmt sich wie ein Säugling‹; ›Er ist so abhängig von mir, daß es mir schon Angst macht‹; ›Er macht nichts mehr für sich selbst‹; ›Er verhält sich, als ob er völlig hilflos wäre‹ und: ›Er ist ständig nur zu Hause und steht im Weg herum. Ich wünschte, er hätte ein paar mehr Freunde.‹

Viele dieser Ehemänner fragen ihre Frauen um Erlaubnis, wenn sie alleine etwas unternehmen möchten. Spricht man mit ihnen über die positiven Aspekte ihrer Ehe, sagen sie häufig Dinge wie: ›Ich kann auch öfter mal allein was unternehmen, ohne daß sie mir ständig im Nacken sitzt, wie das bei vielen anderen Ehefrauen der Fall ist, die ich kenne.‹ Im Grunde genommen weisen solche Männer ihrer Frau die Rolle der Erlaubnis-Erteilerin, also der Mutter zu.

Und so fängt der verheiratete Mann an, seinem eigenen Urteil und Geschmack zusehends zu mißtrauen. Er fühlt sich, je länger desto mehr, wie ein unästhetischer Blödmann, der nur in der Geschäfts- oder Arbeitswelt etwas taugt und der es geschmacklich mit seiner besseren Hälfte nicht aufnehmen kann. Genau wie früher Mama weiß die Gattin alles am besten. Ein Immobilienmakler hat deshalb ganz folgerichtig einmal zu mir gesagt: ›Ich verkaufe nie an den Ehemann, sondern immer an die Frau. Wenn ihm ein Haus gefällt, so bedeutet das gar nichts. Aber wenn es ihr gefällt, dann ist das Geschäft unter Dach und Fach.‹

Viele Ehemänner sind in einer für sie selbst im Grunde genommen unbefriedigenden Beziehung gefangen, auch wenn sie sich der bei ihnen dadurch verursachten Wut und ihrer Sehnsucht nach Autonomie häufig gar nicht bewußt sind. Deshalb treten ihre negativen Gefühle unentwegt als passive Aggressivität zutage. Sie sind zwar ›in‹ der Beziehung, gehören aber nicht wirklich ›dazu‹. Ihre Frustration und Unzufriedenheit können dabei in vielerlei Gestalt zum Vorschein kommen ...

1 ... durch extreme Stimmungsumschwünge und gelegentliche Wutausbrüche, die schon durch die kleinsten Anlässe ausgelöst werden können, etwa eine verlegte Socke, ein ungebügeltes Hemd, einen nicht angenähten Knopf, ein irgendwo herumliegendes Spielzeug oder eine verspätete Mahlzeit.

2 ... indem sie sich die Post oder einen Drink schnappen und sich gleich nach der Heimkehr von der Arbeit hinter der Zeitung oder vor dem Fernseher verschanzen.

3 … indem sie abends daheim zu verstehen geben, daß sie ›in Ruhe gelassen‹ werden möchten.

4 … durch ständige Klagen über Müdigkeit oder körperliche Beschwerden wie Rücken-, Magen- oder Kopfschmerzen.

5 … indem sie nicht richtig zuhören, wenn ihre Frau mit ihnen spricht, so daß sie sich ständig wiederholen muß. Dies ist ein sicheres Anzeichen dafür, daß ein Mann geistig ›abwesend‹ ist und unter Konzentrationsschwäche leidet.

6 … dadurch, daß man sie ständig an dieselben Dinge erinnern muß, die sie anscheinend immer wieder vergessen, etwa an das Aufhängen ihrer Kleider oder die Müllentsorgung etc.

7 … durch die pauschale Weigerung, abends nach ihrer Heimkehr über ihren Tag zu reden.

8 … durch Vermeidung sexueller Intimität, indem sie entweder erst ins Bett gehen, wenn die Ehefrau bereits eingeschlafen ist, oder aber einschlafen, bevor ihre Frau zu Bett geht. Der Mann kann aber auch Arbeit mit nach Hause bringen und sich bis spät abends damit beschäftigen oder bis in die Nacht lesen oder fernsehen.

9 … indem sie Augenkontakte mit ihrer Frau vermeiden.

10 … durch die verstärkte Neigung, ihr Gesellschaftsleben mit ihrer Frau beispielsweise auf Kino- oder Restaurantbesuche zu beschränken – Aktivitäten also, die nicht sonderlich viel Interaktion zwischen den beiden verlangen.

11 … durch ein allgemeines Gefühl der Langeweile. Hinter dieser Langeweile verbirgt sich oft der Impuls oder Wunsch, andere als die daheim üblichen Dinge zu tun oder eigentlich lieber woanders zu sein. Der Mann ist außerstande, seine wahren Bedürfnisse mitzuteilen. Daher tut er nichts und sitzt gelangweilt zu Hause herum.

Da er unfähig ist, seine Wünsche offen zu äußern und sein Unwohlsein einzugestehen, brechen sich seine verborgenen Ressentiments auf Umwegen Bahn. Auf diese Weise möchte er seiner Frau indirekt mitteilen: ›Ich habe Angst zu tun, was ich wirklich tun möchte, oder meine wahren Gefühle auszudrücken. Deshalb vermeide ich Schuldgefühle, indem ich zu Hause bleibe. Aber du sollst von meiner Anwesenheit hier auch nichts haben.‹«

Herb Goldberg in *Man(n) bleibt Mann*

»Männer ohne aktivierten Gefühlskörper pendeln häufig zwischen bösartigem Verhalten und einer impotenten Freundlichkeit hin und her, die zudem nicht wirklich freundlich gemeint ist. Robert Moore hat festgestellt, daß Gewalttätigkeit gegenüber der eigenen Frau und eine dieser Praxis völlig konträre Sanftheit Kennzeichen des nicht initiierten Mannes sind.«

Robert Bly in *Wingspan*

»Das erste starke Gefühl, das ich nach dem erotischen Verlangen für G. empfand, war Achtung. Ich achtete ihren Mut, und ich achte sie, weil sie überlebt hatte, ohne ihre Fähigkeit zu lieben zu verlieren.«

Richard Rhodes in *Making Love*

Ein echter Vater sein

Was verstehen wir eigentlich im allgemeinen unter einem »Vater«? Wir brauchen bloß die Alltagssprache ein wenig abzuklopfen, um diesbezüglich Klarheit zu gewinnen. Wenn wir davon sprechen, daß ein Kind »bemuttert« wird, dann wissen wir genau, was gemeint ist. »Bemuttern« heißt, daß ein(e) Erwachsene(r) ein Kind umsorgt und umhegt und mit ihm lange Stunden in engem, liebevollem Körperkontakt verbringt.

»Vaterschaft« hingegen bezeichnet etwas völlig anderes. Mann kann innerhalb weniger Minuten (wenn es sein muß, sogar auf der Ladefläche eines Lieferwagens) »Vater« werden. Im Extremfall ist ein Vater nichts weiter als ein Samenspender. (Tatsächlich finden viele Leute heutzutage nichts dabei, wenn alleinstehende Frauen – oder lesbische Paare – sich anonym befruchten lassen, ohne den Namen des Vaters auch nur zu kennen). Gleichwohl beschränkt sich die Rolle des Vaters natürlich nicht auf den Zeugungsakt. Vielmehr hat der Vater für das Gedeihen von Kindern beiderlei Geschlechts eine ganz erhebliche Bedeutung. Dennoch ist die Kunst des »Bevaterns« in unserer Gesellschaft fast ausgestorben.

Zum Beispiel John Embling: Im Rotlichtbezirk des australischen Melbourne widmet er sich der Betreuung von Kindern, die von zu Hause weggelaufen sind. Zwei seiner Bücher, *Tom – a child's life regained* und *Fragmented Lives*, erzählen von seiner Arbeit. John versucht, mit der ihm eigenen männlichen Fürsorglichkeit, Kinder vor Obdachlosigkeit, Gewalt und Gefängnis zu bewahren. Hier seine Meinung über Väter:

> »Ich verbringe den Großteil meines Lebens mit Kindern, jungen Erwachsenen und Müttern – aber wo sind nur die Väter? Ich habe in den vergangenen zehn Jahren lediglich vier oder fünf Väter erlebt, die ihre elterlichen Pflichten ernst nahmen, sich kümmerten und als Rollenvorbild verfügbar waren.

Ich habe so viele kleine Kinder gesehen, die in ihrem Alltag Männer bräuchten – Männer, die in der Lage sind, die seelischen Bedürfnisse der Kleinen zu befriedigen. Eine ausschließlich aus Männern bestehende Gemeinschaft ist letztlich für Kinder ungesund, eine reine Frauengemeinschaft jedoch ähnlich einseitig.

Selbst die oder der stärkste und tüchtigste Alleinerziehende gesteht sich die Schwierigkeiten ein, ihrem oder seinem Kind all das zu geben, was dieses braucht, um sich zu einem ›vollständigen‹ Erwachsenen zu entwickeln. Ich kenne geschiedene Paare, die es dennoch irgendwie schaffen, ihre Kinder in der alltäglichen Erziehung mit ausreichend Wärme und Stabilität zu versorgen.

Aber was ist mit der alleinerziehenden, mittellosen Mutter droben in irgendeinem anonymen Mietshaus? Wie sollen sich ihre Kinder mit Vaterfiguren in Beziehung setzen?

Ich halte im Leben unserer Kinder häufig nach Vätern Ausschau. Wenn ich sehe, daß viele Männer keinen persönlichen Kontakt zu ihren Kindern unterhalten, empfinde ich das immer wieder als schwerwiegenden Verlust, als Niederlage, ja, als Unmenschlichkeit. Der Verlust dieser Kinder, der Verlust von etwas Wesentlichem im menschlichen Lebensprozeß, ist auch unser Verlust. Etwas ganz Wichtiges verkümmert, und alles Geld, alle Technik, alle Bürokratie, alle Professionalität und sämtliche Ideologien der Welt können das nicht wiedergutmachen.«

John Embling in *Fragmented Lives*

Die Bedeutung des Vaters in der westlichen Gesellschaft hat heute einen Tiefststand erreicht. Sind Väter überhaupt noch nötig? Manche Feministinnen behaupten: »Eine Welt ohne Männer wäre eine Welt voller wohlgenährter, glücklicher Frauen.« Und, wie wir hinzufügen möchten, »... zahlloser gestörter Kinder«. Unsere These in diesem Kapitel lautet, daß auch Mädchen aus Gründen, die ihre Entwicklung ganz wesentlich betreffen, einen Vater brauchen. Denn eine Mutter kann manche dieser Bedürfnisse allein nicht befriedigen. Aber noch wichtiger ist: Wir glauben, daß Jungen, die nicht aktiv »bevatert« werden – sei es von ihrem eigenen Vater oder einem Mann, der bereit ist, diese Rolle zu übernehmen –, niemals ein vollgültiges Männerleben führen können. So einfach und unumstößlich wahr ist das.

Nehmen wir mal an, Sie sind Vater oder möchten einer werden. Sie sind liebesfähig und haben die besten Absichten. Trotzdem befinden Sie sich zunächst womöglich in einem regelrechten Vakuum. Vielleicht haben Sie ja viele der wichtigsten Erfahrungen, die Sie in die Erziehung Ihrer Kinder einbringen möchten – Zuverlässigkeit, Festigkeit, Herzlichkeit und aufrichtige Fürsorglichkeit –, niemals persönlich von seiten einer Vaterfigur kennengelernt. Sie verspüren vielleicht viel Liebe, aber sie verfügen nicht über die nötigen Methoden. Wie sollten Sie auch, wenn niemand bei Ihnen die entsprechende Software »installiert« hat? Das Problem besteht darin, Ihre Liebe in die Tat umzusetzen.

Die meisten Teilnehmer, denen ich in Männergruppen begegne, sind Väter. Die Männerbewegung hat dem Thema »Vaterschaft« viel Aufmerksamkeit gewidmet, besonders der Frage: Wie soll ich mich verhalten? Die heutigen Väter sind oftmals ganz versessen darauf, es »richtig zu machen«. Sie spüren nur zu deutlich, daß ihre eigene Kindheit nicht wirklich »gelungen« war. Die Mitglieder etlicher Männergruppen sind inzwischen auch dazu übergegangen, sich gegenseitig ganz konkret bei der Kinderbetreuung zu helfen. Ein weiterer Vorzug solcher Männergruppen ist, daß sie gemeinschaftliche »Exerzitien«, Campingreisen etc. anbieten. Solche Veranstaltungen bieten viele Möglichkeiten, sich *wechselseitig* zu bevatern, sich umeinander zu kümmern, einander zuzuhören und offen miteinander zu sprechen. So können die Beteiligten mit dem üblichen Imponiergehabe endlich einmal aufhören, auf Wettbewerbsverhalten verzichten und sich wechselseitig ganz konkret emotional stützen.

Die alten Rollen ablegen

Wenn wir uns angemessen auf unsere Vaterfunktion vorbereiten wollen, müssen wir zunächst einmal von einigen der alten Rollenvorbilder Abschied nehmen. Diese waren häufig allzu eng und reduziert, sind aber noch wie eine Sammlung alter Videos in unseren Köpfen verankert.

In seinem schönen Buch *Auf der Suche nach dem Vater* beschreibt John Lee *vier Typen des »defekten« Vaters*, die in den vergangenen Jahrzehnten in unserer Gesellschaft vorherrschend gewesen sind. In freier Wiedergabe der Leeschen Analyse handelt es sich um:

Der Mann, der König sein möchte

Dieser Typ arbeitet im allgemeinen den ganzen Tag schwer und erwartet abends, wenn er heimkommt, daß seine ihm treu ergebene Gattin-Haushälterin und die in Ehrfurcht erstarrten Kinder ihn von A bis Z bedienen. Er ist in seinem Hause König und regiert sein Reich vom Liegesessel aus. Seine Frau und seine Kinder bewegen sich in seiner Gegenwart nur auf Zehenspitzen, um ihn nur ja nicht zu »stören«. Engagement legt dieser Typ Vater nur an den Tag, wenn es gilt, die Kinder zu bestrafen oder ihnen großzügig zu verzeihen. Kurz: Dieser – heute nur mehr seltene – Typ ist der Inbegriff des »Wartet-nur-bis-euer-Vater-heimkommt«-Haustyrannen.

> »Mein Vater hing mit anormaler Leidenschaft an seinem Dach. Er sprach viel über sein Dach, vor allem immer dann, wenn ich es wagte, einen königlichen Erlaß in Frage zu stellen. »Das ist mein Haus. Du lebst unter meinem Dach. Solange du unter meinem Dach lebst, wirst du tun, was ich dir sage. Wenn du dein eigenes Dach über dem Kopf hast, kannst du tun und lassen, was dir beliebt, aber solange du noch unter meinem Dach lebst, tust du, was ich dir sage. ›Verdammt‹, dachte ich immer bei mir selbst, ›ich kann es nicht erwarten, mein eigenes Dach zu haben.‹«

Der kritische Vater

Von seiner eigenen Frustration und Wut getrieben, muß dieser Typ ständig an allem herummäkeln und andere demütigen. Dieser Vater ist zwar durchaus am Leben der Familie beteiligt, aber nur in völlig negativer, Angst einflößender Manier. »Da hätte ich aber mehr von dir erwartet« – »Kannst du denn nie etwas richtig machen?!« – »Du Blödmann, schau' nur, was du da wieder angerichtet hast!« Was immer ihn auch frustriert haben mag – sein Job, sein eigener Vater, sein mangelnder Erfolg im Leben oder gar sein übertriebener Ehrgeiz für seine Kinder –, selbst der süße Wein seiner Liebe hat sich bei ihm in Essig verwandelt und vergällt seiner Familie das Dasein.

Der passive Vater

Dieser Typ überläßt sämtliche Pflichten, alle Macht und alle Verantwortung bereitwillig seiner Ehefrau, der Mutter seiner Kinder. Er verhält sich gegenüber den Kindern ebenso nachgiebig wie gegenüber seinem Chef, seinen Verwandten, der Gesellschaft, der Regierung und was es sonst noch so gibt. Wir haben hier Bart Simpsons Daddy vor uns. Dieser Typ hat offenbar irgendwann unterwegs seine Manneskraft eingebüßt und findet jetzt alles zu schwierig, um auch nur darüber nachzudenken. Von gelegentlichen Kommentaren oder weinerlichen Selbstrechtfertigungen einmal abgesehen, tritt er so gut wie gar nicht in Erscheinung. Unfähig, die Spannungen des Alltags zu ertragen, verschanzt er sich hinter seiner Zeitung oder sucht Zuflucht vor der Glotze, beim Alkohol oder in seinem Gartenhäuschen. Seine Kinder können ihn meist schon in frühen Jahren wegen seines Mangels an Rückgrat nicht ausstehen.

> »Der passive Mann entzieht sich seinen väterlichen Pflichten. Vater sein heißt, bestimmte Gefühle entwickeln, es bedeutet aber auch, daß man alle möglichen Dinge tun muß: die Kinder zur Schule bringen, ihnen zwischendurch eine Jacke kaufen, Bandkonzerte besuchen, eine ›Sperrstunde‹ und Verhaltensregeln festsetzen und irgendwie reagieren, wenn diese Regeln gebrochen werden. Es heißt ferner, ein Auge darauf zu haben, mit wem die eigenen Kinder Umgang pflegen, den Kindern aktiv zuzuhören etc. Der passive Mann überläßt all dies seiner Frau.«
>
> Robert Bly in *Wingspan*

Der abwesende Vater

Dieser Typ ist häufig ein durchaus tüchtiger, ja sogar mächtiger Mann, doch nicht in den heimischen vier Wänden. Er ist aushäusig mit seiner Karriere beschäftigt, geht schon am frühen Morgen in die Arbeit und kehrt erst spät abends zurück. Als er sich bei Ihrer Zeugung mit Ihrer Mutter im Liebesakt vereinte, hat er vermutlich gerade an den wichtigen Termin morgen früh gedacht. Er war weder bei den sportlichen noch bei den musikalischen Ereignissen zugegen, an denen Sie als Kind mitgewirkt haben. Mag sein, daß er viele angenehme Dinge für Sie bezahlt und Sie recht höflich und freundlich behandelt hat, wenn er Ihnen zufällig einmal im Flur begegnet ist. Aber als Vater hat er für Sie nicht den geringsten Nutzen gehabt, weil ein Vater nämlich *anwesend sein muß.*

Heutzutage scheinen viele Männer schlicht überfordert zu sein. Wo gibt es das noch – einen Mann, der ein aktiver, engagierter Vater und zugleich eigenständig und bereit ist, seiner Frau ein echter Partner zu sein?

Nur die Phantasie gibt uns eine Vorstellung, wie es in der Welt aussähe, wenn wir nicht nur an unsere Väter wirklich glauben könnten, sondern auch an die Geistlichen, die Chefs und Schuldirektoren, an die Politiker oder Präsidenten, kurz: an Führungspersonen, die freundlich und humorvoll, weise und gerecht sind, die Rückgrat haben, »heiligen« Zorn kennen und Beschützerqualitäten verkörpern. Über Stilfragen würde es zwar auch unter solchen Umständen gewiß weiterhin verschiedene Meinungen geben. (Robert Blys Wirkung zum Beispiel ist großenteils auf seine persönliche Art zurückzuführen. Seine Väterlichkeit beeindruckt.

Er hat aus der Rolle des Geschichtenerzählers wieder eine Kunst gemacht – er ist der weise, ironische alte Mann, der die jungen Männer neckt und fordert, der die Generäle in Vietnam wegen ihres Verrats geißelt, eine »archetypische« Gestalt in exzentrischen Kleidern, die aus der Dichtung hervorsprudelt – ungeniert wohlbeleibt und zufrieden alt in einer Zeit, da nur die Jugend etwas gilt).

Wie Männer und Jungen getrennt wurden

Hunderttausende von Jahren haben die Menschen in kleinen Nomadengruppen gelebt – mit je zwei oder drei Dutzend Mitgliedern. Wenn Sie in jenen Zeiten gelebt hätten, wären Ihnen vielleicht in Ihrem ganzen Leben nicht mehr als zweihundert andere Menschen begegnet. Selbst als am Ende der Jungsteinzeit die dokumentierte Geschichte anbrach, lebten unsere Vorfahren noch viertausend Jahre lang in Dörfern und kleinen Städten. Die großen Zentren des Altertums – etwa Athen oder Rom – waren nach unseren heutigen Maßstäben relativ kleine Gemeinwesen.

In den äußerst stabilen Lebensverhältnissen des Stammes oder Dorfes lebten und arbeiteten Väter und Söhne in nächster Nähe miteinander. Die Väter, Onkel und Großväter unterwiesen die jungen Männer in ihrer eigenen Arbeit oder in ihrem jeweiligen Geschäft und brachten ihnen gleichzeitig bei, wie sich ein Mann zu verhalten hat.

Die jungen Männer durchliefen auf diese Weise eine ausgedehnte Lehrzeit. Auch Vierzigjährige lernten noch dazu. Alte Männer und

Frauen führten die Gemeinschaft dank ihres großen Wissens und ihrer überlegenen Erfahrung.

Die Knaben waren den ganzen Tag, und zwar täglich, von Männern umgeben, die sie aktiv (und meistens in angenehmer Manier) ermutigten und unterwiesen. So nahmen sie, von einem Dutzend stets gegenwärtiger maskuliner Vorbilder angeleitet, die je nach Situation hart oder sanft mit ihnen umgingen, von Kindesbeinen an tief in sich auf, was es bedeutet, ein Mann zu sein.

So manche unserer Zeitgenossen sind überrascht, wenn sie hören, daß das Leben der Jäger und Sammler – nach neuesten wissenschaftlichen Erkenntnissen – durchaus angenehm verlief und reichlich Zeit für Muße bot. Ihre Nahrungs- und Wohnbedürfnisse konnten die meisten Menschen in jenen Gesellschaften mit nur wenigen Stunden Arbeit am Tag befriedigen.

So gesehen, sind wir heute wieder hinter die Standards unserer Vorfahren zurückgefallen. Das detaillierte Wissen und die umfangreichen praktischen Kenntnisse, die diese Menschen über Äonen von Jahren angesammelt hatten und systematisch von Person zu Person an jedes einzelne Kind weitergaben, ermöglichte es ihnen, ein materiell gesichertes und erfülltes Leben zu führen.

Natürlich war in diesen Gesellschaften nicht alles vollkommen. Auch die alten Kulturen hatten ihre Probleme, aber sie verfügten über ein – das Leben erhaltendes – inneres Gleichgewicht, das sich über Hunderte von Generationen herauskristallisiert hatte.

Doch dann kam es (innerhalb eines menschheitsgeschichtlich winzigen Augenblicks) zu einem beispiellosen Umsturz alles bisher Dagewesenen: zunächst zur Einführung des Ackerbaus und zur Gründung von Städten und dann (vor nur fünf Generationen) zur Industriellen Revolution.

Die Menschen wurden – anfangs hauptsächlich in England – aus den Dörfern vertrieben, um Platz für die Schafzucht zu schaffen, die profitabler war als der Ackerbau. Die Betreuung der wegen ihrer Wolle begehrten Schafe ließ sich überdies mit weit weniger Arbeitskräften bewerkstelligen. Die Städte wiederum brauchten Arbeitskräfte – Fabrik-, Berg- und Hilfsarbeiter – sowie Angestellte in diversen Sparten.

Dem einzelnen blieb da oft nur die Wahl zwischen Anpassung an die neuen Verhältnisse oder sicherem Untergang. (Der gleiche Prozeß vollzieht sich übrigens noch heute in Asien und anderen Teilen der Welt).

Erstmals in der Geschichte arbeiteten die Väter jetzt von ihren Söhnen getrennt. Sie standen noch vor Tagesanbruch auf und kehrten erst nach Einbruch der Dunkelheit nach Hause zurück. Die allgemeine Schulpflicht wurde eingeführt, doch nicht in erster Linie aus humanitären Gründen. Vielmehr sollte sie die Kinder darauf vorbereiten, sich mit neun oder zehn Jahren als willfährige Fabrikarbeiter zu verdingen.

Zum erstenmal in der menschlichen Geschichte wuchs eine Generation von Jungen heran, die nicht mehr im ursprünglichen Wortsinn »bevatert« wurde. Heute finden wir diese Verhältnisse ganz normal. Väter arbeiten, und Mütter ziehen die Kinder auf (oder lassen sie in Kindergärten oder -tagesstätten von anderen Frauen betreuen). Hinterher werden dann unsere Sprößlinge meist von Lehrerinnen auf das Leben vorbereitet. Und so bleibt den kleinen Jungen nur die Wahl, sich entweder zu fügen und »brav« zu sein oder aber zu rebellieren. Die »Rebellen« schließen sich dann aus Gründen des Selbstschutzes zu Gangs zusammen und suchen in diesem Umfeld jene maskuline Energie, von der sie nicht einmal wissen, daß sie sie vermissen.

Die Abwesenheit des Vaters in der heutigen Zeit

Aus der Perspektive der Söhne hat sich in den letzten 150 Jahren wenig verändert. Heute arbeiten die Väter zwar in einer gepflegteren und sichereren Umgebung – aber für die Familie hat sich an den grundlegenden Verhältnissen kaum etwas geändert. Vielleicht ist alles sogar noch schlimmer geworden. Ein Mann, der in einem Büro Schreibtischarbeiten erledigt, hat kaum etwas mit seinem Sohn gemeinsam. Er kann diesem oft nicht einmal erklären, was er eigentlich genau tut. Papa »geht in die Arbeit«, wo er einfach für neun oder zehn Stunden pro Tag eine unbegreifliche Tätigkeit ausübt.

Mitte der siebziger Jahre wollte der Spielzeughersteller Mattel eine als »Herzfamilie« bezeichnete Puppenfamilie vermarkten. Die ersten firmeninternen Überlegungen über die ideale Zusammensetzung einer solchen Familie sahen (natürlich!) vor, daß eine Mutter, ein Vater und zwei Kinder zur Familie gehören sollten. Doch die Kinder, die man engagierte, um die Marktakzeptanz zu testen, nahmen jedesmal die Vaterpuppe, legten sie beiseite – und spielten mit der Mutter und den Kindern weiter. Auf die Frage: »Und was ist mit der Vaterpuppe?« entgegneten sie nur: »Der ist in der Arbeit« und ließen die entsprechende Puppe links liegen. Die Arbeit des Vaters hatte für die Kleinen keinerlei Bedeutung, und so spielte die Figur für die Kinder im Spiel kaum eine Rolle. (Zu guter Letzt fand sich für das Problem natürlich eine Lösung: Die Vaterpuppen wurden separat mit dicken Muskelpaketen, einem Brustpanzer und einer Waffe verkauft!).

Bly hat einmal gesagt: »Wenn ein Familienvater nur abends ein oder zwei Stunden zu Hause ist, dann haben in der betreffenden Familie natürlich die weiblichen Werte – so wundervoll sie an sich auch sein mögen – die Oberhand.« Denn von einem Karrierevater, dessen Persönlichkeitsfacetten seinen eigenen Kindern weitgehend verborgen bleiben, erhalten diese weder Unterweisung noch sonstige Anregungen. Sie lernen vielmehr lediglich seine *Stimmungen* kennen. Und um sieben Uhr abends ist diese Stimmung im allgemeinen nicht gerade auf dem Höhepunkt.

Die Mädchen lernen von Mama, was es bedeutet, eine Frau zu sein. Aber die Jungen können von Mama nicht lernen, ein Mann zu sein, wie gut Mama es ansonsten auch mit ihnen meinen mag.

Der Feminismus schlug vornehmlich Wurzeln und breitete sich unter jenen Frauen aus, die bereits wußten, wie man bestimmte Gefühle in Worte faßt. Die (weiblichen) Angehörigen dieser »Szene« hatten deshalb keine Schwierigkeiten, miteinander auch auf einer intimen Ebene in Beziehung zu treten. In gewisser Hinsicht fiel es diesen Frauen sogar leicht. Männer hingegen haben nur selten gelernt, persönlich aufeinander einzugehen – besonders über Generationsgrenzen hinweg. Wo hätten sie das auch lernen sollen?

In unserer Gesellschaft gibt es verschiedene Abstufungen der Vaterabwesenheit. Angesichts der hohen Scheidungsraten wächst vielleicht ein Drittel aller Kinder mehr oder weniger ohne Vater oder mit einem nur sporadisch anwesenden Vater auf. Eine Studie hat ergeben, daß bereits ein Jahr nach einer Scheidung über dreißig Prozent der Väter *keinen Kontakt mehr* mit ihren Kindern unterhalten.

Wir haben weiter oben gesagt, daß Jugendgangs vor allem von Jungen gebildet werden, deren Väter entweder abwesend sind oder aber sich emotional fernhalten. Das (von den Jugendlichen selbst nicht durchschaute) Verhalten der Gangmitglieder hat den Zweck, die Aufmerksamkeit älterer erwachsener Männer zu erregen. Diese Dynamik ist jedem guten Landpolizisten vertraut.

Gruppenzwänge, denen übrigens alle Kinder unterliegen, sind nur dann *problematisch*, wenn das betreffende Kind eine schlechte Beziehung zu seinem *gleichgeschlechtlichen* Elternteil hat. Ein halbwüchsiger Junge, der viel gemeinsam mit seinem Vater und dessen Freunden unternimmt, braucht sich nicht einen achtzehnjährigen Gang-Anführer zum Vorbild zu nehmen.

Wir wollen freilich nicht unterschlagen, daß selbst ein intaktes Familienleben für die gesunde Entwicklung eines Jungen vielfach nicht hinreichend ist. Selbst wenn ein gutverheirateter Vater am Wochenende und abends verfügbar ist und das Gedeihen seines Sohnes mit liebevoller Anteilnahme verfolgt, kann dem Sohn trotzdem noch etwas fehlen. Denn allem Anschein nach sind Jungen biologisch so »programmiert«, daß sie *jeden Tag mehrere Stunden lang* Umgang mit einem männlichen Erwachsenen brauchen. Anders ausgedrückt: Wer einem anspruchsvollen Job nachgeht, täglich zwischen Wohnung und Arbeitsplatz pendelt, der kann unmöglich Söhne richtig aufziehen. Eins von beidem kommt immer zu kurz.

Selbstbewußte Männlichkeit

Aber es kommt noch schlimmer. Etliche Psychoanalytiker und Familientherapeuten überall in der Welt haben festgestellt, daß die Abwesenheit des Vater noch eine Reihe besonderer Nebenwirkungen hat. Der abwesende Vater ist nämlich nicht etwa nur eine neutrale Person. Neutralität gibt es innerhalb eines Familienverbandes nicht. Die Bewohner ein und desselben Haushalts können sich nur entweder lieben oder »hassen«. Entweder liebt ein Sohn seinen Vater, oder aber er kann ihn nicht ausstehen – eine Zwischenposition gibt es in solchen Beziehungen nicht. Wenn jemand, den man so sehr braucht, einerseits so nahe, gleichzeitig aber auch so fern ist, so erzeugt das Gefühle von großer Intensität.

Der moderne Karrierevater muß sich mit diesen Problemen auseinandersetzen. Männer zeigen ihre Liebe gerne, indem sie hart und ausdauernd arbeiten. Und sie erhalten dafür noch nicht einmal Dank. Denn ihre Kinder sehnen sich nach der väterlichen Gegenwart, nicht nach dem Reichtum ihres Erzeugers. Natürlich wünschen sich Kinder Computerspiele oder modische Kleider und Schuhe, aber wenn der Vater sich ihnen ausreichend widmet, verlieren diese Ersatzbefriedigungen schon bald an Bedeutung. Frauen sollten sich deshalb möglichst genau überlegen, was sie von ihrem Mann erwarten. Falls ihm nicht ausdrücklich etwas anderes abverlangt wird, nimmt ein Mann nämlich zunächst einmal an, daß sein finanzieller Beitrag zum Unterhalt der Familie von Frau und Kindern am meisten geschätzt wird.

Einer unserer Freunde hat eine Frau geheiratet, die noch vor der Hochzeit einmal zu ihm sagte, daß sie sich niemals für einen armen Mann entschieden hätte. Der Mann entwickelte sich in geschäftlichen Dingen zu einem zwanghaften Hasardeur, nur um die Fassade des Erfolgs aufrechtzuerhalten. Dabei machte er sich der Unterschlagung schuldig und mußte eine Gefängnisstrafe absitzen. In der Tat eine harte Lektion!

Auch der typische Vater der fünfziger Jahre arbeitete hart für den Lebensunterhalt seiner Familie. Dafür standen ihm die Macht der Distanziertheit und nicht selten auch der Gewaltanwendung zu Gebote. Aber sein Sohn konnte von dieser abgehobenen Stellung des »Alten« emotional nicht profitieren. Wie wir bereits weiter oben gesagt haben, konnten die Söhne der fünfziger Jahre von ihren Vätern nur äußere Rollen übernehmen, aber keine reich strukturierte Innenwelt. Wenn nun ein solcher Sohn selbst eine Ehe eingeht, kommt es natürlich zu Problemen. Denn er hat ja keine männliche Tiefe, auf die er zurückgreifen könnte – sondern nur die Silhouette eines schweigenden Vaters.

Wir können immer wieder verheiratete Frauen erleben, die ihre Belange souverän vertreten. Sie erwecken den Eindruck, als stünden sie gleichsam auf der Spitze einer festgegründeten Pyramide der Weiblichkeit. Und das ist auch tatsächlich der Fall. Denn schließlich können sie auf den immensen Erfahrungsschatz all der Frauen zurückgreifen, mit denen sie bis dahin interagiert haben.

Will hingegen ein Mann seine eigenen Interessen vertreten, steht er sozusagen auf einem wackeligen Haufen einzelner Steine. Er kann nur aus jenem Fundus umrißhafter, oberflächlicher Beispiele der Männlichkeit schöpfen, die er sich aus Filmen etc. zusammengeklaubt hat. Und so ist er stets unsicher und kaum je in der Lage, sich mit seiner Frau von gleich zu gleich auseinanderzusetzen. Schließlich hat er nie das Innenleben von Männern kennengelernt, die sich ihm geöffnet hätten. Ihm bleibt daher nur die Möglichkeit, auf einen Mischmasch von Klischees und barschen Einzeilern zurückgreifen.

Deshalb gibt er oft genug klein bei, oder aber er verdrückt sich oder wird ausfällig. Ich erlebe solche Fälle ständig in der Therapie: Männer, die gegenüber ihrer Partnerin einfach nicht aufrichtig sein können. Das verursacht immer wieder erheblichen Kummer. Wer nicht das Selbstvertrauen hat, seinen Standpunkt zu artikulieren, kann auch zur Problemlösung nichts beitragen. Und sein Selbstvertrauen verdankt ein Mann seinem Vater – oder anderen Vaterfiguren.

So macht Mann es richtig

Zunächst einmal: Es ist äußerst hilfreich, wenn Sie im Leben Ihrer Kinder so oft wie möglich präsent sind. Schon während der Schwangerschaft kann ein Kind die Stimme des Vaters von jener der Mutter oder anderer Menschen unterscheiden, wenn es sie nur oft genug hört. Auch nach der Geburt schauen Säuglinge dem Vater ins Gesicht, wenn sie sein vertrautes Brummen vernehmen. Solange Ihr Kind noch klein ist, sollten Sie es immer wieder an sich drücken, damit es Ihre Stimme *spüren* kann. Die Stimme eines Mannes erzeugt nämlich tief in seiner Brust eine Resonanz, die sich auf einen Säugling überträgt, den er auf dem Arm trägt. Schon bald wird Ihr Kind Ihre Stimme lieben.

Wenn Sie ein Neugeborenes nach der Geburt in den Arm nehmen, sollten Sie Ihr Hemd offen tragen. Verwenden Sie weder Seife noch ein Deodorant oder irgendwelche parfümierten Kosmetika, damit das Kleine sofort Ihren natürlichen, leicht schweißigen Geruch kennenlernt. Schon bald wird der Säugling Ihre einzigartige Duftsignatur als beruhigend empfinden.

Lassen Sie sich in der Klinik nicht von Ihrer Frau und Ihrem Kind trennen. Schlafen Sie mit ihnen im selben Zimmer und kümmern Sie sich um das Kind, damit Ihre Frau in Ruhe schlafen kann. Wenn sie mit dem Kind allerdings einmal eine Weile allein sein möchte, sollten Sie diesen Wunsch respektieren. Überlassen Sie die Pflege des Säuglings nicht allein der Kinderschwester, solange Sie selbst – und Ihre Frau – Gelegenheit haben, sich um das Kleine zu kümmern.

Versuchen Sie, Ihren Beruf möglichst einen, besser noch drei Monate zurückzustellen, damit die ersten Wochen des Kindes ohne Hektik verlaufen. Lernen Sie kochen!

Achten Sie auch auf Eifersuchtsgefühle. Auf dem Umschlag von ... *Familie sein dagegen sehr* (einem von John Cleese und Robyn Skinner verfaßten Buch über Familienfragen) ist die Karikatur eines Mannes abgebildet, der seine Frau beim Stillen beobachtet. Der Mann hat einen Schnuller im Mund und macht ein reichlich verwirrtes Gesicht. Wenn Sie Vater geworden sind, sollten Sie Eifersuchtsgefühle (die auftreten können, aber nicht müssen) zur Kenntnis nehmen und akzeptieren. Ihre Frau liebt Sie genauso wie das Baby. Aber es ist ganz natürlich, daß sie dem Kind im ersten Jahr – hormonell bedingt – besonders viel Zärtlichkeit und Zuwendung entgegenbringt. Denn diese »Affenliebe« gibt ihr die Kraft, für das Kind zu sorgen und dies auch noch gerne zu tun. Unterstützen Sie sie, versuchen Sie täglich, ein paar Minuten lang mit ihr wirklich in Kontakt zu kommen, und üben Sie sich ansonsten in Geduld. Nach einiger Zeit wird sie sich Ihnen wieder wie früher zuwenden.

Was ein kleiner Sohn von seinem Vater braucht

In dem erwähnten Buch von Cleese/Skinner ist auch eine Zeichnung zu sehen, die einen Jungen zeigt, der einen Fluß über eine Brücke überquert, und zwar von dem Ufer, an dem seine Mutter steht, zu dem Ufer, an dem der Vater wartet. Dieses Bild steht in der Tat für einen ganz wesentlichen Schritt in der Entwicklung eines kleinen Jungen. Schon mit etwa sechs oder sieben Jahren muß ein Junge nämlich die »Richtung« seiner Identifikation umkehren.

Natürlich wird er auch weiterhin seine Mutter lieben und sich eng an sie binden, aber er »gehört« ihr jetzt nicht mehr schlechterdings. Er möchte möglichst viel Zeit mit seinem Vater verbringen und genauso sein wie dieser. Natürlich ist er mit diesem Ansinnen nur erfolgreich, wenn der Vater auch tatsächlich präsent und bereit ist, sich intensiv um seinen Sohn zu kümmern. Der Vater muß mit seinem Sohn jetzt viele Dinge unternehmen. Und er muß ihm zeigen, daß er gerne mit ihm zusammen ist, ihn herausfordern und »testen«, ohne ihn jedoch zu verletzen oder herabzusetzen. Es gibt diverse Möglichkeiten, dieser Notwendigkeit Genüge zu tun.

Spielerisch kämpfen

»Wer mit Jungen gut auskommen möchte, muß ringen lernen.«

Paul Whyte

Kinder beiderlei Geschlechts lieben es, auf dem Fußboden herumzutollen, in die Luft gehalten und gekitzelt zu werden, die Arme des mit ihnen spielenden Erwachsenen zu Boden zu drücken und allen möglichen Unsinn anzustellen. Jungen, die sich innerlich sicher fühlen, lieben es besonders, wenn der Vater oder andere Männer ihre Kräfte und ihre Geschicklichkeit mit ihnen messen.

Über diese vergnüglichen und lustigen Aktivitäten werden aber auch wichtige Lebensregeln vermittelt. Die erste lautet: »Du sollst anderen nicht wehtun.« Wenn ein Kind mit einem Erwachsenen auf dem Teppich herumtobt, wird es diesen in seinem Überschwang unvermeidlich einmal treten oder ihm das Knie oder den Ellbogen in die Rippen rammen. In einem solchen Fall hält der Vater im Spiel inne und sagt deutlich zu dem Jungen: »Man kann auch Kämpfen spielen, ohne dem anderen wehzutun. Wir sind beide zu wertvoll, um uns gegenseitig Schmerzen zuzufügen. Paßt du bitte in Zukunft auf, daß du beim Kämpfen niemanden schlägst oder verletzt?«

In der Regel wird der kleine Junge diese Ermahnung akzeptieren. Aber natürlich wird sich diese Situation öfter als einmal wiederholen und sollte dann jedesmal in der beschriebenen Manier geklärt werden. Sollte es einmal nötig sein, das ganze Spiel abzubrechen, weil das Kind so aufgedreht ist, daß es die Selbstkontrolle verloren hat, dann ist dieser Abbruch ebenfalls eine Lektion. Aber das Ziel ist, dem kleinen Jungen beizubringen, wie man kämpft, ohne anderen wehzutun. Er soll lernen, daß man ruhig seine ganze Kraft einsetzen kann, solange man andere und sich selbst nicht verletzt.

Tatsächlich ist dies ein wichtiger Lernschritt. Ist der Junge nämlich erst einmal herangewachsen, wird er höchstwahrscheinlich körperlich größer und stärker sein als seine Freundin oder Ehefrau. Er muß deshalb wissen, wie man diskutiert, Kritik erträgt und mit starken Gefühlen umgeht, *ohne jemals* aus Wut oder Rache die eigene körperliche Überlegenheit gegen eine Frau einzusetzen. Diese im Spiel erlernte »Beißhemmung« kommt dann später auch den verbalen Auseinandersetzungen zugute, zu denen es zwischen jedem Paar von Zeit zu Zeit einmal kommt. *Durch das Vorbild eines Vaters, der seinem*

Sohn niemals wehtut und auch nicht zuläßt, daß dieser anderen wehtut, lernt der Filius, seine eigene Kraft unter Kontrolle zu halten.

Ein Ringkampf ist zweifellos eine Wettbewerbssituation; er ist deshalb auch reich an symbolischen Bezügen. Zunächst einmal lernt der Knabe dabei, daß er nur ein Junge und nicht etwa der Boß ist. Wenn ein Vater sich mit seinem Sohn auf einen Ringkampf einläßt, muß er bisweilen auch *gewinnen*. Und so wird er den Sohn am Ende eines ausgedehnten, fröhlichen Kampfes bisweilen zu Boden drücken, damit dieser lernt, »aufzugeben«, um die Beendigung der »Kampfhandlung« zu bitten und seine Niederlage einzugestehen. Das erfordert viel Feingefühl. Allerdings sollte der Vater nicht ständig gewinnen wollen.

Wenn ein Junge sich jedoch großspurig aufführt und eindeutig über die Stränge schlägt, ist für ihn mitunter ein spielerischer Kampf hilfreicher und »wohltätiger« als direkte disziplinarische Maßnahmen.

Eine solche Situation ist beispielsweise gegeben, wenn Ihr kleiner Junge aus nichtigem Anlaß Ihre Aufmerksamkeit auf sich zu ziehen versucht und in seinen Augen jenen gewissen Blick hat, der soviel bedeutet wie: »Papa, halt mich auf!« Dies kommt nach unserer Erfahrung besonders bei Vier- bis Sechsjährigen vor, kann aber auch noch bei älteren Knaben der Fall sein.

Aufdrehen und herunterfahren

Der Psychologe Jim Herzog hat als erster auf die einzigartige Struktur jener Art zu spielen hingewiesen, die für Väter in aller Welt typisch zu sein scheint. Ich möchte Alastair Spate danken, der mir diese Struktur wie folgt beschrieben hat:

> »Man stelle sich ein Elternpaar vor, das gemeinsam mit einem zweijährigen Bürschlein und einem Haufen Bauklötzen im Wohnzimmer am Boden liegt. Die Mutter ermutigt das Kind, die Klötze irgendwie aufeinanderzuschichten. Zu irgendeinem Zeitpunkt verwandelt sich dann der – typische – Vater in einen dröhnenden Bulldozer, stößt sämtliche Bauklötze um und löst bei dem Kind vergnügtes Lachen aus. Von nun an putschen sich die beiden ›Männer‹ gegenseitig auf. Jeder von beiden gibt sich – lachend und johlend – alle Mühe, ein noch größeres Chaos anzurichten als der andere.

> Wenn der Vater dann zu guter Letzt von seiten der Mutter eine gewisse Mißbilligung oder wenigstens Besorgtheit verspürt, versucht er den Wettkampf allmählich abklingen zu lassen. Er verlangsamt das Spiel, bis sich die hitzige Atmosphäre in dem Zimmer wieder abgekühlt hat und der Junge in den Armen des Vaters oder der Mutter ruht.
>
> Bei dieser Art des Spiels kommt dem Vater eine besondere Bedeutung zu. Entscheidend ist dabei, wie die hochgeschaukelten Emotionen ›heruntergefahren‹ werden. Der Vater zeigt seinem Sohn spielerisch, wie man die eigene Energie und etwaige Wutgefühle beherrschen kann. Er setzt der Aggressivität des Kindes gewisse Grenzen und zeigt ihm, wie man Gefühle kontrollieren und sich davor schützen kann, von ihnen überflutet zu werden.
>
> Die meisten von uns haben wohl schon einmal die Tobsuchtsanfälle und depressiven Zustände eines unzureichend ›bevaterten‹ Jungen miterlebt. Viele dieser Kinder lernen von männlicher Seite gesetzte Grenzen erst kennen, wenn sie es in jungen Jahren mit der Polizei oder dem Direktor ihrer Schule zu tun bekommen. Solchen Jungen mangelt es an der im Spiel mit dem Vater erworbenen Fähigkeit, die eigenen Zorngefühle, Träume, Sehnsüchte und Energieschübe im Zaum zu halten.«

Und Sie dachten, daß Sie nur spielen! Doch die »Technik des Herunterfahrens« aufgeladener Gefühle, die Ihr Sohn von Ihnen bereits als Kind auf dem Wohnzimmerteppich oder auf dem Rasen hinter dem Haus erlernt hat, ist von grundlegender Bedeutung und kann bisweilen sogar lebensrettend sein. Diese Fähigkeit schützt einen (jungen) Mann nämlich vor der Gefahr, sich von seinen eigenen Gefühlen mitreißen zu lassen. Und sie ist ein Geschenk, das ein guter Vater seinem Sohn mit auf den Lebensweg geben kann.

So erkennt man den »unter-vaterten« Sohn

Jungen, denen es an väterlicher Zuwendung fehlt, sind leicht zu erkennen. Sie gehören meist einem von zwei leicht identifizierbaren Typen an. Der eine dieser Typen neigt zur Macho-Manie: Solche Jungen tragen aggressive Kleider, sammeln Gewaltspielzeuge und harte Comics oder tragen (in etwas fortgeschrittenerem Alter) ein

Messer mit sich herum. Außerdem interessieren sie sich wie besessen für alles, was mit Waffen und Krieg zu tun hat. Dieser Typ geht für gewöhnlich mit anderen vernachlässigten Jungen oder Jungmannen ›minderwertige‹, durch Konkurrenzdenken gekennzeichnete Freundschaften ein.

Der andere Typ ist das oft depressive, in seinem Selbstwertgefühl gestörte »Mutter-Söhnchen«. Kleine Jungen dieses Typs sind häufig Bettnässer. Sie werden in der Schule gerne gehänselt, haben Angst vor allem Neuen – seien es unbekannte Tätigkeiten oder Orte – und leiden nicht selten unter irrationalen Ängsten.

Beide Typen leiden unter ein und demselben Problem – nämlich Vaterhunger. Die Mütter sind oftmals nicht in der Lage, diese Probleme in eigener Regie zu beheben. Wenn Sie Vater eines solchen Buben sind, ist Ihre Aktivität gefragt!

Disziplin

In den schlechten alten Zeiten waren häufig die Väter – in der Rolle des »strengen Zuchtmeisters« oder des »prügelnden Tyrannen« – für die Disziplin zuständig. Der Umstand, daß sie den Großteil ihrer Zeit außer Haus verbrachten, machte sie nur um so furchterregender. »Warte nur, bis dein Vater heimkommt!« lautete damals oft die Drohung erschöpfter, überforderter Mütter.

Inzwischen hat sich die Situation gründlich verändert. Denn die Zahl der ›laschen‹ Väter hat erheblich zugenommen. Diese Männer überlassen die Disziplinarerziehung ihren Frauen. Ja, sie untergraben deren Erziehungsanstrengungen häufig sogar noch durch Bemerkungen wie: »Laß doch die Kinder – so schlimm sind sie doch gar nicht« – »Reg' dich doch nicht auf, Liebes, im Grunde macht es doch nichts«. (Solche Männer sind für eine kurze Ehe und ein schreckliches Sexualleben bestens prädestiniert).

Frauen wie Kinder sind darauf angewiesen, daß die Männer in der Disziplinarerziehung zumindest eine gleichwertige Rolle übernehmen. Tatsächlich sind die Männer für diese Aufgabe sogar besonders talentiert. Vor allem Jungen müssen immer wieder einmal Widerstand erfahren, damit sie begreifen, was Sache ist. Männer, die sich mit ihrer Maskulinität wohl fühlen, genießen dieses Kräftemessen sogar. Sie können sich darauf einlassen, ohne sich bedroht oder wie

Frauen emotional überfordert zu fühlen, wenn sie »streng« mit ihren Kindern sein müssen. Denn in ihrem tiefsten Herzen empfindet eine Mutter in der Regel soviel Liebe für ihre Kinder, daß sie sie niemals verlieren möchte.

Ein Mann hingegen kann sich im stillen Kämmerlein durchaus bisweilen vorstellen, wie angenehm das Leben ohne plärrende Kinder sein könnte. In einer gesunden Ehe wirken die Partner deshalb zusammen und lassen den Kindern achtzehn Jahre Zeit, bevor sie sie mit sanftem Nachdruck an die frische Luft setzen.

Es gibt noch einen weiteren Grund dafür, weshalb Väter mehr »Härte« zeigen müssen als Mütter. Eine Mutter bringt ihrem Kind in erster Linie zärtliche Gefühle entgegen, und das Kind erwidert diese. Wenn der Mutter jedoch ein Großteil der Disziplinarerziehung – und der damit verbundenen Kritik und Zurechtweisungen – aufgebürdet wird, kann in einem Jungen leicht das Gefühl entstehen, daß seine Mutter ihn nicht mag. Viele Mütter beklagen sich bei mir: »Wann immer ich den Mund aufmache, muß ich an meinen Kindern herumkritisieren.« Ein Junge kann dadurch den Eindruck erhalten, die Liebe seiner Mutter lasse mehr und mehr nach. Nimmt hingegen der Vater seine Aufgabe ernst, kann die Mutter sich entspannen. Sie fühlt sich unterstützt und verhält sich infolgedessen weniger kalt und hart.

Wenn der Vater sich seines Sohnes annimmt – und ihm klar und unmißverständlich mitteilt, was geht und was nicht geht, und diese Bedingungen ohne Gewaltanwendung auch durchsetzt –, dann kann die Mutter sich weicher und liebevoller zeigen. Das soll nicht heißen, daß diese Rollenverteilung ein Dogma wäre. Dennoch ist es tendenziell eher der Vater, der innerhalb der Familienstruktur für die »Härte« zuständig ist. Gleichwohl müssen beide Partner natürlich beides »leisten«. Überdies wird die Disziplinarerziehung des Vaters keine Früchte tragen, wenn er sich gegenüber seinen Söhnen und Töchtern nicht zugleich auch liebevoll und fürsorglich verhält.

Ich habe einige Bücher (z.B. »Das Geheimnis glücklicher Kinder«) darüber geschrieben, wie man die Disziplinarerziehung von Kindern und Jugendlichen am erfolgreichsten meistert. Wenn Sie es wünschen, können Sie sich ja dort weiter in das Thema vertiefen. Entscheidend ist, daß Eltern sich von Person zu Person auf ihre Kinder einlassen. Kinder müssen einerseits Gelegenheit haben, ihren Standpunkt darzulegen, sie sollten aber auch dazu angehalten werden, die Auffassung des Vaters oder der Mutter zur Kenntnis zu nehmen. Dieses Vorgehen unterscheidet sich grundsätzlich von den Bestrafungsmethoden, wie sie die Psychologie der fünfziger Jahre vertrat, als es etwa üblich war, Kinder zur Strafe in ein anderes Zimmer zu sperren. Unsere Kleinen brauchen keine distanziert-strafenden Eltern, sondern Väter und Mütter, die sich liebevoll-konsequent auf sie einlassen.

Der Mutter-Sohn-Konflikt

»Einer der wichtigsten Entwicklungsschritte, die ein Junge erfolgreich absolvieren muß, damit er in seinem späteren Leben befriedigende intime Beziehungen mit Frauen eingehen kann, ist die emotionale Abnabelung von seiner Mutter.

Der Junge muß dahin gelangen, sich als völlig unabhängig von seiner Mutter zu erfahren – von ihren Gefühlszuständen, ihren Bedürfnissen und ihrer sexuellen Identität.

Freilich wird er diese schwierigen Aufgaben ... am erfolgreichsten meistern, wenn er einen starken, präsenten Vater oder eine andere idealisierte männliche Figur in seinem Leben hat. Sind solche Männer hingegen nicht verfügbar, stellt selbst eine gutwillige Mutter für die Entwicklung der fragilen geschlechtsspezifischen Selbststruktur des heranwachsenden Jungen eine echte Bedrohung dar.«

Douglas Gillette in *Wingspan*

Etwa im Alter von vierzehn Jahren gelangen Jungen an einen Wendepunkt. Ohne sich dessen überhaupt bewußt zu sein, brechen viele von ihnen immer häufiger Auseinandersetzungen mit ihrer Mutter vom Zaun. Der Jüngling spürt in seinem tiefsten Inneren, daß er sich von Mama abnabeln muß. Von diesem Drang getrieben, verhält er sich vielleicht ihr gegenüber bösartig, oder aber er ist faul oder unhöflich, oder er bedroht sie sogar. Wenn der Vater (hinter seiner Zeitung im Wohnzimmer!) eine solche Auseinandersetzung mitbekommt, sollte er in die Küche hinübergehen, wo Sohn und Mutter sich gerade ein hitziges Wortgefecht liefern. Dann fragt der Vater den Sohn:

»Was hast du gerade zu deiner Mutter gesagt?«

Er wartet auf die Antwort und fährt dann fort:

> *»Ich möchte, daß du mit deiner Mutter nie anders als respektvoll sprichst. Du kannst mit ihr diskutieren, aber wage es nie, sie respektlos zu behandeln oder gar zu bedrohen. Wenn du dich nicht daran hältst, wirst du es mit mir zu tun bekommen.«*

(Das heißt nicht, daß der Vater Gewalt androhen soll, es reicht schon, wenn er einfach *da* ist.)

Danach läßt er die beiden weiterdiskutieren. Er kann sich zwar einmischen, aber es ist nicht seine Aufgabe, für seine Frau einzuspringen. Er sorgt lediglich dafür, daß die Sache respektvoll und höflich über die Bühne geht. Natürlich kann eine Frau mit einer solchen Situation auch allein fertig werden. Besser ist es jedoch, wenn sie – im Sinne des Gleichgewichts der elterlichen Zuständigkeiten – dazu nicht gezwungen ist.

Ob in einem Haus ein Vater gegenwärtig ist, der seiner Aufgabe gewachsen ist, spürt man sofort. Deshalb erkennt man auch auf den ersten Blick eine Frau, die sich daheim von ihrem Mann unterstützt weiß. Solche Frauen haben eine starke Ausstrahlung, sind entspannt, herzlich und weiblich. Frauen hingegen, die alle unangenehmen Aufgaben übernehmen müssen – sich mit den Handwerkern auseinandersetzen, mit den Kindern herumstreiten und sämtliche Entscheidungen treffen –, sehen meist hart und müde aus. Diese Frauen hätten ein besseres Schicksal verdient.

> »Aber heutzutage findet man überall rüpelige Söhne, die sich unverschämt aufführen und ihren Müttern aggressiv begegnen, und ich glaube, es handelt sich dabei um den Versuch, sich unattraktiv zu machen. Wenn es keine alten Männer mehr gibt, die die Mutter-Sohn-Einheit aufbrechen, was können die Jungen zur eigenen Abgrenzung dann anderes tun, als unverschämt aufzutreten? Dieses geschieht ganz unbewußt, und es hat keinerlei Stil.
>
> Eine klare Ablösung von der Mutter ist wichtig, aber sie findet einfach nicht statt. Das soll nicht heißen, daß die Frauen etwas falsch machen: Ich denke, das Problem liegt eher darin, daß die älteren Männer ihre Aufgabe nicht mehr richtig erfüllen.«
>
> Robert Bly in *Eisenhans*

Ihr Sohn braucht einen Mentor

Selbst der beste Vater kann seinen Sohn nicht alleine erziehen. Er braucht hierfür vielmehr zusätzlich noch die Hilfe anderer Männer. In einer Familie mit lärmenden, trotzigen Söhnen ist die »pädagogische« Mitwirkung außenstehender Männer unerläßlich. In Stammesgesellschaften wuchsen die kleinen – und nicht mehr so kleinen – Jungen in der Obhut sämtlicher Männer auf. Diese »alten Herren« leiteten den männlichen Nachwuchs an, unterwiesen die Jungmannen und weihten sie in die Geheimnisse des Stammeslebens ein. Ein Vater konnte in diesem Umfeld auf alle mögliche Unterstützung zählen. Die Jungen waren zudem positiven Einflüssen von seiten anderer Männer ausgesetzt, die sich natürlich wesentlich lockerer verhielten, als dies bei Vätern gegenüber ihrem eigenen Nachwuchs gemeinhin gegeben ist.

Zwischen zirka vierzehn und achtzehn Jahren braucht ein Junge die Gesellschaft erwachsener Männer, die ihm bestimmte Dinge zeigen, in ihm ein Gefühl für Werte wecken und ihn mit der Welt außerhalb der Familie bekannt machen. Mit anderen Worten: Er braucht einen Mentor. Sein eigener Vater kann derweil durchaus als Mentor eines anderen Jünglings fungieren. Anders als ein Vater, spielt ein Mentor primär eine unterweisende und nicht so sehr eine fürsorgliche Rolle, so daß er die Nähe zwischen Vater und Sohn keinesfalls bedroht. Früher einmal lehrte ein solcher Mann einen Jungen jene Fertigkeiten, mit deren Hilfe dieser fortan seinen Lebensunterhalt bestritt. Dieses ehemals übliche Arrangement entlastete zudem die Vater-Sohn-Beziehung. Denn dieses Verhältnis kann sich ja, wie jeder weiß, der seinem Sohn etwa das Autofahren beigebracht hat, ziemlich spannungsreich gestalten!

Für die Praxis lassen sich daraus folgende einfache Schritte ableiten. Wenn Sie einen oder mehrere Söhne haben, brauchen Sie zunächst eine Gruppe männlicher Freunde, mit denen Ihre Sprößlinge beisammen sein können, damit sie sich in der Welt der erwachsenen Männer akzeptiert fühlen. Unter solchen Umständen brauchen Sie sich auch nicht selbst mit Sport oder Angeln oder Computern zu beschäftigen, es sei denn, Sie möchten das. Es gibt ja andere, die diese Bereiche aus eigenem Antrieb abdecken werden. Es wird immer vorwiegend intellektuell orientierte Väter mit sportlichen, extrovertierten Söhnen und umgekehrt geben. Das braucht nicht zum Problem anwachsen, wenn der Vater bereit ist, gute Männer aus seinem Bekanntenkreis einspringen zu lassen. Diese Freunde können dann das ergänzen, was er selbst nicht zu bieten hat, so daß der Sohn die notwendigen Erfahrungen dennoch machen kann.

> »Ein Junge braucht Hilfe, damit er sich über seine eigenen Begabungen und seine Identität Klarheit verschaffen kann. Er muß auch lernen, wie er einen Mann erkennen kann, der es geschafft hat, sich jene Fertigkeiten anzueignen, die das Geburtsrecht seines Geschlechtes sind. Angesichts der zahllosen Optionen, unter denen heutige Jungen sich entscheiden müssen, bräuchten sie eigentlich sogar einen Mentor, der ihnen dabei behilflich ist, einen Mentor zu finden.
>
> Jungen treffen im Alltag nur selten mit reifen Männern zusammen, deren Vorbild sie zum Nacheifern inspiriert und die in ihnen den Willen erwecken, sich selbst zugunsten ihrer eigenen künftigen Lebenschancen zu disziplinieren. So gesehen überrascht es nicht weiter, daß unsere jungen Leute sich nicht sonderlich für die Vorbereitung auf künftige Aufgaben und Rollen interessieren – denn entweder sind diese Rollen für sie unsichtbar oder sie sprechen ihre Vorstellungskraft nicht an.«
>
> John Palmour in *Wingspan*

Kluge Männer wissen, daß die zahllosen Vereine und Gruppen, die den Leuten die Gestaltung ihrer Freizeit erleichtern, einen wichtigen Zweck erfüllen. In einem Angelclub geht es nicht primär um das Angeln und in einem Fußballverein nicht in erster Linie um das Fußballspielen (natürlich gehört es wenigstens teilweise zur Rolle eines Vereinsmitglieds, diesen Dingen eine ungeheure Bedeutung beizumessen!). In Wahrheit bieten solche Gruppen den beteiligten Männern Gelegenheit, sich wechselseitig umeinander zu kümmern.

Sie erlauben es ihnen aber auch, die jungen Leute zu unterweisen, sie positiv zu motivieren und so ihre Charakterentwicklung und Reifung zu unterstützen. (Dieser Hintergrund wird freilich vielfach mißverstanden, so daß der eigentliche Sinn der Aktivität verlorengeht. Das ist etwa der Fall, wenn der Wettbewerbscharakter so stark in den Vordergrund tritt, daß es auf dem Spielfeld zu Gewaltszenen kommt oder manche der Beteiligten zur Leistungssteigerung Steroide verwenden etc.). Aber im großen und ganzen dienen uns solche Gruppen und Vereine als Stammesersatz und sind grundlegend für das innere Gleichgewicht einer Gesellschaft.

Was alleinerziehende Mütter tun können

Alleinerziehende Mütter sind sich meistens deutlich bewußt, daß ihre Söhne für ihre Entwicklung auf männliche Vorbilder angewiesen sind. Gelingt es ihnen, dieser Notwendigkeit Rechnung zu tragen, so verschwinden viele der Probleme ihrer kleinen Söhne – etwa übertriebene Schüchternheit oder Aggressivität. Es gibt eine Menge, was eine alleinerziehende Mutter eines oder mehrerer Jungen tun kann. Bitten Sie in der Schule darum, ihrem Sohn im nächsten Jahr einen männlichen Klassenlehrer zu geben. Picken Sie aus dem sportlichen, musikalischen oder allgemeinen Freizeitangebot solche Gruppen oder Vereine heraus, in denen »gute« Männer mitwirken.

Seien Sie wählerisch! Fragen Sie sich jedesmal: »Möchte ich, daß mein Sohn diesen Männern nacheifert?« Denn das ist schließlich die Funktion eines Vorbilds. Seien Sie vorsichtig: Bisweilen gibt es auch völlig rücksichtslose Männer, die die Sehnsucht »vaterloser« Jungen nach männlicher Zuneigung zur Befriedigung ihrer perversen sexuellen Bedürfnisse ausnutzen.

Aber ungeachtet solcher Risiken brauchen Jungen männliche Vorbilder, wie auch die folgende Geschichte auf eindringliche Weise veranschaulicht:

Eine Mutter, die in einer Gruppe für »ratlose« Eltern mitmachte, erzählte den übrigen Teilnehmern, daß sich ihr vierzehnjähriger Sohn morgens strikt weigere, aufzustehen und in die Schule zu gehen. Einige Männer aus der Gruppe boten ihr an, in den folgenden Tagen morgens gemeinsam zu erscheinen, ihren Sohn aus dem Bett zu »schmeißen« und zur Schule zu schicken. Und das taten sie dann auch. Mann stelle sich nur die Überraschung des widerspenstigen Knaben vor. Nach einigen dieser Besuche genügte es bereits, daß die Männer sich nur noch »blicken« ließen. Der Junge riß sich jetzt zusammen, protestierte zwar, war aber offenbar mit der Entwicklung der Dinge ganz zufrieden.

Alleinerziehende Mütter können einen Jungen durchaus erfolgreich aufziehen, allerdings nicht allein. Sie brauchen dazu weitere

»Bezugspersonen«. Sie sollten sich überdies insbesondere gegenüber ihren pubertierenden Söhnen nicht zu Wutausbrüchen und – gebetsmühlenhaft wiederholten – negativen Äußerungen hinreißen lassen. »Für die Erziehung eines Kindes braucht es ein ganzes Dorf« – und die Erziehung eines Jungen bedarf der Mitwirkung von Frauen *und* Männern.

Väter mit Töchtern

Töchter brauchen von Vätern einige besondere Formen der Zuwendung. Eine davon ist die Bestätigung. Das heißt, ein Vater muß seine Tochter umschmeicheln und bewundern, ohne ihr zu nahe zu treten oder sie auszunutzen. Nur so lernt das Mädchen, sich im Gespräch und in wechselseitiger Bewunderung mit einem »anständigen« Mann auszutauschen. Durch das Gespräch mit ihrem Vater und anderen älteren Männern kann ein Mädchen Selbstsicherheit gewinnen, sich ihres Wertes bewußt werden und lernen, daß sie nicht auf den erstbesten Beau »angewiesen« ist, der des Weges kommt. Ein realistisches Verständnis männlicher Stärken und Schwächen ist für ein Mädchen von unschätzbarem Wert.

Auch die Qualität der Beziehung zwischen der Mutter und dem Vater ist für ein Mädchen wichtig. Wenn sie sieht, daß ihr Vater sich ihrer Mutter tiefgründig verbunden fühlt und weder verführbar ist noch sich illoyal verhält, so bedeutet dies, daß sie Grenzen erkennt. Sie lernt »nein« zu sagen und ein »nein« als Antwort zu akzeptieren. Wenn Mama und Papa sich gut verstehen, dann möchte sie später *zumindest* eine »gleichwertige« Ehe führen.

Der Vater einer halbwüchsigen Tochter empfindet natürlicherweise Gefühle der Besorgnis und Eifersucht. Solange dies alles im Rahmen bleibt, besteht kein Grund zur Beunruhigung. Es ist im übrigen gar nicht so schlecht, wenn jugendliche Bewerber dem Vater ihrer Angebeteten einen gewissen Respekt entgegenbringen. Auch sollte man entsprechend dem Alter und Reifegrad der Tochter einige Grenzen setzen. Einer meiner Freunde, der von seiner ersten Frau geschieden ist, erfuhr eines Abends, daß seine dreizehnjährige Tochter gerade auf einer Party weilte, deren Gäste, was Alter und Lebensführung betraf, weit jenseits des Horizonts der Tochter einzuordnen waren. Er organisierte rasch zwei großgewachsene männliche Freunde und holte die junge Dame kurz entschlossen ab. Sie legte zwar pro forma gegen diese »Entführung« Protest ein, doch im Grunde genommen war sie über diese Entwicklung der Dinge sehr erleichtert.

Was man einem Teenager schon alles zutrauen kann, muß dieser erst beweisen – er hat nicht automatisch ein Recht darauf. Gleichzeitig sollte sich ein Vater freilich davor hüten, aus Eigeninteresse eifersüchtig zu reagieren. Er muß es schon hinnehmen, daß seine Tochter irgendwann aus dem elterlichen Haus auszieht, ihre eigenen Entscheidungen trifft und ein – hoffentlich – glückliches Leben führt. Niemand wird je gut genug für sie sein – um so besser, daß Papi nicht die Wahl zu treffen hat.

Verteidigen und beschützen

Ein Mann muß seine Kinder angemessen schützen. Für einen Jungen sollte der Vater Kraft und Sicherheit verkörpern. Für viele kleine Jungen ist dies von entscheidender Bedeutung.

Der neunjährige Sean beispielsweise besuchte gerade zwei Wochen ein Internat, als der Direktor ihn in sein Büro kommen ließ, die Tür absperrte und den Jungen sexuell mißbrauchte. Dann verbot er dem Jungen unter wüsten Drohungen, je über das Geschehene zu reden. Und der Mißbrauch ging fortan wöchentlich weiter – während des gesamten ersten Halbjahres.

Am Ende des Halbjahres besuchte Seans Vater die Schule, um mit dem Direktor über die Entwicklung des Jungen zu sprechen. Sean war ebenfalls in dem Büro anwesend und erfaßte sogleich die Situation. Der große Direktor saß blasiert an seinem Schreibtisch, sein Vater hatte nicht einmal einen Stuhl zum Sitzen und hockte auf einer Holzkiste neben dem Ofen. Sean spürte sofort, daß sein Vater an diesem Ort weder Macht noch Selbstbewußtsein besaß. Und so hatte er (zu Recht oder Unrecht) das Gefühl, daß von seinem Vater kein Schutz zu erwarten sei. Deshalb erzählte er ihm nichts über jene Vorfälle, und der »Alte« fuhr nichtsahnend wieder von dannen. Sean erinnert sich bis heute an das Lächeln, mit dem ihn der Direktor ansah, als sein Vater abreiste. Und so setzte der Schulleiter seinen Sexualmißbrauch auch während des zweiten Halbjahres völlig ungerührt fort.

Auch Männer brauchen Schutz. So verurteilt etwa Robert Bly schärfstens den Mißbrauch zahlloser junger Männer durch amerikanische Generäle in Vietnam. Diese zwanzigjährigen – oft idealistisch oder religiös motivierten – jungen Männer wurden zunächst in das Blutvergießen, den Horror und die ganze Zwiespältigkeit des Vietnam-Krieges gestürzt. Zwischendurch schickten ihre Vaterfigur-Generäle sie dann auch noch zum »Dampfablassen« in die Bordelle Thailands – und zerstörten auf diese Weise noch zusätzlich das Zartgefühl der Soldaten für die weibliche Würde und für alle höheren Werte des Lebens (das erschütternde Ergebnis dieser »Kriegführung« ist, daß inzwischen mehr Vietnam-Veteranen durch eigene Hand als US-Soldaten in dem ganzen Konflikt gestorben sind).

Gerade wegen ihrer inneren Isolation können Männer jeden Alters außerordentlich verwundbar sein. Eine Krankenschwester, mit der ich befreundet bin, begegnete einmal im Treppenhaus eines Krankenhauses einem in Tränen aufgelösten alten Mann. Er erzählte ihr, daß man ihm in wenigen Stunden seine von Krebs befallene Zunge operativ entfernen wolle. Sie sprach eine Zeitlang mit ihm. Am Ende dieses Gespräches hatte er den Entschluß gefaßt, die Operation abzusagen. Der bereits Vierundachtzigjährige wollte sein Leben jetzt ohne Einbuße seiner Sprechfähigkeit und seines Geschmackssinnes zu Ende führen. Vielleicht drohte ihm wegen dieser Entscheidung ein früherer und auch schmerzlicherer Tod, trotzdem zog er es vor, in Würde als menschliches Wesen zu sterben.

Von der Seele junger Männer Schaden abwenden

Auch die Seele des Mannes ist vielen Anfeindungen ausgesetzt. Manche Frauen hassen alle Männer und lassen ihre Rachegefühle mit Vorliebe an männlichen Kindern aus. Der Sohn einer Freundin hatte gleich am ersten Schultag ein äußerst unangenehmes Erlebnis.

Er war damals ein redseliger, quirliger kleiner Junge voller Lebensfreude. Bereits in der ersten Schulstunde seines Lebens bestrafte ihn die verärgerte junge Lehrerin wegen seiner Geschwätzigkeit. Sie befahl ihm, sich neben den Papierkorb in die Ecke zu stellen. Da er sie akustisch nicht richtig verstanden hatte – er hatte verstanden, er solle sich *in* den Papierkorb stellen –, leistete er dem vermeintlichen Befehl Folge. Sie ließ ihn zehn Minuten so dastehen und machte sich mehrfach vor der gesamten Klasse über ihn lustig. Wenn Jungen vor bestimmten Erlebnissen nicht geschützt werden, wie sollen dann ihre zärtlicheren Gefühle lebendig bleiben? Solange unser Leben nicht von einer wild entschlossenen Fürsorglichkeit erfüllt ist, wie sollen wir da je andere Menschen trösten und heilen?

Wenn Michael Meade, einer der Wortführer der Männerbewegung vor einem männlichen Auditorium spricht, trägt er oft eine Auswahl von Gedichten aus aller Welt vor. Während er noch liest, fangen manche Männer leise zu weinen an. Schon bald überlassen sich ganze Gruppen ungeniert ihren Tränen – als ob Schleusen sich geöffnet hätten. Das gleiche habe ich selbst bereits des öfteren bei »Männer«-Veranstaltungen erlebt, die ich geleitet habe. Seit Jahrhunderten sind die Männer in unserer Kultur nicht mehr so offen gewesen wie heute. Etwas sehr Gutes und Wichtiges beginnt sich allmählich zu entfalten.

So schützen Sie die Sexualität Ihres Sohnes

Wenn Sie heranwachsende Söhne haben, empfiehlt es sich, sie alleine schlafen zu lassen und sie auch in ihrem Zimmer nicht zu stören. Nur dann können sie sich wirklich entspannen. Wie bereits früher erwähnt, ist die Masturbation durchaus nichts Verwerfliches, weil sie Jugendlichen dabei hilft, sich selbst kennenzulernen und zu unverklemmten Liebhabern heranzuwachsen. Auch sollte man halbwüchsigen Jungen nicht die Möglichkeit vorenthalten, qualitätvolle Erotika zu lesen oder anzuschauen.

Allerdings sollten die dort beschriebenen oder gezeigten Männer und Frauen in gleichberechtigtem, wechselseitig befriedigendem sexuellen Kontakt dargestellt sein. Hüten Sie sich jedoch davor, ihren Kindern sexuelle Themen aufzudrängen. Lassen Sie einfach zu, daß sich das natürliche Interesse der jungen Leute und ihr ebenso natürlicher Wunsch nach Diskretion unbehindert entfalten können. Die meisten Jungen beschaffen sich irgendwann einmal »Männer«-Magazine und entsprechende Bilder.

Untersagen Sie Ihrem Sohn jedoch, die Wände seines Zimmers mit solchen Fotos zu tapezieren, und geben Sie ihm auch nicht ausdrücklich Geld oder die Erlaubnis, solche Produkte zu kaufen. Ein Großteil dieses Materials ist sexistisch und hinsichtlich der Darstellung der Geschlechterrollen verlogen und auf Täuschung angelegt. Geben Sie Ihren Söhnen zu verstehen, daß es zwar in Ordnung ist,

Frauenkörper zu bewundern, daß man aber eine Frau stets in erster Linie als Person sehen sollte.

Schützen Sie Ihren Sohn vor billigen Angeboten

Wenn man sich anschaut, wie Jungen in unserer Gesellschaft heutzutage in die Sexualität eingeführt werden, könnte man fast weinen. Von der Heiligkeit der Sexualität ist nämlich fast nirgendwo mehr auch nur mit einem Wort die Rede. Vielmehr ist fast alles, was wir darüber zu sehen und zu hören bekommen, herabwürdigend. Allerdings können wir uns als Vater oder Mutter gegen diese Herabsetzung durchaus zur Wehr setzen.

In dem Film *The Rose* gibt es eine Szene, in der Bette Midler – äußerst eindrucksvoll – eine schlampige, süchtige Rocksängerin spielt, die ihre besten Tage bereits hinter sich hat. In einer der entscheidenden Szenen wartet sie gemeinsam mit einigen Country-Musikern in einem Schallplattenstudio. Sie wirft einem – etwa achtzehnjährigen – jungen Mann in einem Westernhemd eindeutige Blicke zu, und er reagiert, wenn auch etwas peinlich berührt, auf ihre Avancen. Als sie gerade im Begriff ist, ihre Verführungsaktion einen Schritt weiter zu treiben, tritt der Vater des Jungen in den Raum. Er realisiert sofort, was dort geschieht, und weist die Sängerin mit dem Satz: »Versuch' nicht die billige Nutten-Tour mit meinem Sohn« oder so ähnlich zurecht.

Damit hat der Film einen Wendepunkt erreicht, und der eine Satz genügt, um der Dame den Wind aus den Segeln zu nehmen. Zudem erschüttert der Affront allem Anschein nach zutiefst ihr bisheriges Selbstbild – aber nicht etwa wegen der Kritik *an sich*, sondern *weil sie weiß, daß der Vater recht hat.* Er ist ebenfalls Musiker, aber aus anderem Holz geschnitzt – ein Handwerker, aufrichtig und geradeheraus –, und er hat das Übel beim Namen genannt. Das von ihr initiierte Spielchen war einerseits relativ harmlos, ja, für den jungen Mann sogar schmeichelhaft. Auf einer anderen Ebene allerdings war der Annäherungsversuch höchst zwiespältig und lieblos – eine weibliche Variante der sexuellen Belästigung.

Jungen müssen wissen, daß Mädchen durchaus imstande sind, sie zu mißbrauchen, daß eine Frau einen Mann auch am Penis »herumführen« kann. In Bettina Arndts mutigem Dokumentarfilm, *When*

›*No*‹ *Means* ›*Maybe*‹, tritt eine knapp zwanzigjährige Sekretärin auf, deren Antworten dies nur zu deutlich bestätigen. Sie spricht fröhlich davon, wieviel Spaß es ihr bereite, die Männer, mit denen sie ausgehe, sexuell zunächst »anzumachen«, um ihnen dann hinterher eine Abfuhr zu erteilen. Das sei nur ein Spiel, das sie wegen des Macht-Kicks spiele, erklärt sie – und natürlich hat sie dabei keinerlei Schuldgefühle. Sie ist in dem Film nur zwei Minuten lang zu sehen, aber wenn sie wieder aus dem Bild verschwindet, liegt die »Alle-Männer-sind-Schweine«-These gleichsam in Scherben. Ganz sicher benehmen sich *manche* Männer wie »Schweine«, aber auch manche *Frauen* verhalten sich rücksichtslos und bösartig, und junge Leute beiderlei Geschlechts sollten deshalb auf der Hut sein.

Wenn Ihr Sohn schwul ist

Die normalen Sorgen um die sexuelle Entwicklung ihrer Kinder werden für manche Eltern durch die Entdeckung verkompliziert, daß einer ihrer Sprößlinge schwul ist. Die Erkenntnis, daß der eigene Sohn oder die eigene Tochter gleichgeschlechtlich orientiert ist, kann deshalb schmerzlich sein, weil die Entdeckung oft sämtliche mit der Zukunft unserer Kinder verbundenen Fantasien durchkreuzt. So manche Eltern quälen sich mit der Frage nach dem »warum?«, doch sind solche Überlegungen ganz überflüssig.

Was die sexuellen Vorlieben anbelangt, neigt die Forschung inzwischen eindeutig zu der Annahme, daß die Würfel bereits im Mutterleib fallen. Gewisse hormonelle Vorgänge im Gehirn entscheiden nämlich bereits in dieser Phase darüber, ob ein junger Mensch später schwul oder lesbisch wird. Manche Forscher vertreten aber auch die Auffassung, daß es Menschen gibt, die hormonell nicht eindeutig prädisponiert sind und die deshalb buchstäblich »in beide Richtungen« gehen können. In solchen Fällen spielen die Familienumstände womöglich eine Rolle.

Nach Auffassung erfahrener Therapeuten wird ein junger Mann am ehesten dann schwul, wenn er einen distanziert-kritischen Vater und eine übermäßig besorgte, klammernde Mutter hat. Trotzdem wachsen Millionen junger Männer unter eben diesen Bedingungen auf, ohne deshalb schwul zu werden. Dessen ungeachtet kommt es in vielen schwulen Beziehungen vor, daß ein junger Mann in seinem

Partner den Vater sucht, der ihn nie geliebt hat. Die Folge kann eine unreife Beziehung sein, wie es in vergleichbaren Umständen auch bei vielen heterosexuellen Paaren der Fall ist.

Von diesen Erschwernissen einmal abgesehen, haben die Eltern schwuler Kinder im großen und ganzen dieselben Sorgen wie alle Eltern überhaupt. Sie möchten, daß ihr Sohn ein erfülltes Leben führt. Sie hoffen, daß er mit seiner Sexualität verantwortungsbewußt und nach beiden Seiten respektvoll umgeht. Und sie hoffen, daß er eine stabile Partnerschaft finden wird, falls dies sein Wunsch ist.

Noch immer ist die Sexualität – wie sie sich auch im einzelnen ausgestalten mag – ein wundervolles, gottgegebenes Geschenk. Junge schwule Menschen, die ihre Sexualität entdecken, brauchen deshalb Akzeptanz und Verständnis. Sie brauchen ferner ein vor Homophobie oder Verfolgungen sicheres soziales Umfeld, in dem sie ganz offen vorbildhafte schwule Menschen erleben können, die gut zusammen leben. Schon wenn man keiner verfolgten Minderheit angehört, ist es nicht einfach, ein Teenager zu sein. Überflüssig zu sagen, daß die Männerbewegung sich eindeutig für die Rechte und völlige Gleichberechtigung schwuler Männer – und lesbischer Frauen – in unserer Gesellschaft einsetzt.

Die Heiligkeit der Sexualität verteidigen

Der Drang, die Details der menschlichen Sexualität vor Kindern geheimzuhalten, ist vielleicht gar nicht so prüde, wie heute vielfach angenommen. Vielleicht geht er auf die uralte Überlieferung zurück, daß die Sexualität eine der machtvollsten Formen der Magie und deshalb für Kinder noch nicht geeignet ist. Zunächst sollten unsere Kleinen sich lieber mit anderen Dingen beschäftigen. Es reicht, wenn sie anfangs lernen, gute Freunde zu sein, anderen Menschen Achtung entgegenzubringen, die Folgen ihres Tuns einzuschätzen und Leidenschaft mit Vorsicht zu verbinden. Im Idealfall sollte die sexuelle Erfahrung eine Art Belohnung sein. Deshalb müssen sich die jungen Menschen in archaischen Kulturen diversen Prüfungen und Einweihungsriten unterziehen, bis sie genügend Reife besitzen, um die mit der Sexualität verbundenen Kräfte zu beherrschen.

Wir müssen in unseren Kindern wieder ein Bewußtsein dafür wecken, daß sie »heilig« sind und daß die Sexualität etwas Göttliches (und zugleich Wildes, Lustvolles und Gesundes) ist, wie dies auch für alle anderen elementaren Lebensäußerungen gilt. Vielleicht könnte es uns nicht schaden, wenn wir statt der mechanischen mehr die spirituelle Seite der Sexualität betonen würden.

Bisweilen hat eine christliche Sexualerziehung sogar weit mehr Erfolg als jene nüchterne Form der Aufklärung, die nur die mechanische Seite des Geschehens kennt. Die religiöse Erziehung betont immerhin die mit der Sexualität verbundene Freude und verweist auf die Heiligkeit des Liebesaktes. Sexuelle Zurückhaltung ist nicht gleichbedeutend mit Prüderie. Ihr liegt vielmehr der Wunsch zugrunde, die körperliche Liebe möge mehr sein als nur ein verlegenes, überhastetes Geschehen. Zahllose junge Menschen berichten, daß ihre ersten Sexualerfahrungen sie lediglich verwirrt und desillusioniert haben. Glücklicherweise geben die meisten von uns nicht so rasch auf!

Verlassene Söhne warten auf ihre Väter

Heute gibt es Millionen von Müttern, die Söhne ohne väterliche Mitwirkung aufziehen. Das kann zwar durchaus gutgehen, aber die Wahrscheinlichkeit spricht eher gegen ein solches Gelingen. Die Gründe dafür haben wir bereits genannt. Ein von seiner Familie getrennt lebender Vater oder ein Vater, der ein Kind zur Adoption freigibt, sollte bedenken: Ein verlassener Sohn wartet stets – mit gemischten Gefühlen – darauf, seinen »Erzeuger« und dessen Seite der Geschichte kennenzulernen. Wenn die zwischen Ihnen und der Mutter des Kindes bestehende Feindschaft ein Hindernis darstellt, dann sollten Sie sich von solchen Gefühlen freimachen. Lassen Sie Ihren Sohn wissen, daß Sie ihm jederzeit zur Verfügung stehen und bereit sind, wenn er mit sich ins reine gekommen ist.

Bisweilen stellen Söhne, die bei ihrer Mutter leben, sogar unbewußt alles mögliche an, um das Zusammenleben mit ihr zu erschweren. Der Grund: Sie möchten, daß die Mutter ihnen erlaubt, zum Vater zu ziehen. Zur Überraschung aller Beteiligten ist dies mitunter für das Erwachsenwerden des jungen Mannes genau die richtige Entscheidung. Wenn ein Vater sich vor dieser Verantwortung drückt, fügt er dem Jungen seelischen Schaden zu. Manche von ihren Kindern getrennt lebende Väter wollen mit den Kleinen überhaupt nichts zu schaffen haben. Andere Väter verschwinden nach der Scheidung einfach von der Familienbühne. Obwohl dies meistens aus Verletztheit geschieht – aus Feindschaft gegenüber der Mutter –, ist es dennoch sehr ungerecht gegenüber dem Kind.

Ein Vater hat die Macht, das Leben seiner Kinder segensreich zu beeinflussen, er kann ihnen aber auch großen Schaden zufügen, je nachdem, ob er den Kontakt zu ihnen aufrechterhält oder abbricht. Wenn ein Mann diese Verantwortung annimmt, kommt dies nur seinem Selbstwertgefühl und seinem Seelenfrieden zugute. Das Gefühl, ein guter Vater zu sein, kann selbst die durch eine Scheidung ausgelösten Schuld- und Versagensgefühle deutlich abmildern. Einige Männer haben mir sogar berichtet, daß sie ihren Kindern erst nahegekommen seien, nachdem sie sich von ihrer Frau getrennt hatten.

Vaterlose Kinder

Als ich dieses Kapitel gerade abschließen wollte, erhielt ich mit der Post ein neues, eindrucksvolles Buch – David Blankenhorns *Fatherless America*. Das Buch faßt sehr klar und wissenschaftlich alles zusammen, was man heute weltweit über Kinder weiß, die zu Hause oder in ihrem Leben keinen Vater hatten.

Das Buch ist in der Tat bahnbrechend. Denn in den letzten Jahren hat man es fast schon für gegeben hingenommen, daß Väter überflüssig sind. Angeblich sollen sie sogar ein Risiko für die seelische Gesundheit ihrer Kinder darstellen. Ein Großteil der einschlägigen Literatur schreckte nicht einmal vor der Behauptung zurück, daß es für Kinder besser wäre, ohne die Gesellschaft der bösen Männer aufzuwachsen. Und viele Leute haben auf der Grundlage solcher Aussagen für ihr eigenes Leben weitreichende Entscheidungen getroffen.

Heutzutage lebt in Amerika die Hälfte aller Kinder wenigstens zwischenzeitlich in einem vaterlosen Haushalt. Laut Blankenhorn vermag dieser erstaunliche Vorgang des Verschwindens der Männer aus der Familie viele unserer sozialen Probleme zu erklären. Zwar gibt es durchaus eine Reihe von Vätern, die ihre Kinder mißbrauchen, ihre Frau schlagen, übermäßig trinken und daheim nur herumlungern. Aber auf die ganz große Mehrheit trifft dies alles ganz sicher nicht zu. Die Forschungsergebnisse sind eindeutig: Kinder mit Vätern sind besser dran. Hier nur ein paar der Ergebnisse:

Jungen wie Mädchen sind selbstbewußter, wenn ihr Vater mit zur Familie gehört. Sie bringen bessere Leistungen in der Schule, die sie auch länger besuchen, erwerben qualifiziertere Abschlüsse und finden leichter einen Arbeitsplatz. Kinder mit Mutter *und* Vater werden seltener sexuell mißbraucht, geraten seltener mit dem Gesetz in Konflikt und beziehen seltener von Gleichaltrigen Prügel. In solchen Verhältnissen lebende Mädchen werden seltener vergewaltigt, haben seltener frühzeitige Sexualkontakte und werden seltener bereits als Teenager schwanger.

Mädchen ohne Väter sind leichter manipulierbar und mehr darauf aus, Männern zu gefallen, als Töchter, die in der Obhut eines liebe- und respektvollen Vaters aufwachsen. Jungen ohne Väter oder mit Vätern, die nur selten »da« sind, neigen wesentlich häufiger zur Gewalttätigkeit.

Sie geraten öfter in Schwierigkeiten, bringen schlechtere Schulleistungen und sind als Heranwachsende häufiger Mitglied einer Teenagergang. Familien ohne männliche Unterstützung sind gewöhnlich ärmer, und aus solchen Verhältnissen stammende Kinder steigen auf der sozialen Leiter eher ab als auf. Die größte Bedrohung für die Sicherheit der Kinder ist der »Geliebte der Mutter«. Das Risiko, daß eine schwangere Frau tätlich angegriffen wird, ist bei einem »Geliebten« viermal so hoch wie bei einem Ehemann.

Natürlich soll das oben Gesagte nicht etwa heißen, daß eine schlechte Ehe um jeden Preis aufrechterhalten werden sollte oder daß jeder beliebige Vater besser ist als gar keiner. Eines ist jedoch unstrittig: Für Kinder ist es wesentlich »gesünder«, wenn sie mit einem halbwegs anständigen und liebevollen biologischen oder Stellvertreter-Vater engen Kontakt haben. Am besten ist es, wenn dieser Mann mit ihnen unter einem Dach oder wenigstens in erreichbarer Nähe lebt.

Am Anfang meiner Laufbahn als Vater dachte ich, daß ich im Leben meiner Kinder nur eine Nebenrolle spiele. Vielleicht sei ich ja gut genug – meinte ich –, ein bißchen zu ihrer Unterhaltung beizutragen und ansonsten meine Partnerin bei der Betreuung der Kleinen zu unterstützen. Ich nahm an, daß der beste Vater eine Art Mutter-Imitation ist. Im übrigen gefiel es mir, daß ich mich ja in die sichere, überschaubare Welt der Arbeit zurückziehen konnte. Denn dort war ich immerhin im großen und ganzen erfolgreich und respektiert. Die Vorstellung hingegen, mit kleinen Kindern einkaufen zu gehen und mit ihnen gar an einem verregneten Tag in einen Raum eingesperrt zu sein, behagte mir gar nicht.

Heute glaube ich, daß ich eine genauso wichtige Aufgabe erfülle wie meine Partnerin. Die Vaterrolle erscheint mir inzwischen wesentlich angenehmer als früher. Sie ist aber auch eine große Herausforderung, und mein Leben verläuft jetzt wesentlich glücklicher. Ich verbringe jedoch (und das ist sehr wichtig) einen Gutteil meiner Zeit nicht etwa aus Schuld- oder Verpflichtungsgefühlen mit meinen Kindern, sondern weil diese Aufgabe mich erfüllt. Und natürlich bin ich stolz, wenn ich meine Sache gut mache.

Oft genug fühle ich mich durch diesen »Job« hoffnungslos überfordert, und Fehler unterlaufen mir auch immer wieder. Dennoch bemühe ich mich, ein guter Vater zu sein. Um dieses Ziel zu erreichen, bespreche ich mich immer wieder mit meiner Partnerin, lese Bücher und Artikel und rede insbesondere mit anderen Männern darüber, wie sie mit ihren Kindern umgehen.

Das »Bevatern« ist ein ehrenwerter und sehr wichtiger Teil des menschlichen Daseins. Es ist an der Zeit, daß wir das wieder zur Kenntnis nehmen.

Kurzgefaßt

1 Streichen Sie die folgenden Rollenvorbilder aus Ihrem Kopf:
- den Vater als arroganten König
- den Vater als Richter
- den Vater als passiven Tropf
- den Vater, der kaum je durch Anwesenheit glänzt

2 Nehmen Sie die Tatsache an, daß ein Vater mehrere Stunden des Tages mit seinen Söhnen zusammen sein sollte. Unternehmen Sie etwas mit Ihrem Sohn! Ein enges Verhältnis zu Ihrem Sohn bekommen Sie nur, wenn Sie mit ihm viel gemeinsam anstellen. Vergessen Sie aber auch nicht, mit ihm zu reden.

3 Interessieren Sie sich schon während der Schwangerschaft für Ihr Kind. Sie können schon im Mutterleib für ein Kind spürbar sein und sich hinterher intensiv um den Säugling, das Kleinkind und älteren Kinder kümmern.

4 »Kämpfen« Sie mit Ihren Kindern. Lehren Sie Ihren Sohn im Ringkampf, Rücksicht zu nehmen und ein guter Verlierer oder Gewinner zu sein. Zeigen Sie ihm, wie man sich zunächst in etwas hineinsteigert und sich dann später wieder zurücknimmt.

5 Sorgen Sie konsequent, aber ohne Einschüchterung, für Disziplin. Geben Sie Ihrer Frau moralische Unterstützung und erlernen Sie die Technik der liebevollen »Strenge« (meine Bücher, *Das Geheimnis glücklicher Kinder*, sowie der seit Herbst 1998 vorliegende Ergänzungsband, *Weitere Geheimnisse glücklicher Kinder*, behandeln genau dieses Thema).

6 Kümmern Sie sich auch intensiv um Ihre Töchter. Bewundern Sie sie, stärken Sie ihr Selbstwertgefühl. Lassen Sie ihr genügend »Entfaltungsraum« und beurteilen Sie nie ihr Erscheinungsbild, es sei denn, positiv.

7 Schützen Sie Ihre Söhne vor gewalttätigen, protzigen und pseudo-»coolen« Leuten – und vor Verletzungen oder einer Verhärtung ihrer Gefühle.

8 Sorgen Sie dafür, daß Ihr Sohn von seiten anderer Männer Bewunderung erfährt und von ihnen lernen kann. Machen Sie wenigstens einmal pro Jahr mit ihm reine »Männer«-Ferien. Überlegen Sie sich positive, denkwürdige Initiationsschritte, die Ihrem Sohn den »spirituellen« Eintritt in das Jugend- und Mannesalter erleichtern.

Weitere Stimmen

»Der Durchschnittsvater blickt heutzutage nurmehr halb so oft hinter seiner Zeitung hervor wie noch vor zehn Jahren.«

Robert Bly

»Dorothy Dinnerstein, Professorin für Psychologie an der Rutgers-Universität, hat eine Theorie entwickelt, derzufolge die zunehmende männliche Gewalt und der für viele ›Herren der Schöpfung‹ typische Mangel an Einfühlungsvermögen und Fürsorglichkeit mit dem Umstand zusammenhängt, daß Jungen fast ausschließlich von Frauen aufgezogen werden ... Diese Auffassung wird durch zahllose unabhängige Forschungsergebnisse der Sozialwissenschaften gestützt.

Die psychologische Erforschung von Familien, in denen die Kinder von beiden Eltern gemeinsam oder vornehmlich vom Vater betreut werden, hat ergeben, daß Jungen aus solchen Familien einfühlsamer sind als traditionell erzogene Knaben. Eine über einen Zeitraum von sechsundzwanzig Jahren durchgeführte Langzeitstudie hat gezeigt, daß der für die Entwicklung des Einfühlungsvermögens wichtigste Faktor der Grad der väterlichen Beteiligung an der Kinderbetreuung ist.«

Myriam Miedzian in *Boys Will Be Boys*

»Er fühlt sich dort draußen in der Welt machtlos, deshalb greift er jemanden an, der schwächer ist, etwas, was sich nicht zur Wehr setzen kann. Und als eines der besten Ziele für solche Aggressionen bietet sich ein kleiner Sohn an. Wenn ein solcher Sohn sich stark fühlt, sich spontan und lebendig verhält, was bedeutet das wohl für einen innerlich völlig erstarrten Mann? Es bedroht ihn, und er muß es vernichten.«

Marvin Allen in *Wild Man Weekend*

»Bisweilen versuchen Söhne erfolglos, Ihren eigenen Gefühlskörper durch Rockmusik oder die Mitwirkung in einer Gang zu aktivieren. Eine Frau, die bemerkt, daß der Gefühlskörper eines Mannes nicht aktiviert ist, wird ihm mitunter anbieten, ihn bei dieser Aktivierung zu unterstützen, indem sie ihm hilft, seine Gefühle auszudrücken, oder ihn lehrt, sein Sinnespotential besser zu entfalten.

Bei einer Frau kann es geschehen, daß die Sexualität die Integration von physischem und Gefühlskörper vertieft, doch bei einem Mann scheinen die Dinge anders zu laufen. Grundsätzlich würde ich sagen, daß der Gefühlskörper eines Mannes sich nicht von einer Frau aktivieren läßt. Dafür sind die älteren Männer zuständig. In manchen Kulturen sind die älteren Männer viele Jahre damit beschäftigt, genau dies zu tun.«

Robert Bly

»Der traditionelle Mann schützt sich dadurch, daß er früh, oft sogar vorzeitig, in eine Berufslaufbahn einsteigt, heiratet und eine Familie gründet, so daß er nach außen hin reif und erwachsen erscheint, während seine innere Entwicklung deutlich zu kurz kommt, weil er unentwegt damit beschäftigt ist, sich mit äußerem Druck auseinanderzusetzen.«

Herb Goldberg in *Man(n) bleibt Mann*

»Unsere Väter tauschten ihren Körper gegen Geld, um zu beweisen, daß sie Männer waren. Unsere Mütter tauschten ihren Körper gegen Sicherheit und Schutz. Sie ›sorgten‹ für unsere Väter, und unsere Väter ›sorgten‹ für sie. Ich habe es fast nie erlebt, daß mein Vater meine Mutter als ebenbürtig behandelte. Ich habe auch fast nie erlebt, daß meine Mutter meinen Vater so behandelte. Entweder behandelte mein Vater sie wie eine Tochter oder wie seine Mutter, oder meine Mutter behandelte ihn wie einen Sohn oder ihren Vater. Sein Körper war ihr zugewandt und ihr Körper dem seinen, und doch war für mich in gewisser Weise niemand zu Hause.

Langsam fangen die Männer an zu glauben, daß sie jemand sind und daß sie mit sich und den Menschen, die sie lieben, offener und ehrlicher umgehen können, wenn sie auch nicht jedem alles bedeuten können.«

John Lee in *Auf der Suche nach dem Vater*

»Männer, die Kinder aufziehen

... als der Psychiater Kyle Pruett seine Studie über Kinder begann, die von ihren Vätern aufgezogen werden, war er zunächst skeptisch. Er zweifelte daran, daß diese Kinder auf der Yale-Entwicklungsskala ebensogut abschneiden würden wie der Nachwuchs aus traditionellen Familien (diese Skala gestattet es dem Forscher, bei einem Kind Fortschritte in der motorischen, sprachlichen und sozialen Entwicklung festzustellen und dessen Problemlösungsfähigkeit zu bewerten). Als er dann herausfand, daß diese Kinder in allen erwähnten Bereichen die besten Ergebnisse erzielten, war er ziemlich verwirrt.

Zwar spekuliert er noch über die verschiedenen Gründe, die ursächlich für das gute Abschneiden dieser Kinder sind, doch der plausibelste Grund scheint ihm, daß sie offenbar zwei hochengagierte Elternteile haben. Die Mütter waren sehr besorgt um das Wohlergehen und die Entwicklung ihrer Kinder, obwohl sie ganztags außerhalb des Hauses einem Beruf nachgingen. In der traditionellen Familie bringt der Vater den Kindern im allgemeinen nicht soviel Zuwendung entgegen.

Ein Drittel der von Pruett beobachteten Männer war nicht aus eigenem Antrieb in die Position des ›primären‹ Elternteils geraten, sondern aus ganz und gar praktischen Gründen. Die meisten hatten diese Tätigkeit anfangs nur als vorübergehend angesehen, zum Beispiel, weil ihre Frau krank war oder weil sie augenblicklich selbst keinen Job hatten. Doch dann besorgten sie die Kinderbetreuung wesentlich länger als ursprünglich angenommen. Dieser Umstand läßt Pruetts Buch besonders aufschlußreich erscheinen.

Typisch für etliche Männer in der untersuchten Gruppe ist Mr. Blue, der von sich sagt: ›Ich kümmere mich heute sehr gerne um meinen Sohn. Das hätte ich allerdings früher nie geglaubt. Wenn meine High-School-Kumpels je erfahren sollten, daß ich das jetzt mache, werden sie sich wahrscheinlich totlachen.‹

Pruett berichtet: Die ›deutlichste Veränderung war im Laufe der Zeit an jenen Vätern zu beobachten, die aus wirtschaftlichen Gründen in ihre hauptamtliche Elternrolle geraten waren und sich in ihrer neuen Situation zunächst gar nicht wohlgefühlt hatten. Sie konnten sich nur sehr langsam für ihre neue Aufgabe erwärmen, aber ... ihre Kinder waren schon im Alter von zwei Jahren nicht mehr von den Sprößlingen der ›Freiwilligen‹ zu unterscheiden.‹

Pruett erklärt dies mit der Zuwendung, die diese Väter ihren Kindern entgegenbrachten. Ein Vater, der sich bereits in einem sehr frühen Stadium sehr intensiv zu seinem Kind in Beziehung setzt und sich um die Betreuung des Kleinen wirklich kümmert, fühlt sich mit diesem viel tiefer verbunden als ein traditioneller Vater.«

Myriam Miedzian in *Boys Will Be Boys*

»Hilda und Seymour Parker von der Universität Utah haben im Rahmen einer Studie sechsundfünfzig Männer beobachtet, die nachweislich ihre minderjährigen Töchter mißbraucht hatten. Als Vergleichsgruppe dienten vierundfünfzig Männer, die sich einen solchen Mißbrauch (soweit bekannt) nicht hatten zuschulden kommen lassen.

Die beiden Wissenschaftler stellten dabei fest, daß Männer, die sich mit ihren Kindern wenig abgaben und an deren Betreuung kaum oder wenig beteiligt waren, wesentlich häufiger zum Kindsmißbrauch neigten. Die Autoren schließen daraus: ›Wenn die primäre Kinderbetreuung zwischen Männern und Frauen gleichmäßiger aufgeteilt wäre, so könnte damit ... der sexuellen Ausbeutung von Mädchen und jungen Frauen wenigstens teilweise die Basis entzogen werden.‹«

Myriam Miedzian in *Boys Will Be Boys*

Was die Schule den Jungen bieten sollte

Bei schönem Wetter begleitete der Mann seinen sechsjährigen Sohn allmorgendlich zu Fuß zur Schule. Sie wohnten in einem ruhigen Landstädtchen, und der Gang führte durch eine hübsche Gegend hügelabwärts. Der Junge hüpfte und rannte umher, zeigte auf Vögel und Insekten und aß reife Brombeeren.

Wenn die beiden sich der Schule allmählich näherten, ging eine seltsame Veränderung mit dem Jungen vor sich. Diese Veränderung machte den Vater traurig, denn er wußte, was es damit auf sich hatte. Die Stimme des Jungen wurde tiefer, seine Schultern verspannten sich, sein Gesicht wurde ernst. Er nahm also jene Abwehrhaltung ein, die sich (in unserer Kultur) alle Männer mehr oder weniger zu eigen machen.

Der nach den Eltern für die Lebensqualität eines Jungen zweitwichtigste Faktor ist die Welt der Schule. Und erst unlängst haben wir begriffen, daß zahllose Jungen unter der Schule leiden – wenigstens unter dem Schulbetrieb, wie er sich heutzutage allgemein darstellt. Viele pädagogisch Interessierte sind inzwischen auf den Umstand aufmerksam gemacht geworden, daß zahlreiche Jungen sich in der Schule eher zurückentwickeln.

Es ist schon seit längerem bekannt, daß »gemischte« Schulen Mädchen in gewissen Bereichen benachteiligen, etwa indem sie ihre Fächerauswahl begrenzen oder aber – wegen der Einschüchterungspraktiken und der Herrschsucht mancher Jungen – ihre Mitwirkung im Klassenverband einschränken. Deshalb werden die Bestrebungen für die Gleichbehandlung der Mädchen in der Schule auch künftig ihren Sinn haben, damit unsere Töchter in der Schule und im Leben überhaupt eine angemessene und faire Chance erhalten.

Freilich haben wir erst in allerjüngster Zeit begriffen, daß die Schule auch für Jungen alles andere als ein guter Platz ist. Jungen schneiden in Prüfungen schlechter ab und verlassen die Schule im Durchschnitt auch früher als Mädchen. Zudem ist das emotionale Umfeld, auf das Jungen in der Schule stoßen, oft genug einschüchternd und negativ.

Professor Ken Rigby, der sich intensiv mit dem Problem der Gewalt an Schulen befaßt, hat herausgefunden, daß einer von fünf Jungen in der Schule wenigstens einmal wöchentlich drangsaliert wird. Jungen, die in den ersten Jahren daheim zu freundlichem, kooperativem Verhalten angehalten worden sind, müssen in der Schule vielfach feststellen, daß man dort nur akzeptiert wird, wenn man Macho-Allüren an den Tag legt, sich gemein verhält, Mädchen verächtlich macht oder sich an der aggressiven Einschüchterung von Mitschülern beteiligt.

Rigby hat im einzelnen dargelegt, wie Jungen, die nicht eben durch glänzende Leistungen (oftmals, weil von Erwachsenen vernachlässigt) auffallen, im Klassenzimmer erniedrigt und geärgert werden und ihr Selbstwertgefühl offenbar nur wiederherstellen können, indem sie andere Kinder auf dem Schulhof kujonieren. Die meisten Männer können sich an solche Szenen aus ihrer Schulzeit erinnern – und selbst in manchen Episoden der Cartoon-Serie der »Simpsons« finden sich treffende Beispiele für diesen Mechanismus.

Professor Rigby weist darauf hin, daß Schuldzuweisungen in diesem Fall wenig helfen, ja sogar die Verstocktheit der Beteiligten noch verstärken. Das kann freilich nicht heißen, daß wir schikanöses Verhalten gutheißen sollten. Die pädagogische Forschung hat sogar gezeigt, daß es notwendig ist, solchen Übergriffen in jedem Einzelfall entgegenzutreten und den Schulhof durch die Anwesenheit eines oder mehrerer aufsichtführender Lehrer sicherer zu machen. Entscheidend ist, daß das Problem gelöst und den Bedürfnissen der einzelnen Jungen Rechnung getragen wird, so daß sie unterdrückerische Verhaltensweisen aufgeben können.

Rigby glaubt, daß die zwischen Lehrern und Schülern vorherrschenden unpersönlich-kalten Beziehungen aggressives Verhalten geradezu begünstigen. Die Lehrer schikanieren die Schüler, die ihrerseits andere Schüler schikanieren. Je aggressiver und liebloser die Pädagogen – vom Direktor bis zum einfachen Lehrer –, um so wahrscheinlicher ist es, daß sich auch die Kinder gegenseitig wehtun.

Die künftige »Gewaltkarriere« eines Jungen kündigt sich im allgemeinen schon sehr früh an. Es ist bekannt, daß Männer, die ihre

Frauen oder ihre Kinder schlagen oder die wegen gewohnheitsmäßiger Gewalttätigkeit im Gefängnis landen, entsprechende Verhaltensweisen meistens bereits in der Grundschule an den Tag legten. Eine neue Studie hat ergeben, daß ein hoher Prozentsatz von Jungen, die in der Grundschule aggressiv waren, später betrunken Auto fährt – und wegen dieses Gesetzesverstoßes häufig sogar schon vor dem Erwerb des Führerscheins belangt wird.

Es gibt Statistiken, denen zufolge ein junger Mann, der durch einen Verkehrsunfall ums Leben kommt, im Durchschnitt mindestens einen, wenn nicht gar zwei weitere Menschen mit in den Tod reißt – oftmals junge weibliche Mitfahrerinnen. Wenn wir also die Entwicklung unseres männlichen Nachwuchses vernachlässigen, werden wir alle die Folgen zu tragen haben.

Sport – ein Schlachtfeld für Körper und Seele

Auch im schulischen Sportunterricht wird viel Schaden angerichtet. Als 1994 zwei berühmte Schulmannschaften aus dem australischen Queensland im Rugby gegeneinander antraten, versetzte ein junger Mann einem gegnerischen Spieler einen Hieb. Der andere Junge schlug zurück und traf seinen Kontrahenten seitlich am Kopf. Der Schlag war tödlich. Für den enormen Kummer und das Entsetzen, das der Tod dieses jungen Mannes auslöste, waren die Spieler nicht in erster Linie selbst verantwortlich. Ursächlich waren vielmehr die Verlogenheit und das Wettbewerbsdenken, mit denen die zuständigen Erwachsenen die jungen Sportler infiziert hatten (ganz ähnlich verhält es sich mit der als Training getarnten Mißhandlung junger Kunstturnerinnen).

Es ist bekannt, daß der Testosteronspiegel männlicher Jugendlicher ansteigt, wenn sie sich unter Druck oder in Gefahr fühlen, und daß dies wiederum ihre Aggressivität noch weiter ansteigen läßt. Manche Trainer ermutigen an Kontakt-Sportarten beteiligte Jungen sogar regelrecht, zu foulen und zu verletzen, »solange dies nur von den Schiedsrichtern nicht geahndet wird«. Solche Sportlehrer sind keine Ehrenmänner und sollten sich schämen, daß sie ein so miserables Vorbild abgeben.

Manche Wissenschaftler sind der Meinung, daß der Sport ganz wesentlich zur Schaffung einer defekten Männlichkeit beiträgt, die durch Arroganz, elitäres Denken, Gewalttätigkeit, Gefühllosigkeit, Egoismus, nacktes Wettbewerbsdenken und eine unterentwickelte Menschlichkeit charakterisiert ist.

Deswegen stehen viele Eltern sportlichen Aktivitäten auch höchst skeptisch gegenüber – und zwar wegen der damit verbundenen körperlichen und seelischen Risiken. Trotzdem kann sportliche Betätigung im Leben eines Jungen ein positives Element sein – vorausgesetzt, die Bedingungen stimmen.

Das Problem läßt sich folgendermaßen zusammenfassen: Die heute vielfach unter Vater-Abwesenheit leidenden, mehr oder weniger verhaltensgestörten kleinen Jungen kommen in ein weitgehend weiblich dominiertes schulisches Umfeld. Häufig gelingt es ihnen nicht, sich dort richtig »einzufügen«, so daß sie sich immer mehr in eine Anti-Schul-Haltung hineinmanövrieren. Wenn sie – meist später – in der Schule männlichen Rollenvorbildern begegnen, ist es nicht unwahrscheinlich, daß die entsprechenden Männer selbst schon unterentwickelte väterliche und Fürsorge-Qualitäten aufweisen. Am Ende sind es geschädigte Männer, die als Leitbilder für vorgeschädigte Jungen fungieren.

Viele hervorragende, verständnisvolle Frauen und Männer, die ein Herz für Jungen haben und deren Möglichkeiten durchaus sehen, sind bemüht, die schlimmsten Folgen dieser Verhältnisse abzumildern. Die Schule kann für die Sozialisation und die Entwicklung eines Jungen durchaus Potentiale bereithalten, wie sie die Familie allein bei weitem nicht anzubieten hat. Doch müssen an unseren Schulen wieder mehr Männer unterrichten, und zwar die richtige Art von Männern. Auch müssen wir im Unterricht jene Elemente verstärken, die unseren kleinen Jungen dabei helfen, zu fürsorglichen und sensiblen Erwachsenen heranzuwachsen, die sich über die Dynamik ihres eigenen Geschlechts im klaren und in der Lage sind, ohne Angst und mit der nötigen Achtung Beziehungen mit Mädchen einzugehen.

Sieben Schritte zu einer Schulreform

Sieben wichtige Bereiche des Schulsystems bedürfen dringend der Verbesserung – so das Ergebnis vieler Seminare mit Lehrern und Schuldirektoren, die Rex Stoessiger und ich in ganz Australien abgehalten haben. Sieben Bereiche, die in jedem Schulsystem, also auch in Deutschland, Österreich und der Schweiz, verbessert werden können.

1 Die Zahl der männlichen Lehrer muß zunehmen

In den meisten Schultypen (besonders aber in den Grundschulen) überwiegen heutzutage bei weitem die weiblichen Lehrer. An manchen Schulen unterrichten überhaupt keine Männer mehr. Zugleich gibt es viele Jungen (möglicherweise über dreißig Prozent), die weder daheim noch in ihrem sonstigen Leben echten Kontakt zu Männern haben.

Die Schule ist ihre einzige Chance, wenigstens in Maßen »bevatert« zu werden und männliche Leitbilder kennenzulernen. Auffällig ist auch, daß über achtzig Prozent der nicht lesenden und leistungsschwachen Schüler Jungen sind. Man kann nur darüber spekulieren, ob dies nicht möglicherweise eine Folge der *unbeabsichtigten Feminisierung der Schule* ist.

Jungen brauchen Leitbilder, die ihnen vor Augen führen, daß Lernen eine durchaus männliche Beschäftigung ist, daß Männer sich für sie interessieren und nicht nur distanziert, kritisch oder emotional gleichgültig sind. Denn nur so können solche Jungen den Umgang mit Männern kennenlernen, die nicht gewalttätig, sondern freundlich sind und sie, wenn nötig, zurechtweisen und sich für ihre Entwicklung interessieren. Männer können Jungen zeigen, daß die Welt der Bücher, der Musik, der Kunst und des Lernens Männern wie Frauen gleichermaßen offensteht.

Eine Möglichkeit bestünde darin, die Personalpolitik gesetzlich so zu regeln, daß in der Grundschule wenigstens ein Drittel der Lehrer – für Jungen und Mädchen – männlichen Geschlechts zu sein haben. (Lehrerinnen, die aufgrund dieser Maßnahme ihre Stelle verlieren, könnten dafür die in den höheren Etagen des Schulsystems herrschende umgekehrte Ungleichheit ausgleichen!).

Eine solche Maßnahme würde der Erziehung der Jungen *wie* Mädchen zugute kommen und einen beträchtlichen Teil der heutigen Schul- und Lebensprobleme erträglicher machen. In den USA ist man derzeit bemüht, diesem Prinzip vor allem in der Erziehung schwarzer Kinder Geltung zu verschaffen.

2 Ein neues Verständnis der Rolle des männlichen Direktors

Die meisten Schuldirektoren sind Männer. Das sollte sich möglichst bald ändern. Wenn der Direktor jedoch ein Mann ist – und wie nicht selten nahezu der einzige Mann an der Schule –, dann sollte er mit den Kindern einen offenen, freundlichen Umgang pflegen.

Ein Direktor sollte nicht distanziert auftreten und sich ebensowenig hinter seiner Verwaltungsrolle verbergen oder wegen anderweitiger Verpflichtungen abwesend sein. Ob es nun gefällt oder nicht: Der Direktor ist eine Vater-Figur und sollte deshalb mit den nötigen Qualitäten ausgestattet sein.

3 Mehr auf die Bedürfnisse von Jungen zugeschnittene Lernmethoden

An vielen Schulen sind die Lernmethoden auf weibliche Bedürfnisse zugeschnitten. Bevorzugt und belohnt werden dort ruhige, kooperative, verbal orientierte, feinmotorische, auf geschlossene Räume beschränkte, künstlerische und eher passive Beschäftigungen. Viele Untersuchungen belegen zum Beispiel eindeutig, daß sich die feinmotorischen Fähigkeiten bei Jungen im frühen Grundschulalter langsamer entwickeln als bei Mädchen.

Die Jungen fühlen sich dumm und unbeholfen, wenn man sie in diesem Alter bereits mit bestimmten Aufgaben konfrontiert. Egal, ob diese Unterschiede kulturell oder konstitutionell angelegt sind, jeder Lehrer weiß um die Folgen. Mit wenigen Ausnahmen fällt Mädchen das Lernen leichter als Buben. Jungen lehnen sich vielfach gegen die von der Schule auferlegte Disziplin auf und haben oft Schwierigkeiten, den im Klassenzimmer an sie gerichteten Forderungen nachzukommen.

Jungen lernen am besten, wenn dies mit Bewegung, körperlichen Tätigkeiten und Aufenthalten im Freien verbunden ist. Sie sind mehr auf solche Aktivitäten angewiesen, die es ihnen gestatten, ihre männlichen Eigenschaften hervorzukehren statt sie zu unterdrücken. Das gilt nicht nur für den Sportunterricht, sondern auch für Naturwissenschaften, Musik, das Lesenlernen, die Mathematik usw.

Es sei hier jedoch nicht verschwiegen, daß auch Mädchen von solchen methodischen Neuansätzen profitieren könnten. Keine dieser Empfehlungen zielt darauf ab, eines der Geschlechter zu benachteiligen, sie wollen vielmehr für beide die Zahl der Angebote vermehren.

4 Die weiblichen Lehrer müssen von der Pflicht entbunden werden, sich mit Problemjungen abzumühen

Die Männerbewegung vertritt die Auffassung, daß viele typische Jungen-Probleme – etwa Gewalttätigkeit und schlechtes Benehmen – ein unbewußter Ausdruck des Vaterhungers sind. Gerade dadurch, daß sie sich aufspielen, zeigen Knaben und junge Männer, wie sehr sie darauf angewiesen sind, von starken, liebevollen männlichen Figuren wertgeschätzt und diszipliniert zu werden.

Lehrerinnen haben oft schreckliche und fruchtlose Streitereien mit »schwierigen« Jungen, die Frauen wenig Respekt entgegenbringen und bisweilen ganze Klassen daran hindern, ihren Stoff zu lernen. Selbst außerordentlich erfahrene, durchsetzungsfähige Lehrerinnen haben uns gesagt, daß solche Jungen etwas brauchen – ja, geradezu erflehen –, was ihnen eine weibliche Lehrkraft einfach nicht bieten kann. Bestenfalls kommt es zwischen der Lehrerin und solchen Jungen zu einer Art Waffenstillstand und zu wechselseitigem Respekt. Doch nach Auskunft der befragten Lehrerinnen reicht das nicht aus.

Weibliche Lehrkräfte sollten sich *nicht* unentwegt mit Jungen herumschlagen müssen, die etwas suchen, was ihnen diese Frauen nicht bieten können. Man sollte sie von der Pflicht entlasten, mit Problem-Jungen auf Konfrontation zu gehen. Solche Jungen sollten vielmehr in die Obhut eines Mannes gegeben werden. Diese Maßnahme dient jedoch nicht nur der Bestrafung, sondern auch der Prävention, und soll den betreffenden Knaben dabei helfen, auf Dauer ein positives männliches Selbst-Bild zu entwickeln.

5 Die Schulung männlicher Lehrer in der Rolle des Mentors

Jungen brauchen Männer – aber nicht einfach irgendwelche Männer. Vielleicht erinnern Sie sich noch an Ihre eigene Schulzeit, als in den Grundschulen noch mehr Männer unterrichteten, und daran, wieviele dieser Männer verhaltensgestört (oder sogar sadistisch) waren. Heutzutage sind etliche männliche Lehrer wesentlich mehr an ihrem eigenen beruflichen Fortkommen und an ihrer Bequemlichkeit interessiert als an den wahren Bedürfnissen der ihnen anvertrauten Kinder.

Deshalb müssen wir den konzertierten Versuch unternehmen, die Lehrer auf ihre verantwortungsvolle Aufgabe wieder besser vorzubereiten. Ferner müssen wir ihnen dabei helfen, neben der Wissensvermittlung wieder ihre uralte Stellung als »Seelsorger« und Mentoren angemessen auszufüllen.

Viele männliche Lehrer sind wohl auch deshalb so unzureichende Leitbilder, weil sie selbst nie Gelegenheit hatten, die Fähigkeiten zu erwerben, die sie heute weitervermitteln sollen. Für einen Lehrer besonders wichtig sind deshalb:

- **Kenntnisse der Entwicklungspsychologie und Erfahrung darin, wie Beratungsgespräche zu führen und Konflikte zu lösen sind;**
- **das Bewußtsein, daß Jungen, die nicht genügend Zuneigung erhalten, häufig mit Aggressivität reagieren;**
- **die Fähigkeit, Jungen, die unter »Vater-Entzug« leiden, emotional zu stützen;**
- **ein Verständnis für die Held-oder-Schurke-Dynamik, der junge Männer vielfach unterworfen sind, und die Fähigkeit, die entsprechenden Energien in die richtigen Bahnen zu leiten;**
- **das Vermögen, sich mit Jungen streng, aber voller Sympathie auseinanderzusetzen und sie mit dem Nachdenken und der Problemlösung als Mittel der Disziplin vertraut zu machen.**

6 Der Einsatz männlich-weiblicher Lehrerteams

Viele Jungen und Mädchen haben niemals Männer und Frauen zusammenarbeiten sehen – geschweige denn, erfolgreich. Männlich und weiblich besetzte Ko-Direktorien, Lehrergruppen, aber auch verheiratete Lehrerpaare sollten deshalb unterstützt werden. Denn solche Teams werden zahlreichen Kindern die einzige Chance bieten, Männer und Frauen zu erleben, die sich wechselseitig respektvoll behandeln und tatsächlich zusammenarbeiten.

7 Gleichberechtigungs-Programme – auch für Jungen

Viele gute feministische Lehrerinnen sind um das Fortkommen der ihnen anvertrauten Mädchen ebenso besorgt wie um die Entwicklung der Jungen. Aber etliche Mütter haben uns berichtet, daß nach ihrem Dafürhalten ihren Söhnen bereits im Kindergartenalter Minderwertigkeitskomplexe eingeimpft werden, bloß weil sie Jungen sind. Natürlich können Buben problematisch sein, aber sie entscheiden sich *nicht bewußt* dafür, schwierig oder aggressiv zu sein oder sich sozial falsch zu verhalten etc. Jungen sind genau wie Mädchen vielfach Opfer eines unterentwickelten Selbstwertgefühls und daher Gefangene ihrer eigenen Verhaltensstörungen.

Der Unterschied ist lediglich, daß die Art und Weise, wie sie dies alles nach außen tragen, von anderen häufiger als problematisch empfunden wird. Manche feministischen Lehrerinnen sagen vielleicht: Warum sollen Jungen eigentlich besonders viel Zuwendung erhalten? Aber wenn wir die Probleme lösen wollen, kommen wir an der Tatsache nicht vorbei, daß wir an beiden »Enden« gleichzeitig beginnen müssen. Die allermeisten Mädchen werden später Umgang mit Jungen haben, mit einem Mann zusammenarbeiten oder heiraten und mit Männern ganz allgemein zusammenarbeiten wollen. Auch für Mädchen werden die Dinge nicht besser werden, wenn wir den Jungen nicht dabei helfen, die notwendigen Veränderungen zu durchlaufen.

Wir brauchen deshalb spezielle, von Männern wie Frauen geleitete – die Entwicklung des Männlichkeitspotentials begünstigende – Programme für Jungen, damit diese sich menschlich und schulisch entwickeln und die nötige Kompetenz für ihr späteres Arbeits- und Familienleben erwerben können. Jungen müssen auch während ihrer ganzen Schulzeit dazu angehalten werden, sich umeinander und um jüngere Kinder zu kümmern. Die Erfahrung zeigt, daß der männliche Nachwuchs solche Programme durchaus zu schätzen weiß und mit entsprechenden Verhaltensänderungen reagiert.

Zusammenfassung

Zu unserer Freude und Erleichterung haben die *Lehrerinnen*, mit denen wir über unsere sieben Empfehlungen gesprochen haben, auf unser Konzept einhellig positiv reagiert. Viele haben zu uns gesagt: »Ja, in den von Ihnen aufgezeigten Punkten sind die Dinge in der Vergangenheit tatsächlich schiefgelaufen« oder: »Wir *müssen* unbedingt etwas unternehmen, damit auf seiten der Jungen etwas passiert, was dem komplementär läuft, was allenthalben mit den Mädchen geschieht« oder: »Gott sei Dank zeichnen sich inzwischen gewisse Lösungsmöglichkeiten am Horizont ab.«

Statt endlos das Spiel »Ich bin benachteiligter als du« zu spielen, sollten Männer und Frauen jetzt begreifen, daß Mädchen und Jungen verschiedene Arten der Hilfe brauchen. Indem heutige Lehranstalten alle Schüler »gleich« behandeln, kommt keines der beiden Geschlechter zu seinem Recht.

Würden auch nur einige der oben diskutierten Maßnahmen in die Tat umgesetzt, könnte dies zahlreichen Jungen zugute kommen. Die Folge wäre, daß die Gesellschaft insgesamt künftig von einer Vielzahl menschlich und sozial »intakterer« junger Männer profitieren würde.

Kurzgefaßt

Die Schule ist für Jungen oft ein Ort der Angst und des Versagens. Wollen wir diese Institution jungen-freundlicher gestalten, so sind dazu die folgenden Maßnahmen erforderlich:

1 Wir müssen die Sicherheit auf dem Schulhof erhöhen, indem wir Sorge dafür tragen, daß dort weder Schüler noch Lehrer sich irgendwelche Schikanen zuschulden kommen lassen können.

2 Im Schuldienst – besonders in den Grundschulen – werden mehr »richtige« Männer gebraucht.

3 Das übertriebene Konkurrenzdenken im Sport muß aufhören. Die »Körperertüchtigung« sollte vielmehr Freude bereiten und der Selbst-Entwicklung und dem körperlichen Wohlbefinden dienen – nicht dem Ruhm und Status einiger weniger.

4 Die Lehrer sollten die emotionale Entwicklung des männlichen Nachwuchses in der Rolle von Mentoren und fürsorglichen Betreuern begleiten (die Schule sollte also als erweiterte Familie fungieren und sich die Förderung des »ganzen« Jungen zum Ziel setzen).

Eine Arbeit finden, die wirklich befriedigt

Männer arbeiten gerne. Wenn man in Australien spät abends durch die Arbeitervorstädte fährt, brennen überall in den Garagen noch die Lichter. In diesen Unterständen sind Gruppen von Männern damit beschäftigt, an alten Autos herumzubasteln. Andere Männer bauen in ihren Werkstätten Möbel oder gehen anderen Heimwerker-Tätigkeiten nach. Die meisten dieser Männer haben bereits den ganzen Tag eine nervtötende Arbeit ausgeübt und widmen sich abends hingebungsvoll ihren eigentlichen Interessen.

Der Mittelstand hat neuerdings das Renovieren und Dekorieren entdeckt. Zwischen fünfundzwanzig und fünfzig basteln wir das ganze Jahr an unserem Haus oder unserer Wohnung herum und versuchen, das Heim zu verschönern – bis wir es in fortgeschrittenem Alter aufgeben und das Haus seinem Schicksal überlassen. In anderen Ländern (beispielsweise England) erfreuen sich andere – oft geradezu exotische – Hobbys allgemeiner Beliebtheit, etwa die Beschäftigung mit Modelleisenbahnen, Rosen- oder Meerschweinchenzucht bis hin zur Aufführung von Shakespeare-Dramen. Nur so kann der Durchschnittsmann die Eintönigkeit seines alltäglichen Arbeitslebens offenbar ertragen.

Kameradschaft

In ihrem bemerkenswerten Buch *Auf der Suche nach dem verlorenen Glück* beschreibt Jean Liedloff eine Gruppe männlicher Amazonasindianer, die über Stunden einen Einbaum etliche Wasserfälle hinaufschleppen. Als sie schließlich am letzten dieser Hindernisse angekommen sind, rutscht plötzlich einer der Männer aus, der schwere Einbaum streift mehrere andere und wird von dem Wildwasser ein paar hundert Meter flußabwärts mitgerissen. Die Männer brechen in schallendes Gelächter aus, obwohl mehrere von ihnen Blutergüsse und Schnittwunden davongetragen haben. Kichernd und einander hänselnd klettern sie wieder die glitschigen Felsen hinab und fangen von vorne an. Liedloff bewundert offensichtlich die unverwüstlich optimistische Lebenseinstellung der indianischen Frauen und Männer im Amazonas-Gebiet und wirft die Frage auf, wie sie ihren Kindern diesen Optimismus vermitteln.

> »Wir wissen, daß Männer sich jahrtausendelang gegenseitig bewundert haben und auch von Frauen bewundert wurden, vor allem wegen ihrer Aktivität. Früher verließen sich Männer, ebenso wie Frauen, auf Männer, wenn es darum ging, gefährliche Orte zu erkunden, mit unbeschreiblichem Mut Wasserfälle zu überwinden oder einen wilden Eber zu jagen. Alle wußten, daß Frauen und Kinder ruhig schlafen konnten, solange die Männer diese Arbeit gut machten. Inzwischen sind aus den wilden Ebern zahme Hausschweine geworden und die reißenden Flüsse zum künstlichen Wasserfall im Hof des Museum of Modern Art. Die Aktivität, für die Männer einst geliebt wurden, wird nicht mehr benötigt.
>
> Heute werden Männer noch immer für ihren beeindruckenden Unternehmungsgeist geliebt: auf weite Ozeane hinauszusegeln, auf felsigem Boden durch harte Arbeit eine Farm aufzubauen, sich ein neues Geschäft einfallen zu lassen und es geschickt auszuführen, Pionierarbeit zu leisten, Dinge zu tun, die noch nie zuvor getan wurden. Junge Wikinger mußten zum Beispiel während ihrer Ausbildung über die Ruderspitzen gehen, während die Ruderer weiterruderten.«
>
> Robert Bly in *Eisenhans*

Die Freude an harter Arbeit ist für die meisten Männer ganz natürlich, nur daß die körperliche Anstrengung heute nicht mehr viel gilt. Der englische Schriftsteller D. H. Lawrence hat beschrieben, wie die Männer in den englischen Kohlegruben früher einmal voll Stolz auf ihre Arbeit und die unter ihnen herrschende Kameradschaft blickten und ihren Beitrag zum Gemeinwohl sehr hoch einschätzten. Dann wurde die allgemeine Schulpflicht eingeführt, und statt gemeinsam mit ihren Vätern zu arbeiten, verbrachten die Jungen ihre Zeit fortan im Klassenzimmer. Dort erfuhren sie dann von mehr oder weniger »gepflegten« Lehrern, daß die schweißtreibende, schwere körperliche

Arbeit ihrer Väter erniedrigend sei und daß sie selbst durch entsprechenden Einsatz in die höhere, saubere Welt der »Gebildeten« aufsteigen könnten. Freilich bedeutete dieser »Aufstieg« lediglich, daß diese Jungen während ihres Erwachsenenlebens den ganzen Tag mit dem Federkiel an irgendwelchen Pulten hockten und nervtötende Schreibarbeiten zu erledigen hatten.

Doch davon erfuhren sie in der Schule nichts. Entscheidend war der soziale Aufstieg. Worauf es ankam, waren einzig Sauberkeit und die Vermeidung körperlicher Arbeit.

Der Schlips als Fessel

Schon bald kamen bedeutungsschwere Symbole in Mode, die die Männer verschiedenen Klassen zuordneten. Eines davon war die Krawatte. Hier ein in diesem Zusammenhang aufschlußreiches persönliches Erlebnis. 1979 hatte ich mich in der schwachen Hoffnung, einen Studienplatz in den USA zu erhalten, um ein Churchill-Stipendium beworben. Immerhin wurde ich zu einem Gespräch geladen. Ich war damals sechsundzwanzig Jahre alt, idealistisch, von Hippy-Ideen umgetrieben, aufsässig und im gesellschaftlichen Umgang eher unbeholfen.

Ein paar Minuten, bevor ich mich auf den Weg zu dem Gespräch machte, dachte ich plötzlich über mein äußeres Erscheinungsbild nach. Ich wollte schon mit offenem Hemdkragen losziehen, als ich mich eines Besseren besann. Und so lieh ich mir noch schnell von einem Freund in der Nachbarschaft einen Schlips, ging zu dem Gespräch und erhielt das Stipendium. Ich hatte einfach Glück. Ich wohnte damals in einer kleinen Stadt, und einige der an dem Auswahlgespräch Beteiligten kannten meinen akademischen Werdegang – aber ohne eine Krawatte hätte ich das Stipendium wohl nicht bekommen.

Ein Schlips ist ein sehr bedeutungsvolles Symbol – er versinnbildlicht nämlich die *Bereitschaft, sich anzupassen und unterzuordnen*. Jeden Tag kann man in Australien vor Gerichtsgebäuden Männer im Anzug mit Schlips sehen, die aussehen, als hätten sie sich noch nie zuvor in ihrem Leben derart gekleidet. Auch läßt sich niemand durch diesen Aufzug hinters Licht führen. Alle – die Anzugträger und die Richter – nämlich wissen, daß dies alles nur dazu dient, den Eindruck eines unbescholtenen Bürgers zu erwecken. Verhielten diese Männer sich anders, würden sie lediglich den Zorn des Systems auf sich ziehen. Aber die Symbolik ist klar. Sie besagt: »Wie Sie sehen, bin ich bereit, mich anzupassen. Und ich werde in Zukunft nur noch artig sein.«

Im Arbeitsleben besagt eine Krawatte: »Ich bin bereit, dieses würgende Ding in Kauf zu nehmen, damit Sie sicher sein können, daß ich auch andere Erniedrigungen und Einschränkungen akzeptiere, um diesen Job zu bekommen oder zu behalten.« (Darf ich Ihnen vielleicht mit meinem Schlips die Stiefel polieren?) In der Tat sollte man sich hinsichtlich der Bedeutung einer Krawatte keinen Illusionen hingeben: Sie ist ein Gängelband.

(Mit der Klassenzugehörigkeit ist es eine seltsame Sache: Viele Männer entdecken erst reichlich spät, daß der soziale Aufstieg nicht freier, sondern unfreier macht. Wenn Sie mit Ihren Händen arbeiten, verlangt die Firma von Ihnen »lediglich« Ihren Körper, aber Ihre Seele bleibt Ihr Eigentum. Von einem »Kopf«-Arbeiter hingegen wird erwartet, daß er auch noch sein eigenes Denken und Fühlen einbringt. In dem australischen Film *The Fringe Dwellers* gibt es eine schöne Szene. Dort sind männliche Aborigines zu sehen, die sich über den armen weißen Mann amüsieren, der am Wochenende seinen Rasen mähen und das Auto waschen muß.)

Aber es geht nicht nur um den Schlips, sondern um die gesamte »Uniform« (also »Einförmigkeit«!), die mit ihm einhergeht. In den USA gibt es eine Slang-Bezeichnung für die Männer, die den Papierkram erledigen und sich um die Abwicklung der langweiligen Details des Geschäftslebens kümmern. Man nennt sie dort »suits« (Anzüge). In dem Film *Pretty Woman* tätigt der Millionär einen Geschäftsabschluß und überläßt es den »Anzügen«, sich um die Abwicklung der Details zu kümmern. Anzüge (und die Männer, die sie tragen) zeichnen sich oft durch einen Mangel an Ausdruck und Persönlichkeit aus.

Wer morgens um sieben eines der zwischen den großen Wirtschaftsmetropolen verkehrenden Flugzeuge besteigt, wird über die große Zahl »uniformierter«, graugesichtiger Männer überrascht sein, die als Firmenrepräsentanten endlos von Termin zu Termin hetzen. Sie fliegen vielleicht First oder Business Class, sie dürfen vielleicht als erste das Flugzeug verlassen und genießen in der Lounge eine Vorzugsbehandlung – aber kein geistig gesunder Mensch käme auf die Idee, sie zu beneiden. Denn schließlich sind sie privilegierte Eunuchen, die ein ausgetrocknetes, freudloses Leben führen.

Vorsicht vor der Raten- und Kreditfalle

Aber wie kommt es zu alledem? Warum geraten erwachsene Männer in solche Verstrickungen? Schließlich zwingt uns niemand, in dem Hamsterrad mitzulaufen. Unser System kennt ein hervorragendes Mittel, uns Männer – und Frauen – unter Kontrolle zu halten: die Kreditrückzahlung. Was ursprünglich einmal eine gute Idee gewesen sein mag, ist inzwischen für viele Menschen zu einer ungeheuren Belastung geworden. Aber die Idee, Dinge auf Pump anzuschaffen, ist keine Erfindung der Banken – denn die Gepflogenheit, ein Leben lang Schulden abzubezahlen, hat eine lange Tradition.

So verspeisen etwa bei einer Hochzeit in Neuguinea die Gäste so viele Schweine und Yamswurzeln, daß der Bräutigam den Rest seines Lebens die so entstandenen »Schulden« abzahlen muß. Wie in dem Film *Der einzige Zeuge* zu sehen ist, kommen die Mitglieder der christlichen Amish-Sekte bisweilen zu Hunderten zusammen, um an einem einzigen Tag eine schöne neue Scheune zu errichten, die es einem frischverheirateten Paar gestattet, eine eigene Landwirtschaft zu begründen. Die ganze Gemeinde hilft bei diesem Projekt, und das junge Paar ist in der Folge verpflichtet, ebenfalls bei der Errichtung zahlreicher anderer Wirtschaftsgebäude mitzuhelfen. Diesem System der wechselseitigen Hilfe und Verpflichtung verdanken es die Amish, daß sie bereits seit Jahrhunderten ein gegen Rezessionen gefeites, materiell gesichertes Dasein führen, in dem Ehescheidungen fast unbekannt sind.

Wir hingegen haben das Kreditsystem, das es uns gestattet, von Anbeginn unseres Erwachsenenlebens ein Haus zu haben, das wir allerdings lebenslänglich abzahlen müssen. Unsere Verpflichtungen gelten nicht Menschen, sondern Institutionen. (Sobald wir unsere Arbeit verlieren und unseren Zahlungsverpflichtungen nicht mehr nachkommen können, senken die Repräsentanten gesichtsloser Institutionen den Daumen).

Wenn Sie sich (natürlich in Schlips und Kragen) zu dem alles entscheidenden Gespräch in die Zweigstelle Ihrer Bank begeben, treten Sie hinterher um hunderttausend Dollar »reicher« wieder ins Freie.

Was für ein Wunder! Aber es geschieht noch etwas anderes, worüber man Ihnen bei Ihrer Bank nichts sagt: *Mit dem Kreditvertrag lassen Sie Ihre Manneskraft im Safe zurück!* Gemeinsam mit der Freiheit seiner übrigen Kunden verschließt der Banker auch jenen Teil Ihrer Entscheidungsfreiheit, den Sie ihm überlassen haben, hinter Stahltüren. Sollten Sie in Ihrem weiteren Leben je das Bedürfnis verspüren, vielleicht noch einmal etwas Riskantes, Aufregendes, Abenteuerliches, Neues zu unternehmen, werden Sie diesen Wunsch vermutlich unterdrücken, weil Ihre *Handlungsfähigkeit kastriert wurde.*

Wenn Sie ein freier Mann sein möchten, sollten Sie also nach Möglichkeit nicht in diese Falle gehen. Vielleicht können Sie auf dem Land leben, wo die Häuser preiswerter sind. Oder aber Sie stellen die Protzkonkurrenz mit Ihren Nachbarn ein und fahren das älteste Auto in Ihrer Straße. Sie können aber auch Ihren Kindern einen größeren Teil Ihrer Zeit widmen, statt sie auf eine teure Privatschule zu schicken. Oder aber Sie klinken sich für ein Jahr aus dem Arbeitsleben aus und denken einmal in Ruhe über alles nach!

Lernen Sie wieder, von Herzen zu arbeiten

Es ist nicht die Arbeit, die uns schadet. Arbeit ist gut – und Männer lieben sie sogar. Das eigentliche Problem sind das *Wie* und *Warum* unserer Arbeit. Wenn Sie einer Arbeit nachgehen, an der Ihr Herz nicht beteiligt ist, so kann das tödlich sein. Die Lebenserwartung eines Mannes hängt ganz wesentlich davon ab, ob er seine Arbeit mag oder nicht. Die beiden Hauptprobleme sind: die Sinnentleerung vieler beruflicher Tätigkeiten und die mangelnde persönliche Kontrolle über die Arbeitsbedingungen.

Unsere Vorfahren haben bei der Arbeit noch häufig gelacht und gesungen. Sie erfreuten sich an den Aufregungen der Jagd, gruben gemeinsam nach Yamswurzeln und waren glücklich, wenn sie einen mit Honig gefüllten Baum entdeckten. Man schaue sich nur einmal Dokumentarfilme über sogenannte Naturvölker an, dann fällt immer wieder eines ins Auge. Das Leben dieser Menschen war zwar häufig hart, aber kaum je ohne fröhliches Lachen. Im Laufe der Zeit sind die sogenannten Hochkulturen dann jedoch aus den Wäldern und von der Küste fortgezogen und haben sich in Dörfern und Städten angesiedelt. Jetzt mußten die meisten Menschen Arbeiten verrichten, die andere überwachten, und so wurde aus einem ehemals ganz natürlichen Geschehen eine endlose Plackerei.

Während sich der Mensch nunmehr über das durch den Überlebenswillen gebotene Maß an Arbeit hinaus verknechtete, verkümmerten seine Sinne zusehends. Zwar ist die Arbeit heute an der Schwelle zum einundzwanzigsten Jahrhundert meist leichter geworden, aber sie bringt kaum mehr Erfüllung. Sie bildet innerhalb unseres Lebens einen eigenen abgespaltenen Komplex – etwas, das wir ertragen müssen, um dagegen jene freie Zeit einzutauschen, die uns bleibt, nachdem wir zur Arbeit gefahren sind, unseren Job erledigt und uns hinterher davon einigermaßen erholt haben. Die Arbeit treibt heute einen schädlichen Keil in unser ganzes Leben. Die Zeit ist reif, diese Wunde zu heilen.

Die meisten Menschen – ob Mann oder Frau – erledigen heutzutage Arbeiten, die sie nicht sonderlich mögen, Jobs, die unter ihrer Würde sind. Als ich noch zur Schule ging, führte man dort gerade die »Berufsberatung« ein, die einem dabei helfen sollte, eine angenehme Arbeit für sich zu entdecken. Aber der wahre Zweck der ganzen Bemühungen war nur dürftig kaschiert. Da wir arbeiten müssen, um uns im Austausch dagegen die »guten Dinge« des Lebens leisten zu können, geht es in Wahrheit nur immer darum, den bestbezahlten Job zu finden, den man *gerade noch ertragen* kann. Dazu ist ein Job schließlich da. Warum sollte man sich sonst die Mühe machen? (Jedenfalls hatte man damals noch eine gewisse Auswahl – angesichts der heutigen Arbeitslosenzahlen gilt es schon als Privileg, überhaupt einen Job zu haben, und wer wählerisch ist, wird als arbeitsscheu verfemt).

Aber wir dürfen diesen Ausverkauf menschlicher Potentiale nicht widerspruchslos hinnehmen – dürfen ihn nicht in unser Leben vordringen und die Kindheit unserer Nachkommen durch Rezessionsdepressionen vergiften lassen.

Die Zeit des Heranwachsens dient dazu herauszufinden, was wir im Leben wirklich gerne tun möchten. Sobald wir es wissen, müssen wir lernen, das Gewünschte so gut zu machen, daß die Bezahlung gleichsam als Nebenprodukt abfällt. Gelingt dies, so ist man entweder »lediglich« zufrieden oder sogar wohlhabend *und* zufrieden. Entscheidend ist, daß wir unser Herz in unsere Arbeit einbringen können. Wir alle haben eine Arbeit verdient, die uns so fasziniert, daß wir morgens fröhlich aus dem Bett springen und es gar nicht abwarten können anzufangen. Das ist nicht so schwierig, wie man uns bisher gerne eingeredet hat.

Die acht Ebenen erfüllter Arbeit

Im folgenden werden acht Kriterien vorgestellt, die es Ihnen gestatten sollen, die Qualität Ihres Arbeitslebens einzuschätzen. Wenn Sie eines oder mehrere dieser Kriterien erfüllen, können Sie bereits zufrieden sein. Schneiden Sie in einem der erwähnten Punkte nicht so gut ab, so gehen Sie einfach zum nächsten weiter. Schielen Sie dabei jedoch nicht ständig auf die »vermeintlichen« Erfolge anderer. Hier geht es nur um Ihren ganz persönlichen »Erfolg«. Ein hirnverletzter Mann, der lernt, sein Essen wieder selbst zum Mund zu führen, legt womöglich wesentlich mehr Mut an den Tag als ein großer General.

1 Nehmen Sie ausreichend an Gemeinschaftsaufgaben teil?

Diese Frage betrifft bereits relativ kleine Kinder. Selbst ein Dreijähriger kann und sollte sich an der Erledigung gewisser Haushaltspflichten beteiligen. Auch ein arbeitsloser Teenager, der noch daheim wohnt, kann zum Wohlbefinden der Familie beitragen. Ein solcher Jung-Mensch kann sich beispielsweise um seine jüngeren Geschwister kümmern, etwas zu essen kochen, im Haus aufräumen, sich im Garten nützlich machen, an Seminaren teilnehmen oder reisen und sich in der Welt umsehen, sofern die Finanzen das erlauben.

Bereits wenn Sie einen entsprechenden Beitrag leisten, können Sie stolz auf sich sein. Vergessen wir nicht, daß es sogenannte Wirtschaftsmagnaten waren, die Australien und andere Länder in die Rezession gestürzt haben. Was wir brauchen, sind mehr Menschen, die sich schlicht um ihre eigenen Belange kümmern.

2 Kommen Sie für Ihren eigenen Unterhalt auf?

Wenn Sie einen Job haben oder irgendwie durch Ihre Arbeit Geld verdienen, dann müssen Sie nicht von den Resourcen Ihres Landes leben. Diese Mittel stehen dann für andere zur Verfügung, denen dieses Glück nicht beschieden ist. Allein dadurch sind Sie ein Plus für die Gesellschaft. Das ist der zweite Schritt auf dem Weg. Selbst wenn Ihnen nie etwas anderes gelingen sollte, sind Sie für Ihre Mitmenschen bereits ein Gewinn.

3 Können andere von Ihrem Job profitieren?

Auch wer einen ganz unspektakulären Beruf ausübt – etwa als Busfahrer, Ladenbesitzer oder Arzthelferin –, beeinflußt täglich das Leben Hunderter von Menschen. Wenn die Betreffenden begreifen, daß der wichtigste Aspekt ihrer Arbeit der Kontakt mit anderen Menschen ist, und wenn sie dieser Aufgabe freundlich und interessiert (und nicht rein mechanisch) nachkommen, dann haben sie bereits einen positiven Einfluß auf die Menschen, mit denen sie umgehen, und auf all jene, mit denen diese in Kontakt treten.

4 Sorgen Sie für andere?

Selbst wenn Sie nur einen mechanischen Job ausüben, solange Sie durch Ihre Arbeit für das Wohlergehen anderer sorgen, sind Sie schon ein Gewinn für die Gesellschaft. Ihr Ehepartner, Ihre Kinder und sonstige Angehörige profitieren in einem solchen Fall von Ihren Anstrengungen und genießen unter dem von Ihnen aufgespannten Schutzschirm bessere Startchancen. Außerdem setzen Sie sich für den Fortbestand des Lebens und das Wohl künftiger Generationen ein.

5 Schaffen Sie durch Ihre Arbeit Beschäftigungsmöglichkeiten für andere Menschen?

Schafft Ihr Job weitere Arbeitsplätze? Führen Sie andere Menschen und bieten diesen Möglichkeiten der Selbsterhaltung und -verwirklichung? Ist dies der Fall, dann bietet Ihre berufliche Tätigkeit anderen Menschen Nischen, die andernfalls vielleicht gar nicht existieren würden.

6 Bilden Sie andere Menschen aus und verbessern Sie dadurch deren Zukunftschancen?

Ein Berufsanfänger ist noch nicht wirklich erwachsen. Wir alle brauchen am Arbeitsplatz Mentoren und Vaterfiguren, nicht nur einen oder mehrere Chefs. Wir brauchen Männer und Frauen, die das aufrichtige Interesse anderer Menschen wecken. Machen Sie sich einmal eine Liste jener Qualitäten, die Sie von einem »Ideal«-Chef erwarten.

Überprüfen Sie dann, ob Sie diesen Ansprüchen selbst genügen. Wenn Sie sich in Ihrem Berufsleben als Mentor und Freund hervortun, so ist das auch eine Bereicherung Ihrer eigenen Arbeit.

7 Dient Ihre Arbeit dazu, die Menschen und das Leben auf der Erde zu beschützen?

Die Ärzte unterwerfen sich dem uralten Grundsatz, anderen Menschen wenigstens nicht zu schaden. Wenn wir uns dieses Prinzip in unserem Arbeitsleben zu eigen machen würden, so hätte das weitreichende Folgen. So gibt es beispielsweise Leute in Australien, die noch immer hochgiftige Pflanzenschutzmittel vertreiben, die in Europa längst verboten sind. Wer sich so verhält und sein Tun auch noch mit fadenscheinigen Argumenten rechtfertigt, der verstößt klar gegen den oben formulierten Grundsatz.

Muß sich ein verantwortungsvoller Ladenbesitzer nicht sogar weigern, Zigaretten zu verkaufen? Ein Filmemacher sollte sich stets fragen: Welche Art von Filmen braucht die Welt überhaupt? Ein Werbemann: Welche Art von Werbung? Ein Journalist: Welche Art von Berichterstattung? Ein anständiger Mann muß sich all diese Fragen vorlegen. Es reicht einfach nicht aus, Erfolg zu haben. Wir müssen uns stets auch fragen, worauf unser Erfolg eigentlich beruht.

8 Finden Ihre angeborenen Fähigkeiten und Talente in Ihrer Arbeit Ausdruck, so daß Sie durch Ihre Tätigkeit eine einzigartige Wirkung auf die Welt ausüben?

Fred Hollows wußte, wie man sehgestörten Menschen helfen kann, und er verstand es, auch andere für diesen Zweck einzusetzen – überall in der Welt. John Lennon hatte die Gabe, schöne Lieder zu schreiben. Komödianten wie Glyn Nichols und Antony Ackroyd wissen, wie man die Leute nicht nur zum Lachen, sondern auch innerlich zum Lächeln bringt. Manche Männer verstehen etwas von der Verbrechensaufklärung, andere können Schmerzen heilen, Bilder malen, Violinen bauen, Hunde trainieren, wellenreiten, Fußball spielen, Beton gießen, wundervolle Gebäude entwerfen, neue Gesetze konzipieren. Wir brauchen alle diese Leute.

Auch Sie selbst haben bestimmte Begabungen, die nur darauf warten, geweckt zu werden. Wie Sie diese Talente entdecken sollen? Das ist nicht schwer. Denn unterdrückte innere Bestrebungen verursachen letzten Endes sogar Schmerzen, wenn sie nicht zum Ausdruck gelangen können. Sie müssen sich nur selbst befreien.

Derselbe Job, doch eine neue Einstellung

Realistischerweise muß man einräumen, daß es für die meisten Männer wohl primär darum geht, *der beruflichen Tätigkeit, der sie bereits nachgehen, neue Seiten abzugewinnen.* Man kann durchaus auch als Immobilienmakler, Rechtsanwalt, Politiker, Arzt und so weiter ein ehrliches Leben führen. Aber solche Menschen bilden heute noch die Ausnahme.

Denken Sie einmal über Ihre Berufstätigkeit nach. Was könnten Sie tun, um die Fassade, die Sie üblicherweise in Ihrem Berufsalltag spazierentragen, abzubauen und mehr Sie selbst zu sein? Ich habe einen Freund, der Architekt ist und es rundheraus ablehnt, sich auf strikte Termine festnageln zu lassen. Er sagt seinen Kunden von Anfang an, daß er sich nur auf realistische, aber flexible zeitliche Festlegungen einlassen kann, über die man dann im Verlauf der Arbeit immer neu verhandeln muß – und daß das Ergebnis seiner Arbeit unter diesen Umständen ein schöneres Gebäude sein wird.

Ich kenne einen Bankmanager, der dem beruflichen Werdegang seiner Mitarbeiter vor allen anderen Erwägungen den Vorrang einräumt. Ich habe einmal einen Verkäufer erlebt, einen jungen Mann von Anfang zwanzig, der sich so sanft und fürsorglich um eine verwirrte alte Dame kümmerte, daß es mir die Tränen in die Augen trieb. Diese Leute weichen von der Norm ab, und sie verwandeln noch die banalste Situation in einen magischen Augenblick. Sie verlassen sich ganz einfach auf ihr inneres Gefühl dafür, was zählt.

Ich glaube nicht, daß alle Arbeiten sich in dieser Weise »umfunktionieren« lassen. Einige zutiefst negative Tätigkeiten – etwa die Politik, wie sie heute praktiziert wird –, umweltschädliche Aktivitäten oder unehrliche Beschäftigungen, wie manche Verkaufstätigkeiten es sind, erzeugen einen massiven Verfolgungswahn. Dieser Wahn richtet sich letztendlich gegen seinen Urheber selbst – wie vehement der betreffende Mann auch behaupten mag, daß ihn das alles einen feuchten Kehricht interessiere. Wie der heilige Paulus werden auch solche Menschen früher oder später ihr Damaskuserlebnis haben – und sei es erst im Sterbebett.

Wir haben heute eine Rezession, weil die Wirtschaft nicht mehr wächst. Aber wir leben in einer endlichen Welt, die unbegrenztes Wachstum ohnehin nicht aushält, und deshalb wäre ein Wirtschaftsboom zugleich eine Katastrophe. Wenn der Durchschnittsmann sein Wettbewerbsdenken aufgibt – und sich schlicht an dem erfreut, was wirklich nützlich und nicht nur profitabel ist –, dann erst wird sich jene wirtschaftliche Stabilität einstellen, die die Welt wirklich braucht. Statt weiterer Fabriken und Bürotürme werden wir dann eine spirituelle, intellektuelle und soziale Infrastruktur aufbauen, die ein gesundes, sicheres und selbstgenügsames Leben erlaubt – Lebensbedingungen, die sich sogar unter finanziellen Vorzeichen »rechnen« würden.

Der sogenannte Ruhestand – eine Beleidigung und Verschwendung

Auf einem Männertreffen in der Nähe von Lismore habe ich unlängst David Mowaljarlai reden hören, einen Abgesandten – und Ältesten – der Aborigines. Er sprach über den Lebenszyklus des Mannes in der traditionellen Aborigines-Gesellschaft. Einer der anwesenden älteren (weißen) Männer wollte wissen, warum die australischen Ureinwohner sich im Alter niemals »zur Ruhe setzten«.

David lächelte und beschrieb dann ein Zeremoniell, das bei seinem Volk früher alljährlich begangen wurde. Bei diesem Ritual mußte der Anführer eines Clans bis zum Ende eines in die Erde eingelassenen Holzpfahls hinaufklettern, um zu beweisen, daß er seinen Führungsaufgaben noch gewachsen war. Ich war von dieser Praxis tief beeindruckt, denn sie setzte den alten Männern, die alles getan hätten, um ihre Führungsposition zu behalten, eine subtile Grenze. Und sie eröffnete jenen Männern, die nicht mehr bereit waren, die Last der Verantwortung zu tragen, die Möglichkeit auf elegante Weise abzudanken: »Verdammt noch mal *(kicher, kicher)*, ich glaube, ich schaff' es dieses Jahr einfach nicht.«

David suchte nach dem richtigen Wort und sagte dann: »Ich weiß nicht, wie ihr das auf Englisch nennt. Der alte Knabe – er ist jetzt nicht mehr Anführer, sondern er muß helfen.«

Im ersten Augenblick dachte ich, er müßte bei der Verrichtung niedriger Arbeiten helfen. Ich stellte mir bereits einen in Ungnade gefallenen alten Mann vor, der im Dorf die Reinigungsarbeiten verrichten muß.

Auch die übrigen Anwesenden machten ein verständnisloses Gesicht. David versuchte erneut zu erklären: »Na, so wie das Buch, das man mit einem neuen Auto kriegt. Er muß dem neuen Anführer helfen zu verstehen.« Jemand warf ein: »Er muß ihn beraten.« »Ja,« sagte David, »wenn neuer Anführer nicht weiß, was er tun soll, wenn er sich nicht auskennt, dann geht er zu dem alten Mann.«

Wenn also ein Mann seine Führungsposition mit all ihren Sorgen aufgibt, wartet bereits eine andere – ehrenvolle – Aufgabe auf ihn, da sein Wissen zur gegebenen Zeit benötigt wird. Bei den Aborigines wird also nichts verschwendet – zuallerletzt die lebenserhaltenden Kenntnisse und Erfahrungen der Alten.

Die amerikanischen Autohersteller und andere US-Industrien feuerten in den achtziger Jahren zahlreiche ältere Manager und Vorarbeiter, weil die Verfechter der damals neuen Wirtschaftsphilosophie die Betriebe bis zum letzten »abspecken« wollten. Aber diese Politik erwies sich rasch als Fehlschlag. In seinem Buch *In Search of Excellence* berichtet Tom Peters, daß diese »alten« Männer schon bald für viel Geld – bei kürzeren Arbeitszeiten – zurückgeholt wurden, um in den Fabriken nach dem rechten zu schauen.

Denn viele von ihnen hatten eine Art sechsten Sinn, also ein feines Gespür dafür, wann eine Maschine auszufallen oder ein zwischenmenschliches Problem sich krisenhaft zuzuspitzen drohte. Sie konnten deshalb etwas unternehmen, *bevor* ein Problem sich noch zu einem Problem ausgewachsen hatte, weil sie die entsprechenden Vorzeichen zu lesen verstanden. Für Erfahrung gibt es nämlich keinen Ersatz.

Es ist deshalb ein Unsinn, daß erfahrene Männer in unserer Gesellschaft aufs Altenteil abgeschoben werden. Wer sich zur Ruhe setzt, stirbt, auch wenn der Körper des Betreffenden noch ein paar Jahre lang weiterfunktioniert. Entscheidend ist, daß es dem älteren Menschen gelingt, aus der – im engsten Wortsinn – aktiven in die nächste Phase zu gelangen. Denn jetzt ist für ihn die Zeit gekommen, seinen wohl wichtigsten – wenn auch von außen gesehen vielleicht unspektakulären – Beitrag zum Gedeihen der Gesellschaft zu leisten.

Auch ein Chef hat eine Vater-Rolle

Die Männer-Bewegung legt großen Wert auf jene Führungsqualitäten, die wir Zeus-Energie nennen. Unser Ideal ist ein Anführer, dessen Ehrgeiz sich einzig auf das Wohl der von ihm geleiteten Gruppe von Menschen richtet. Heutige Idealisten können mit der Vorstellung eines »Führers« meist nicht viel anfangen, viele lehnen sie sogar rundweg ab. Und so übernehmen Machtfanatiker und egoistische Männer fast sämtliche Führungsrollen – Leute also, die am allerwenigsten für die entsprechenden Positionen geeignet sind.

Symbole sind sehr aufschlußreich. Und *das* Symbol des Mannes ist von altersher »der König«. Als mein Großvater in England das Licht der Welt erblickte, hieß der König dort George V. Wie Zehntausende anderer wurde mein Großvater George getauft, und er gab auch seinem eigenen Sohn – meinem Vater – diesen Namen. Die heutigen Jungen in den angelsächsischen Ländern dagegen heißen Wayne, Sean oder Darrel (nach John Wayne, Sean Connery etc.). Von den königlichen Hoheiten erwarten wir offenbar nicht mehr allzuviel.

Mit vielleicht ein oder zwei Ausnahmen hat Australien in den vergangenen Jahrzehnten nur enttäuschende politische Führer hervorgebracht. Dennoch gibt es auch in der modernen Welt bisweilen solche – verehrungswürdigen – Männer. Als der schwedische Premierminister Olof Palme auf dem Heimweg vom Kino an einem warmen Sommerabend in Anwesenheit seiner Frau erschossen wurde, brachen viele Schweden auf der Straße in Tränen aus. Ja, dieser Mann wurde von seinen Landsleuten in der Tat verehrt. Viele Menschen erklärten gegenüber Journalisten: »Wir brauchen ihn, die Welt braucht ihn.« Palme hatte gegen die Apartheid und den Vietnamkrieg gekämpft und sich mehr als zwanzig Jahre lang für die nukleare Abrüstung eingesetzt. Er war der natürlichste und unprätentiöseste Mann, den man sich nur vorstellen kann – und hätte genausogut ein schlichter Nachbar sein können. Er hatte ein Land regiert, das der Gewalt so abhold war, daß es in jenem Jahr dort – ihn eingerechnet – nur drei Menschen gab, die durch eine Schußwaffe ihr Leben verloren. (In New York City allein kommt das zwölfmal pro Nacht, also viertausendmal im Jahr vor).

In Australien – und wohl überall in der industrialisierten Welt – begehen die politischen Führer und Manager den tödlichen Fehler zu glauben, daß alles sich nur um die Wirtschaft drehe. Sie begreifen nicht, daß die Menschen sich von ihrem Herzen führen lassen möchten. Wahre »Führerschaft« heißt, sich für die Menschen einzusetzen und sich auf sie einzulassen – kurz, sie zu »bevatern«. Wer als »Führer« Erfolg haben möchte, muß selbst zuvor »bevatert« worden und imstande sein, diese Erfahrung an andere Menschen weiterzugeben.

Doch im allgemeinen wählen die Bürger in den demokratischen Ländern Menschen, die sich von einer falschen Motivation leiten lassen. Echte »Führer« hingegen sind um das Wohlergehen ihrer Mitarbeiter besorgt und darüber hinaus um das Wohl der Menschheit im allgemeinen. Sie betrachten sich selbst als Diener.

Es ist ausgesprochen lehrreich, wenn man sich zwischendurch einmal Fernsehaufnahmen von echten »Führern« anschaut – Leuten wie dem Dalai Lama, Gandhi, Churchill, Nelson Mandela und Fred Hollows. Denn solche Männer erinnern an kleine Jungen – sie sind verspielt und emotional zugänglich, können aber bei Bedarf auch eine beeindruckende Intelligenz und Entschlossenheit an den Tag legen. Sind sind zwar gute Analytiker, lassen sich aber von ihrem Herzen leiten.

Die meisten der heutigen Führungsfiguren in Politik und Wirtschaft entsprechen diesem Bild nicht im geringsten. Sie kommen selbstgefällig und steif daher und sehen in ihren Mitarbeitern lediglich nützliche Idioten. Ihr ganzes Denken ist nach außen und nach »oben« gerichtet, da sie unentwegt nur mit der eigenen Karriere beschäftigt sind. Ein Mann mit echten Führungsqualitäten hingegen läßt sich von der Maxime leiten: »Wie kann ich nur den Menschen helfen, die ihr Vertrauen in mich gesetzt haben?« Solche Leute sind nicht egoistisch – ihre Führungsrolle ist lediglich ein Mantel, den sie sich überstreifen, eine Aufgabe, die sie erledigen und von der sie sich dann wieder zurückziehen.

Ein Mann, der andere Menschen führen will, muß auf »väterliche« Eigenschaften zurückgreifen können – muß fürsorglich sein, loben, herausfordern, disziplinieren, necken und die individuelle Entwicklung seiner Mitarbeiter im Auge behalten. Eine Frau in entsprechender Position muß ihre – zwar andersartigen, aber letzten Endes auch wieder nicht *so* andersartigen – mütterlichen Eigenschaften zur Geltung bringen. Das kann auf einer persönlichen Ebene geschehen, solange nur etwa ein Dutzend Menschen unmittelbar beteiligt ist, aber die Zugänglichkeit der Führungspersönlichkeit darf bei dieser Zahl von Menschen nicht erschöpft sein. Ein solcher »Führer« muß überdies wissen, was Symbole vermögen, wenn es darum geht, Menschen zusammenzuführen, zu inspirieren und ihnen eine sinnvolle Perspektive zu eröffnen.

Wenn der Betreffende dieses Interesse und diese Fürsorglichkeit nicht investiert, reagieren seine Anhänger und Mitarbeiter nicht minder verletzt, wie, wenn sie von ihrem eigenen Vater gekränkt worden wären – so stark ist das emotionale Band, das diese beiden Pole verbindet. In vielen Teilen Australiens haben die öffentlichen Belange wegen der völligen Mißachtung dieser Regeln in den letzten Jahren schweren Schaden genommen, den wiedergutzumachen Jahrzehnte in Anspruch nehmen wird.

Freude an der Teamarbeit

Die Industrie gibt für Milliarden von Dollar Untersuchungen in Auftrag, die sich mit der Erforschung des »Totalen Qualitäts-Managements« (TQM) befassen. Wirtschaftsführer trainieren in Extremsituationen, üben simulierte Managementherausforderungen, sitzen in Gesprächsgruppen zusammen und so fort. Aber ungeachtet dieser oft eindrucksvollen Konzepte werden durch solche Programme nur mäßige Erfolge erreicht.

Denn die Unternehmensführungen verstehen es nicht, ihren Leuten Ziele zu vermitteln, an die diese auch wirklich glauben könnten. Es genügt nämlich nicht zu sagen: »Wir machen die besten Produkte«, vielmehr müssen die Leute auch wissen, daß ihre Anstrengungen jenseits solcher Ergebnisse einen *Sinn* machen.

Dieser »Sinn« kann ebensogut spiritueller wie praktischer Natur sein. So wächst etwa eine Fußballmannschaft oft über sich hinaus, wenn alle Beteiligten ihren inneren Schweinehund überwinden und ein wirkliches Team bilden, wenn also jeder einzelne über sich selbst hinauswächst. In dem Film *Strictly Ballroom* erreicht der (von Paul Mercurio dargestellte) junge Mann für sich selbst und seinen leidenden Vater dieses Ziel freilich nur, weil er von seinem »Team« unterstützt wird. Die Schlußszenen dieses Films sind gerade deshalb so bewegend, weil die Beteiligten alle ihr Bestes geben und sich zu einer kollektiven Anstrengung zusammenfinden. Was ich damit sagen will?

Die Welt braucht wissenschaftlichen Fortschritt, sie braucht Lösungen für unsere Umweltprobleme, genauso dringend aber braucht sie begeisterte Fußballspieler und Flamencotänzer.

Auch in unserem Arbeitsleben stoßen wir irgendwann auf die große Frage: »Wozu das alles?« Die Verkaufszahlen und die zunehmende Effizienz – wozu dient das alles? Wenn wir unseren halbwüchsigen Kindern erklären wollen, warum wir wieder einmal an einer Theaterdarbietung ihrer Schule nicht teilnehmen konnten, müssen wir uns schon etwas Plausibles einfallen lassen. Und wenn wir dann irgendwann im Altenheim mehr oder weniger nutzlos vor uns hinvegetieren und völlig abhängig sind von der Betreuung durch »fremde« Menschen, spätestens dann wird sich uns die Frage aufdrängen: »Und was hab ich aus meinem Leben gemacht?«

Jeder Mann möchte an sich selbst und an einen größeren Zweck glauben. Wenn ein »Verantwortungsträger« einen solchen Zweck benennen und seine Mitarbeiter dafür einnehmen kann, werden diese sich leidenschaftlich für dessen Verwirklichung einsetzen. Das große Ziel läßt ihr unmittelbares Eigeninteresse verblassen und beflügelt sie in ihren Anstrengungen. Unter solchen Bedingungen können Menschen wahre Wunder vollbringen, sie stehen sich gegenseitig bei und wachen bereits am frühen Morgen voller Tatendrang auf.

Etwas Vergleichbares war auch zu beobachten, als vormalige Ingenieure der US-Armee höchstpersönlich wieder nach Vietnam reisten, um die Minen zu entfernen, die sie selbst dort im Krieg zurückgelassen hatten. Ein Beispiel ist aber auch Fred Hollows, der in armen Ländern überall auf der Welt Gruppen ins Leben gerufen und ihnen die Herstellung künstlicher Augenlinsen beigebracht hat. Es ließen sich noch zahllose weitere derartige Beispiele nennen.

Männer arbeiten schon seit Millionen von Jahren in Gruppen zusammen, so daß dieses Muster in allen Zellen unseres Körpers gespeichert ist. (Tatsächlich ist unser Körper ja auch ein »Team« von Zellen). Wir müssen lediglich die Struktur des Jäger-Clans wiederbeleben. Heute arbeiten die meisten Männer isoliert vor sich hin und gehen bestenfalls oberflächliche kameradschaftliche Verbindungen ein, ohne jedoch mit ihren Kollegen eine echte innere Einheit zu bilden. Stellen Sie sich nur vor, wieviel besser wir uns fühlen würden, wenn wir gemeinsam für die Durchsetzung von Zielen arbeiten könnten, an die wir wirklich glauben.

Kurzgefaßt

1 Verbrennen Sie Ihren Schlips oder verwenden Sie ihn dazu, Ihre Tomatenpflanzen festzubinden.

2 Suchen Sie sich entweder einen Job, an den Sie glauben, oder aber entdecken Sie an Ihrer eigenen Arbeit etwas, woran Sie auch glauben können.

3 Falls Sie ein Chef sind, sollten Sie begreifen, daß von Ihnen die Qualitäten einer Vaterfigur erwartet werden. Es ist Ihre Aufgabe, sich um Ihre Leute zu kümmern, so daß diese ihrer Arbeit wohlgemut nachgehen können.

Seien Sie mit Ihrem Lob verschwenderischer als bisher. Richten Sie Ihre Erwartungen an den konkreten Personen aus. Lassen Sie Ihre Mitarbeiter an Ihrer Vision teilhaben. Fragen Sie die Leute nach ihrer Meinung. Bieten Sie unverantwortlichem Verhalten die Stirn. Setzen Sie Ihre Mitarbeiter nicht herab. Kritik gehört nicht in die Öffentlichkeit, ein Lob hingegen kann gar nicht öffentlich genug ausfallen.

4 Wenn Sie im Team arbeiten, sollten Sie sich klar machen, daß Sie große Ziele erreichen können, wenn Sie auf Eifersüchteleien und Wettbewerbsdenken verzichten, besonders, wenn es sich um Ziele handelt, an die Sie auch noch glauben können.

5 Liebe, Spaß und Idealismus sind im Arbeitsleben genauso legitim wie in anderen Lebensbereichen.

6 Nehmen Sie nicht Abschied vom Leben, wenn man Sie einmal in den Ruhestand schickt. Stehen Sie weiterhin mit Rat und Tat zur Verfügung. Und vor allem: Engagieren Sie sich auch weiterhin.

Weitere Stimmen

»Die Firmen, die Kirchen, die Universitäten wollen passive Männer.«

Robert Bly

Verzichten Sie vielleicht doch auf die Verbrennung Ihrer Krawatte? Walker Feinlein, Professor für Textile Anthropologie an der Universität Hobart, rät entschieden davon ab, in einem Anfall maskulinistischer Wut Schlipsverbrennungen vorzunehmen. Die BH-Verbrennungen der sechziger Jahre waren größtenteils eine Medienkreation, sagt er. Am Anfang stand ein Malheur mit einem defekten Feuerzeug.

Man kann Krawatten nämlich auch für andere Zwecke verwenden, etwa Tomatenpflanzen mit ihnen festbinden, ein paar Schlipse in den Kofferraum werfen und sie im Notfall als Keilriemen benutzen. Man kann sich aber auch eine an mehreren Krawatten befestigte Trommel um den Hals hängen und mit dieser Vorrichtung an einer »Session« teilnehmen. Professor Feinlein prophezeit, daß die Krawatte schon bald das Schicksal des Gehrocks und des Kummerbunds erleiden wird. (Noch nie von einem Kummerbund gehört? Dann ist die Beweisaufnahme hiermit abgeschlossen.)

Im Jahr 2000 werden nur mehr ältere Lesben und die Sprecher der Naturschutzverbände Krawatten tragen.

»Ja, ich glaube ..., daß die Männer versklavt worden sind. Vielleicht ist der Industrialisierungsprozeß dafür die Ursache. Die Männer haben sich der Natur entfremdet, die früher garantiert hat, daß sie nicht die Verbindung zu ihrem Gefühlsleben verloren. Zorba den Griechen trifft man unter den heutigen Männern so leicht nicht mehr an. *(Lacht)* Sie wirken irgendwie versklavt und kastriert, finde ich, und die Tatsache, daß Männer morgens aufstehen und zur Arbeit gehen müssen (so ist es jedenfalls traditionell gewesen) ...

Ich habe selbst erlebt, wie mein Vater das immer wieder getan hat: Er ist jeden Tag in seinem Leben um 5.30 Uhr aufgestanden, in eine kalte Fleischfabrik gegangen und dann abends völlig erschöpft heimgekommen. Er war in dem allgemeinen Rennen ganz einfach nicht dabei; er hatte im Grunde genommen überhaupt keine Chance. Er mußte stets hart sein und durfte all diese Gefühle überhaupt nicht zulassen.

Und ich glaube, das alles hat den Frauen gar nicht so schlecht gefallen, jedenfalls vielen Frauen. Und der Feminismus hat dann dafür gesorgt, daß die

Frauen die ihnen auferlegte Rolle abgeschüttelt haben. Die Männer haben das meiner Ansicht nach noch vor sich. Die Männer tragen so viele Erwartungen und Mißverständnisse mit sich herum. In den feministischen Jahren ist es nicht ganz einfach gewesen, ein Mann zu sein, denn damals bekamen die Männer immer nur zu hören, daß alle Männer Sexualverbrecher und Frauenschänder und überhaupt Schweine sind und dieses ganze Bla-Bla ... Zwar mögen diese Vorwürfe im Einzelfall berechtigt sein, aber in dieser Allgemeinheit sind sie ganz und gar nicht hilfreich, sie helfen den Männern nämlich nicht, sondern veranlassen sie vielmehr, sich zurückzuziehen.

Die Männer haben deshalb verständlicherweise ein bißchen die Nerven verloren, aber ich hoffe, daß sie sich jetzt langsam wieder fangen und ein wenig aggressiver auftreten – nicht gegenüber den Frauen, denn sie sollen die Frauen ja lieben und sich um sie sorgen, die Frauen sind nicht der Feind. Der eigentliche Feind ist vielleicht dieser seltsame Kapitalismus oder der Konsumterror. Ja, dies alles und der Umstand, daß ›das System‹, wie man so sagt, die Männer versklavt hat. Man hat aus ihnen ›Roboter‹ gemacht, ökonomische Entitäten, die nichts anderes mehr können als Geld verdienen. *(Caroline ergänzt noch:) Und dieses System in Gang halten, das, wie du bereits früher gesagt hast, uns nicht eben die besten Dienste erweist, wie es heute scheint, das ist geradezu herzzerreißend ...*

Ja, das ist furchtbar ... Wenn es uns wirklich gute Dienste leisten würde, wenn wir wundervolle Schulen hätten und alles ein bißchen menschlicher ablaufen und ein wenig mehr Erfüllung bringen würde, ja, dann könnten wir hart arbeiten. Aber unter den heutigen Umständen – wozu sollen diese ganze harte Arbeit, all diese Belastungen und diese Schulden, die uns bedrücken, gut sein? Damit man sich irgendein billiges Video oder irgendwelches ›Junk food‹ reinziehen und zusehen kann, wie ganze Stadtviertel zugrunde gehen und man in den Einkaufszentren vor lauter Plastikschildern, Lärm und Unhöflichkeit nicht mehr ein noch aus weiß? Männer müssen ..., ich glaube, daß Männer sich vielfach durch ihre Fertigkeiten definieren und zur Welt in Bezug setzen – durch ihre Geschicklichkeit und ihre Fähigkeit, bestimmte Dinge zu machen oder zu tun.

Aber heutzutage werden sie immer nutzloser, wie es scheint, werden immer mehr versklavt und in Fesseln gelegt. Sie sitzen am Schreibtisch und müssen gut aussehen – sie müssen heute so verdammt gut aussehen und so adrett, und ihr Haar muß perfekt frisiert sein, und sie müssen gut riechen und den ganzen Tag auf einen Bildschirm starren. Die Reglementierung hat ein erschreckendes Ausmaß angenommen, und was hat das alles für Auswirkungen auf den Geist des Menschen? Was richtet es in der Psyche der Männer an? Wenn es so etwas wie eine männliche Seele oder sowas geben sollte, stell dir nur vor, wie grauenhaft die Auswirkungen sein müssen.

Wann hast du am meisten das Gefühl, du selbst zu sein?

Ich wühl ganz gerne ein bißchen im Schmutz herum, mach mir die Hände schmutzig oder sowas. Und was ist mit dem Sex? Ich meine, warum erwähnt kaum ein Mann die Sexualität, wenn jemand ihn fragt, was er am liebsten tut? Schließlich ist der Sex keine Nebensächlichkeit. Ich habe sehr gerne Sex, ich esse gerne, ich freue mich abends aufs Bett – ja, diese grundlegenden Dinge verschaffen mir ein gutes Gefühl. Ja, diese Dinge sind wahnsinnig wichtig. Ich arbeite gerne im Garten, mir macht es Spaß, ein Loch zu graben. Ich baue gerne irgendwelche Dinge, ich malere gerne ... Ich glaube, daß diese Sachen geradezu heilig sind, und sie sind uns allen gemeinsam, meine ich.

Und dann noch diese andere Geschichte ... Ich glaube, daß das moderne Leben die Menschen um etwas betrügt, nämlich um die Chance, für die Gesellschaft oder einen anderen Menschen wirklich von Wert zu sein – jemandes Leben zu retten oder jemanden auf der Straße aufzusammeln und ihm zu helfen.

Man muß nur einmal die Menschen in einem australischen Landstädtchen beobachten, wenn dort ein Buschfeuer ausbricht. Alle rennen augenblicklich aus dem Haus und versuchen sich gegenseitig zu helfen. Und das bringt diese liebenswerte und schöne Vitalität zum Vorschein, und die Menschen können all die verschiedenen Facetten ihrer eigenen Persönlichkeit kennenlernen.«

Michael Leunig in einem Interview mit Caroline Jones
in *The Search for Meaning (3)*

»Ein Bekannter von mir sah einmal, während er meditierte, eine fast drei Meter große Lichtgestalt am Ende des Ganges, die einen Speer hielt. Der Mann aus Licht kam auf ihn zu und sagte: ›Wenn du nichts aus deinem Leben machst, werde ich es dir nehmen.‹ Damals war mein Freund achtunddreißig Jahre alt.«

Robert Bly in *Eisenhans*

»Ich bin doch kein Mechanismus, nicht lediglich eine Ansammlung verschiedener Teile. Und bin nicht deshalb krank, weil dieser Mechanismus nicht richtig funktioniert.

Ich kranke an den Wunden meiner Seele, an meinem tiefsten emotionalen Selbst. Und diese Wunden der Seele heilen erst nach langer, langer Zeit, nur die Zeit vermag zu helfen. Und die Geduld und eine gewisse sehr schwierige Form der Reue, eine langwierige schwierige Reue, die Erkenntnis des grundlegenden Fehlers unseres Lebens und die Befreiung von der endlosen Wiederholung jenes Fehlers, den die Menschheit heute wie ein Idol anbetet.«

D. H. Lawrence *Healing*

»Der nach meiner Auffassung für die Entfremdung des Mannes ausschlaggebende Faktor ist das Fehlen eines verläßlichen Sinnes oder, vielleicht besser ausgedrückt, einer Berufung in unserem Leben.«

Sam Keen in *Feuer im Bauch*

» ... rund achtundvierzig Prozent der amerikanischen Männer sind inzwischen in einem der zehn größten Unternehmen des Landes oder im US-Staatsdienst beschäftigt.
... Autoren, die die Verhältnisse im Prä-Glasnost-Osteuropa kommentieren, wo seit Generationen eine Riesenbürokratie die Herrschaft ausgeübt hat, berichten über die emotionale Stagnation, die Haßgefühle, die Bösartigkeit und die Scham, die durch eine solche Tyrannei der Bürokratien verursacht werden.«

Robert Bly in *Wingspan*

»Ohne Arbeit ist das Leben trostlos. Aber wenn die Arbeit seelenlos ist, erstickt das Leben und stirbt dahin.«

Albert Camus

»Das einzige, was der Vater heutzutage mit nach Hause bringt, ist normalerweise eine gereizte Stimmung, die aus seiner Machtlosigkeit und Verzweiflung erwächst, vermischt mit alter Scham und der Taubheit, die denjenigen eigen sind, die ihre Arbeit hassen.

In früheren Zeiten konnten Väter ihre menschlich verständlichen Launen häufig dadurch überwinden, daß sie ihren Söhnen beibrachten, wie man Seile dreht, fischt, Pfahllöcher gräbt ..., Tiere pflegt, ja, sogar wie man singt und Geschichten erzählt. Diese Lehren milderten die Auswirkungen der Launen.

Selbst bösartige Männer werden weich, wenn sie lehren.«

Robert Bly

»Während dieser Treffen ... wird mir im tiefsten Innersten bewußt, daß die Männerbewegung Teil der Mutter Erde ist und daß es ihr darum geht, die Erde und ihre Kinder zu retten und die Frauen und Männer zu lieben, die uns lieben wollen.«

John Lee in *Auf der Suche nach dem Vater*

»Männer, die sich selbst davor schützen können, alles, was sie haben, für die Arbeit oder die äußere Welt herzugeben, stellen fest, daß sie endlich fähig sind, den abgeschlossenen, von Mauern umgebenen Ort zu betreten, in dessen Innerem Magisches geschieht.«

Robert Bly in *Eisenhans*

»Die Männer, die an Männergruppen und -treffen teilnehmen ..., sind auf der Suche nach einem neuen Bild von Männlichkeit und einer neuen Bedeutung des Wortes ›Mann‹. Sie sind bereit, ihre alte Haut abzuwerfen. Sie kommen zu unseren Zusammenkünften, weil sie glauben, ihr Kopf, ihr Körper und Geist seien so krank, daß ihnen nichts anderes übrigbleibe, als sich ihren Dämonen zu stellen. In Wirklichkeit jedoch war es ihr Mut, der sie dorthin führte.

Die wirklich ›kranken‹ Männer haben ihre Probleme noch immer nicht erkannt und kommen zu keiner Männergruppe, keinem Männerzentrum oder keinem Männertreffen, sie lesen auch keine Bücher über die Wunden von Männern. Jene Männer projizieren höchstwahrscheinlich noch immer ihre Probleme auf Frauen, Kinder, andere Männer und andere Völker. Die Männer, die kommen, um Heilung zu suchen, sind bei weitem die gesündesten Männer auf der Welt. Sie erkennen, daß sie Hilfe und Heilung brauchen. Sie sind stark genug, um ihre Verletzung zugeben zu können und zu sagen: ›Ich habe Angst, aber ich bin hier. Ich werde mein Inneres zeigen und meinem Schmerz ins Gesicht sehen.‹ Und nach wenigen Stunden in Gesellschaft anderer Männer, die ihnen beistehen, werden sie Ängste enthüllen, die manche von ihnen noch nie in ihrem Leben offenbarten.«

John Lee in *Auf der Suche nach dem Vater*

ACT FORESTS

Wahre Männerfreundschaft

Zwei Farmer stehen im staubigen Hof vor dem Wohnhaus. Der eine, Nachbar des anderen, ist herübergekommen, um Auf Wiedersehen zu sagen, der andere schaut zu, wie seine letzten Möbelstücke auf einen Laster gepackt werden. Die Farm sieht verlassen aus – das Vieh und die Maschinen sind verkauft. Zwei halbwüchsige Jungen stehen neben dem Wagen, die Frau ist bereits eingestiegen, den Blick gesenkt.

Die beiden Männer haben dreißig Jahre lang nebeneinander gewirtschaftet, Buschfeuer bekämpft, sie sind mit kranken Kindern durch die Nacht gefahren, haben literweise schwarzen Tee zusammen getrunken und dazu Plätzchen gegessen und sich wechselseitig um die Frau und die Kinder des anderen gekümmert, als handle es sich um die eigene Familie. Sie haben gute und schlechte Zeiten miteinander durchlebt. Jetzt muß der eine fortziehen – seine Farm ist pleite. Er wird fortan in der Stadt wohnen und von der Sozialhilfe und dem Geld leben, das seine Frau als Putzhilfe in irgendwelchen Motels verdienen wird.

»Also«, sagt der Nachbar, »ich fahr' dann mal wieder nach Hause.«

»Ja«, sagt der andere, »danke, daß du 'rübergekommen bist.«

»Laß' dich mal wieder bei uns blicken.«

»Na klar, mach ich.«

Und dann steigen beide in ihre Wagen und fahren davon. Während ihre Frauen in den folgenden Jahren in Briefkontakt stehen werden, tauschen diese beiden Männer nie wieder ein Wort miteinander.

Dabei gäbe es soviel zu sagen. Soviel, was ihnen helfen könnte, diesen schrecklichen Schicksalsschlag leichter zu ertragen. Wieviel Erleichterung brächte es, wenn einer von beiden hätte sagen können: »Eins muß ich dir zum Abschied noch sagen: Du warst der beste Kumpel, den ein Mann sich nur wünschen kann«, und dem anderen dabei direkt ins Auge geblickt hätte. Oder wenn die beiden gemeinsam mit ihren Frauen einen langen Abend zusammen verbracht hätten – einen Abend voller »Wißt ihr noch?« und Tränen und fröhlichem Lachen. Wieviel leichter wäre doch alles, wenn die beiden sich, statt steif dazustehen, kurz umarmt hätten, was sie angesichts der vor ihnen liegenden Schwierigkeiten gestärkt und ermutigt hätte. Der Farmer, der sein Land verlassen muß, wird solche Unterstützung und Tröstung in nächster Zeit kaum finden. Während er sich innerlich verkrümmt, um die Gefühle, die seinen Körper durchfluten, weiterhin zu unterdrücken, wird er ein sicherer Kandidat für Selbstmord, Alkoholismus, Krebserkrankungen oder Unfälle.

Männer, so ist es wohl, haben keine Freunde, wenigstens nicht in Ländern, die von der Distanz des puritanischen Protestantismus und der Anonymität hochentwickelter Industriegesellschaften geprägt sind. In Australien – mit seinem englischen Erbe – kennt ein Mann bestenfalls »Kumpel«, mit denen er sich unausgesprochen darauf geeinigt hat, über bestimmte Dinge niemals zu sprechen. Ein ungeschriebener Code legt fest, worüber Mann lachen und sich lustig machen darf und daß alle ernsthaften Gefühle und jedes Zeichen von Verletzlichkeit ausgeblendet werden müssen. All dies ist allgemein bekannt und schon häufig in Büchern thematisiert worden. Es ist an der Zeit, wirklich Veränderungen einzuleiten.

Kleine Jungen sind anfangs noch herzlich und zutraulich. Noch in den unteren Schulklassen kann man beobachten, wie sie sich gegenseitig den Arm um die Schultern legen. Zudem verhalten sie sich in diesem Alter noch freundlich und einfühlsam gegenüber kleineren Kindern, gehen unbekümmert mit Mädchen um und können sogar noch über ein totes Haustier oder eine traurige Geschichte weinen. Wann läuft also was schief? Im folgenden wollen wir darauf eine Antwort suchen.

Die eigene Männlichkeit beweisen

Wir haben bereits gesagt, daß Männer im Leben kleiner Jungen kaum eine Rolle spielen. Auch haben kleine Buben kaum Umgang mit älteren Jungen, da wir in unserer Gesellschaft jede Altersgruppe isolieren und von Kindern erwarten, daß sie sich lediglich mit ihrer eigenen Altersgruppe, oftmals lediglich des eigenen Geschlechts, abgeben. Das ist in der Tat eine seltsame Regelung, da kleine Jungen in allen Dörfern, Slums und Stammesgesellschaften der Welt ausgesprochen gerne mit älteren Jungen zusammen sind.

Im Gegensatz dazu führen die kleinen Jungen in den Grundschulen der westlichen Welt ein hartes, angstdurchsetztes Leben. Da sie sich nicht auf die ganz natürliche Führung durch ältere Kinder stützen können, lernen sie nicht, zusammenzuhalten, und sind den Unbilden ihres Daseins schutzlos preisgegeben. Und dann herrscht plötzlich das Gesetz des Dschungels – jene Bedingungen, wie sie in *Der Herr der Fliegen* dargestellt sind. Besonders in reinen Jungenschulen führt das dazu, daß sich sehr rasch eine ausgesprochen körperbetonte, angsterregende Hackordnung durchsetzt.

Paul Whyte vom Men's Network in Sydney hat sich eine sehr eindringliche Übung ausgedacht, um Frauen eine Vorstellung davon zu geben, was es heißt, sich als Junge in einer Schulhof-Kultur behaupten zu müssen. Er bittet die Damen, sich vorzustellen, daß ihre Geschlechts-»Zugehörigkeit« davon abhinge, ob sie in der Lage seien, sich körperlich gegen die Angriffe von Geschlechtsgenoss(inn)en zur Wehr zu setzen. Sie lernen also, sich vor Augen zu führen, ihr weiblicher Status würde sie dazu zwingen, sich mit jeder Frau, die zufällig daherkommt, herumzuprügeln, da sie andernfalls den Ansprüchen der Umwelt nicht genügten. Eine Frau, die das nicht kann oder will, würde folglich vermöbelt und noch dazu bezichtigt werden, überhaupt keine richtige Frau zu sein.

So sieht heute das Leben der Jungen in den Schulen aus. Ständig leben sie in der Gefahr, attackiert zu werden, und müssen ihren Status unentwegt durch die Bereitschaft verteidigen, sich auf tätliche Auseinandersetzungen einzulassen. Was meine eigene Kindheit anbelangt, ist diese Charakterisierung durchaus zutreffend – und wie steht es mit der Ihren?

Nur nicht schwul erscheinen

Jungen stehen unter dem Zwang, ihre »Männlichkeit« zu beweisen. Ständig kann man beobachten, daß kleine Jungen sogleich eine Oktave tiefer sprechen, wenn sie mit ihren Freunden zusammen sind – oder sich weigern, der kleinen Schwester einen Gute-Nacht-Kuß zu geben, wenn ein Kamerad zugegen ist.

Erschwert wird dies alles – insbesondere, wenn die Pubertät naht – noch durch etwas anderes: Homosexualität ist ein Faktum der menschlichen Biologie, dennoch gibt es immer noch viele Menschen, die auf diese sexuelle Orientierung ausgesprochen ablehnend reagieren. Dadurch fühlt sich jeder Junge, der auch nur geringfügig von der Norm abweicht, sogleich dem Verdacht ausgesetzt, schwul zu sein.

Ein Junge, der diesen Verdacht auf sich zieht, geht viele Risiken ein. Kann sein, daß seine Altersgenossen ihn strikt ablehnen, sich über ihn lustig machen, ihn verprügeln oder ihn sogar umbringen – je nachdem, wie ausgeprägt der Haß auf Homosexualität in der betreffenden Kultur ist. Die verbreitete Ablehnung von Homosexualität führt somit dazu, daß nicht nur die jungen homosexuellen Männer in unserer Gesellschaft verfolgt werden, sondern auch die heterosexuellen Jungen gleichsam eine schwere Bürde mit sich herumschleppen.

Sie führt dazu, daß das gesamte männliche Geschlecht sich in puncto Herzlichkeit, Kreativität, Äußerung von Zuneigung und Gefühlsbetontheit selbst erhebliche Beschränkungen auferlegt. »Wenn ich kein ›Macho‹ bin, könnte man in mir leicht einen Schwulen sehen.« (In dem Film *Mr. Mom* bleibt der Mann eine Zeitlang daheim, um nach den Kindern zu sehen. Er trägt den ganzen Tag einen Schutzhelm und verwahrt gleich neben der Tür eine Kettensäge, falls im Laufe des Tages irgendwann einmal ein Mann vorbeischauen sollte.)

Solange wir schwule Menschen unterdrücken, unterdrücken wir auch uns selbst. Niemand gestattet es sich unter solchen Umständen, er – oder sie – selbst zu sein.

Die Geißel des Konkurrenzdenkens

Als Persönlichkeitsmerkmal entstammt das Konkurrenzdenken jener zwanghaften Suche nach Anerkennung, die nie an ihr Ziel gelangt. Selbst Siege zu erringen – das müssen auch viele Spitzensportler immer wieder feststellen –, verschafft nicht die gewünschte Erfüllung. Erhalten hingegen Jungen und Männer ausreichend Lob und Anerkennung von ihren Mentoren, unterliegen sie nicht dem Zwang, um jeden Preis zu beeindrucken – sie begnügen sich damit, um der Sache willen zu lernen, und sind nicht mehr unbedingt darauf aus, der Größte und Beste zu sein.

Die Kunst und Kultur auf der indonesischen Insel Bali zum Beispiel zeigt, wie eine wundervolle Vielfalt an die Stelle von zwanghafter Gier und Bereicherungssucht treten kann.

> »Alle waren sich einig, daß Kondome eine tolle Sache seien, freilich mit einer Einschränkung: Während Männer nämlich unterschiedliche ›Konfektionsgrößen‹ hätten, seien Kondome lediglich in einer Einheitsgröße erhältlich. Offensichtlich hatten die Hersteller von Anfang an gewußt, daß kein Mann mit ein bißchen Selbstachtung in eine Apotheke gehen und dort nach einer Packung kleiner Kondome fragen würde.
>
> Danach schwiegen die Gesprächsteilnehmer eine Weile und dachten über diese Frage nach. Schließlich machte jemand einen Lösungsvorschlag. Warum nicht die kleinste Größe ›groß‹ nennen? Und was dann mit den größeren Größen sei, wollte jemand wissen. Das Gespräch wurde jetzt immer frecher. Nach langer Beratschlagung einigte man sich schließlich darauf, daß es drei Kondom-Größen geben sollte – ›groß‹, ›riesig‹ und ›Oh, mein Gott!‹«
>
> Nach einer Geschichte aus der *Whole Earth Review*

Das Wettbewerbsdenken ist das größte Unglück im Leben der Männer. Wenn ich mich beispielsweise irgendwo in der Öffentlichkeit aufhalte, etwa im Schwimmbad, ist es bis heute so, daß ich mich entspannt und wohlfühle, wenn sonst niemand dort ist. Taucht hingegen ein anderer Mann auf, vergewissere ich mich zuerst, daß er für mich keine körperliche Bedrohung darstellt – daß er mich nicht ausraubt. Zwar hat mich seit meiner Kindheit noch nie jemand ausgeraubt oder körperlich verletzt, aber trotzdem stellt sich dieses Gefühl ein (Frauen kennen diesen Reflex ebenfalls – wenn auch aus anderen Gründen).

Und dann fange ich an abzuschätzen, ob er stärker ist, bessere Kleider trägt oder sportlicher wirkt. Wenn er eine Frau dabei hat, suche ich nach Anzeichen dafür, daß sie ihn nicht wirklich mag. Wenn der Parkplatz in Sicht ist, achte ich darauf, was er im Vergleich zu mir für ein Auto fährt – daraus läßt sich eine Menge bezüglich Einkommen, Status und Geschmack ableiten. Selbst wenn er freundlich ist und wir ins Gespräch kommen, denke ich darüber nach, in welchem Licht ich mich ihm präsentieren soll. Und so geht der innere Wettbewerb unaufhörlich weiter – offenbar bin ich in einem zutiefst feindseligen, von Unsicherheit genährten Vergleichsdenken gefangen.

Ich bemühe mich jetzt, mit Hilfe der von der Männerbewegung vertretenen Ethik, dieses völlig nutzlose Verhaltensmuster aufzulösen. Ich lerne, andere Männer als meine Brüder anzusehen, von denen ich annehmen und denen ich geben kann. Gegenüber Frauen habe ich von jeher so empfunden, aber warum nur nicht gegenüber Männern? Wenn mir dieser Umlernprozeß gelingt, so wird das eine grundlegende Verhaltensänderung zur Folge haben und mir einen neuen, erfreulicheren Zugang zu meinen Mit-Männern verschaffen, die ja immerhin die Hälfte der Menschheit ausmachen.

»Jungen und Jugendliche, die in der Zeit des Heranwachsens keinen angemessenen – herzlichen – Körperkontakt mit anderen männlichen ›Wesen‹ erfahren, gelangen nie wirklich zur Reife. Tatsächlich unterdrücken viele Männer, denen diese Erfahrung verwehrt war, rigoros ihr Bedürfnis nach männlicher Zuneigung. Man kann solche Männer bei jedem Fußballspiel oder Boxkampf beobachten. Sie scheinen erst bei mehr oder weniger gewalttätigen Kontakten mit anderen Männern richtig aufzublühen und weisen jede Form von Intimität weit von sich.

Wenn Männer Gelegenheit haben, unbehindert die Liebe und Unterstützung anderer Männer kennenzulernen, dann fangen sie an, das in unserer Gesellschaft vorherrschende Wettbewerbsdenken in Frage zu stellen.

Diese kritische Haltung wiederum führt sie dazu, sich zunehmend – und im wahrsten Sinne des Wortes – als ›Dienende‹ zu verstehen, die sich aufrichtig für die Erhaltung und den Schutz unseres kleinen Planeten einsetzen. Darin liegt die Macht der Neuen Männlichen Seele. Am Anfang steht die Umarmung.«

Barry Cooney in *Wingspan*

Jenseits des Konkurrenzdenkens

Das Volk der Xervante in Brasilien unterteilt das Dasein des Mannes in acht Entwicklungsstadien. Die Angehörigen der einzelnen Altersstufen stehen einander zeitlebens sehr nahe; sie können aber auch stets auf die Hilfe der in der Altershierarchie bereits weiter fortgeschrittenen Männer ihres Volkes rechnen. Alljährlich finden bei den Xervante Wettrennen der einzelnen Altersgruppen statt. Diese Rennen erscheinen jedoch nur auf den ersten Blick wie Wettbewerbe in unserem Sinn. Wenn einer der Läufer strauchelt oder stolpert, fangen ihn die anderen auf, lassen ihn in ihre Mitte gleiten und laufen gemeinsam weiter. Die Gruppe gelangt deshalb immer im »Rudel« ans Ziel.

Bei den Wettbewerben geht es also überhaupt nicht darum, vor den übrigen Mitläufern den Sieg davonzutragen – obwohl alle sich mächtig ins Zeug legen. Vielmehr handelt es sich um eine überschwengliche Feier der Männlichkeit – um die freudige Zurschaustellung überschüssiger Vitalität. Seit Jahrtausenden hat diese Kultur dank ihres Kooperationsgeistes alle Fährnisse überstanden. Die Männer dieses Volkes müssen nicht erst beweisen, daß sie Männer sind – sie freuen sich schlicht darüber, daß sie Männer sind.

Marvin Allen hat diesen Gedanken einmal sehr schön so ausgedrückt: »Ich kann Leute nicht ausstehen, die – wo immer auf der Welt – sich gedrängt fühlen zu ›beweisen‹, daß sie Männer sind.« Tatsächlich ist dieser Männlichkeitswahn geradezu lächerlich. Schließlich würden auch Frauen niemals auf die Idee kommen, »beweisen« zu wollen, daß sie Frauen sind.

Freunde können unendlich viel Trost und Unterstützung gewähren. Ja, sie geben unserem Lebensrhythmus Halt. Sie zeigen uns, daß wir dazugehören und daß man sich um uns sorgt. Vielleicht ist das auch der Grund, warum Männer traditionell beim sommerlichen Grillen die Zubereitung der Fleischgerichte übernehmen. Sie wollen damit zeigen, daß sie ebenfalls »nährende« Qualitäten haben. Wenn Sie das nicht glauben, sollten Sie sich nur einmal das Gekabbel anhören, mit dem Männer und Frauen bei solchen Gelegenheiten über die Qualität der Würste und Koteletts diskutieren.

Ein Mann, der nicht auf ein Netzwerk von Freunden zurückgreifen kann, ist in seiner Lebensführung ernsthaft beeinträchtigt.

Freunde mindern die oftmals geradezu neurotisch übertriebene emotionale Abhängigkeit vieler Männer von der eigenen Frau oder Freundin. Wenn ein Mann, der gerade eine schwere Zeit durchmacht, von seinen Freunden wie von seiner Partnerin Unterstützung erhält, verliert eine solche Belastung gleich viel von ihrem drückenden Gewicht. Hat er indes Probleme *mit* seiner Partnerin (wie es oft der Fall ist), dann können seine Freunde ihm helfen, diese Durststrecke durchzustehen, ihn zur Besinnung rufen, ihn von unsinnigen Entschlüssen abhalten und ihm seinen Kummer erleichtern.

Lebenskrisen – wie Männer sich in schwierigen Situationen gegenseitig helfen können

Vor zwei Jahren wurde in Hobart ein Mann von Mitte vierzig, der in einer dortigen Behörde arbeitete, plötzlich entlassen. Er hatte bis dahin stets mit hohem Einsatz gute Arbeit geleistet, aber sein Chef hatte nicht den Mumm, ihn persönlich von dieser gravierenden Entscheidung in Kenntnis zu setzen. Statt dessen fand der Mann und mit ihm ein weiteres Dutzend Kollegen eines Tages ein vervielfältigtes Kündigungsschreiben in seinem Briefkasten vor.

Der Mann rastete total aus, kaufte am nächsten Tag eine Waffe, stopfte Akten der Behörde in den Gartenhächsler und versetzte seine Frau und seine kleinen Kinder in höchste Beunruhigung.

Einige seiner Freunde überlegten, was zu tun sei. Schließlich faßten sie einen Entschluß. Sie suchten den Mann zu Hause auf, brachten Lebensmittel und Schlafsäcke gleich mit und blieben übers Wochenende, während die Frau und die Kinder woanders untergebracht wurden. Sie machten eine Art Dienstplan und sorgten dafür, daß einer von ihnen stets wach und bei dem Mann war, der vor lauter Erregung kaum mehr schlafen konnte. Nach vielem Zureden und Zuhören, Schluchzen und Trösten dankte der Mann am Sonntagnachmittag seinen Freunden, daß sie gekommen waren und ihn davon abgehalten hatten, sich selbst »zum Idioten« zu machen.

Dann fing er an, konkrete Zukunftspläne zu schmieden. Die Freunde blieben währenddessen in ständigem Kontakt mit ihm und überzeugten sich davon, daß tatsächlich alles in Ordnung war. Ein paar Tage später kehrten seine Angehörigen nach Hause zurück, und sein Leben hat seither einen durchaus positiven Verlauf genommen.

Die Freunde hatten instinktiv gespürt, daß sie in dieser Situation gefordert waren – daß hier nur Männersolidarität wirklich zu helfen vermochte. Männliche Freunde können manchmal in Lebenslagen helfen, in denen Ehe- oder andere Frauen sich schwertun. Andere Männer wissen oft besser, wie ein vom Schicksal getroffener Mann sich fühlt. Männer haben bestimmte Probleme – etwa mit ihrem

Versorgerstatus –, die Frauen jedenfalls in diesem Maße unbekannt sind. Nur andere Männer können einem Mann dabei helfen, sich auf den ein Leben lang andauernden Prozeß der eigenen Mannwerdung ernstlich einzulassen.

Gefühle mitteilen

Millionen Frauen beklagen sich über die Gefühllosigkeit ihrer Männer, ihre mangelnde Sensibilität. Auch Männer selbst fühlen sich oft irgendwie »taub« und wissen nicht genau, was sie wollen. Aus alledem wird häufig eine unüberbrückbare Kluft zwischen Mann und Frau – und nicht selten ist in diesem Zusammenhang sogar vom »Krieg der Geschlechter« die Rede. Aber hat diese männliche »Verstocktheit« ihre Ursache nicht vielleicht darin, daß Männer sich zu selten *mit anderen Männern* wirklich austauschen (statt sich mehr oder weniger geschmackvolle Witze zu erzählen)?

Würden Männer mehr miteinander reden, vielleicht würden sie sich dann auch selbst besser verstehen, vielleicht hätten sie dann sogar ihren Frauen mehr zu sagen. Es spricht sehr vieles dafür, daß Männer nur in Gesellschaft anderer Männer ihr Herz aktivieren können. Michael Meade sagt, daß nicht nur die männliche Stimme einen anderen Klang als die weibliche hat, auch das Gefühlsleben des Mannes hat eine andere Klangfarbe. Wir Männer haben mehr als genug Gefühle, freilich empfinden wir anders als Frauen. Ist es uns jedoch einmal gelungen, diese Gefühle zu aktivieren, dann haben wir auch keine Probleme mehr, uns auszudrücken.

Die Entmenschlichung der Männer

> »Wie viele von euch hier sind groß, reich, erfolgreich, mächtig, haben ein Zwanzig-Zentimeter-Organ, Haare auf der Brust, sind schlank, muskulös und haben sich stets unter Kontrolle ... Haben wir hier heute so jemanden hier?
>
> Wir arbeiten hier mit einem neuen Begriff des Mannes, und diese Definition legt auf die fürsorglichen, die ›liebevollen‹ Eigenschaften mindestens – wenigstens – soviel Wert wie auf die Schutz- und Versorgerfunktion.«
>
> Marvin Allen vor einem Männerpublikum

Die Erwartungshaltung des gesellschaftlichen Umfelds bringt die Männer immer wieder in eine schwerwiegende Zwickmühle. Einerseits erwartet man von ihnen – besonders in letzter Zeit –, daß sie sich emotional öffnen und sich sensibler verhalten als bisher. Andererseits bereitet man sie noch immer auf die Kriegsführung vor und verlangt von ihnen gegebenenfalls ein »hartes« Auftreten – und bisweilen ist solche Härte in unserem Leben ja tatsächlich erforderlich. Deshalb wollen wir im Grunde genommen auch keine Männer, die schwächer sind – sondern nur solche, die nötigenfalls einen anderen Gang einlegen können, und das erfordert ein beträchtliches Geschick.

> »Ich war zweimal verheiratet und hatte etliche sonstige Beziehungen, die schlecht ausgegangen sind. Wie die meisten Frauen habe ich den Männern stets ›zugehört‹, aber bis heute habe ich sie offenbar nie verstanden. Ich habe nie zuvor miterlebt, daß Männer so aufrichtig und liebevoll miteinander gesprochen haben.
>
> Und ich konnte mir früher nie vorstellen, wie es für einen Mann ist, mit dem Bewußtsein zu leben, daß er vielleicht töten muß, oder mit dem Horror vor der Schlacht. An diesem Wochenende habe ich das Gefühl, mit Giganten in einem Raum gewesen zu sein. Ich danke euch, daß ich zuhören durfte.«
>
> Eine weibliche Beobachterin in dem Videofilm *Man's Weekend*

Ein Autor hat einmal beschrieben, wie er zusammen mit vier Freunden Sekunden nach einem schweren Verkehrsunfall am Schauplatz des Geschehens eintraf. Sie stoppten den Verkehr, zogen schwerverletzte Menschen aus den Unfallautos, versorgten Wunden und spendeten den Angehörigen von zwei Menschen Trost, die durch den Unfall ums Leben gekommen waren. Drei Stunden vergingen, bevor alles vorüber war.

»Ich hätte mich gefreut«, sagte der Autor später, »wenn ich in einer Zeitung die Überschrift gelesen hätte: ›Fünf Männer unterdrückten ihre Gefühle, um bei einem Verkehrsunfall Menschenleben zu retten‹.« Was er damit sagen wollte war, daß die Fähigkeit zur Beherrschung der eigenen Gefühle durchaus ein wertvoller Teil der männlichen Ausstattung ist. Diese Fähigkeit ist für das Überleben äußerst wichtig, und in ihrem tiefsten Innern verlassen sich alle Frauen darauf. Daß Mann in bestimmten anderen Situationen in der Lage sein sollte, seinen Gefühlen freien Lauf zu lassen, steht auf einem anderen Blatt.

Ein Männertreffen

Eine Gruppe von Männern nimmt an einem Nachmittagsseminar teil, das zu einer größeren Veranstaltung über die Familie gehört. Frauen sind bei dem Treffen nicht zugegen. In dem Raum herrscht eine andere Atmosphäre als in den sonstigen Seminaren des Tages – ein wenig düster, ein wenig geladen. Eine Frau mittleren Alters, die sich verlaufen hat, steckt den Kopf zur Tür herein. Sie spürt sofort die Atmosphäre, murmelt eine Entschuldigung und verschwindet wieder.

Meine Aufgabe ist es, dieses Seminar zu leiten. Ich sitze ruhig da, mache mich mit dem Raum vertraut und lasse mich in meinen Körper sinken. Ich habe schon Tausende von Seminaren und Gesprächen eröffnet, trotzdem weiß ich jetzt nicht, wie ich mit meiner Energie umgehen soll, weil ich zu intensiv bemüht bin, »freundlich« zu sein.

Als es soweit ist, fange ich an zu sprechen, und die Gruppe taut allmählich auf. Anders als bei Veranstaltungen der Frauenbewegung, die oft durch eine überschäumende Vitalität und eine gewisse Verärgerung charakterisiert sind, herrscht in Männergruppen zunächst meist eine eher reservierte, ja sogar ängstliche Stimmung vor. Meistens lockern dann ein paar ältere, selbstbewußtere Männer durch irgendwelche flapsigen Bemerkungen die Stimmung auf. Mit meinen vierzig Jahren stehe ich – nach Jahren – ungefähr in der Mitte und bin heute weniger forsch und oberflächlich selbstbewußt und auch nicht mehr so verliebt in den Klang meiner eigenen Stimme. Ich habe genügend Verluste und Beschämungen erlebt.

Ich habe inzwischen große Hochachtung vor Schmerzen und Leiden erworben – was nur meinen Respekt für Menschen vergrößert hat, die auf ihrem Lebensweg noch weiter vorangeschritten sind als ich selbst. Deshalb wende ich mich zunächst an die älteren Männer und danke ihnen für ihr Kommen. Ich räume ausdrücklich ein, daß sie länger gelebt haben als ich und auf mehr Erfahrungen zurückblicken können. Ich bitte sie darum, mir zu helfen, falls ich aus Unerfahrenheit etwas falsch machen sollte. Dann fangen wir an.

Die Diskussion läuft sofort in eine gewisse Richtung, die in der gegenwärtigen Phase der Männergeschichte identisch mit dem Weg nach vorne zu sein scheint. Wir sprechen zunächst über all das, was *nicht* funktioniert – schwerwiegende Auseinandersetzungen mit Vätern, schmerzliche Erfahrungen in der Ehe, Erziehungs- und gesundheitliche Probleme. Die Männer sind dazu eingeladen, von sich selbst zu erzählen und sich gegenseitig schlicht anzuhören. Einer nach dem anderen fangen sie an zu sprechen. Und während sie ganz ruhig und einfach von ihren Erfahrungen berichten, füllen sich immer mehr Augen mit Tränen, und etliche der Männer beginnen zu weinen.

Von Zeit zu Zeit finden sich kleinere Gruppen von Männern zusammen und schließen sich dann der Gesamtheit wieder an, um mitzuteilen, zu welchem Ergebnis sie gelangt sind. Es ist kaum möglich, den Redefluß der Leute zu unterbinden. Am Ende der Veranstaltung will niemand gehen. Erst eine Stunde nach der ursprünglich vorgesehenen Zeit umarmt mich der letzte der Männer lange, bevor er seines Weges geht.

Die heutigen Männer stehen innerlich unter einem Druck, der sich seit langem in ihnen aufgebaut hat. Es handelt sich dabei um nichts Kompliziertes – lediglich um die Frage: »Und wie läuft dein Leben so?« Aber solche Gespräche finden natürlich weder in der Kneipe noch im Sport- oder im Rotary-Club noch an kirchlichen Gemeindeabenden statt. Deshalb kommen in unserem Leben die für die Entwicklung der männlichen Seele so wichtigen Gesprächsanlässe kaum vor. Man stelle sich nur vor, wie außerordentlich Frauen darunter leiden würden, wenn sie sich nicht mehr mit anderen Frauen austauschen könnten. Wenn man das begreift, dann bringt man auch der Verspanntheit und »Taubheit« der Männer mehr Verständnis entgegen. Wir haben uns viel zu lange voneinander abgeschottet.

Trauer

Mal McKissock, der sich mit den schädlichen Folgen des Nicht-Trauern-Könnens beschäftigt hat, hat einmal gesagt, daß ein Mann, der sich von seinen Gefühlen abschottet, sich selbst langsam umbringt. Innerhalb der ersten zwei Jahre nach dem Tod ihrer Frau sterben verwitwete Männer achtmal so häufig wie Männer mit einer intakten Familie. Wenn in einer Familie ein Kind stirbt – beispielsweise am Plötzlichen Kindstod –, dann liegt die Wahrscheinlichkeit, *daß die Ehe der Eltern an dem Verlust zerbricht, bei siebzig Prozent.* Wir Männer müssen deshalb dringend lernen, unsere Trauer auszudrücken. McKissock erklärt sogar, daß die Unfähigkeit zu trauern und Kummer zu empfinden, unser ganzes Leben seiner Leidenschaftlichkeit beraubt. Niemand möchte mit einem Holzblock verheiratet sein, deshalb gehen zahllose Ehen auseinander. Ehefrauen und Partnerinnen haben ihre eigenen Schmerzen auszuhalten und können deshalb häufig nicht mit dem dienen, was der Mann braucht.

Mal McKissock glaubt, daß die Unterdrückung einer einzigen Emotion (in diesem Fall der Trauer) den Ausdruck sämtlicher Gefühle blockiert – seien es Wut, Angst, Herzlichkeit oder Liebe. Diese Leidenschaftlichkeit haben die meisten von uns Männern verloren, sie ist aber auch, was wir wiedergewinnen müssen.

Das Weinen ist ein einfaches körperliches Geschehen. Wenn wir weinen, produziert unser Körper heilende chemische Substanzen, die unser Gehirn durchströmen und den Schmerz langsam abklingen lassen, den wir erlitten haben. Sobald wir uns wirklich ausgeweint haben, können wir wieder frei atmen, klar sehen, die Liebe anderer empfinden und der Welt ins Angesicht blicken.

> »Je mehr ein Mann es versteht, sich während dieser dunklen Zeit auf sich selbst einzulassen, um so rascher wird er die dunkle Nacht durchschreiten. Je mehr Schaden und Verleugnung er sich selbst antut, um so länger dauert der Heilungsprozeß und um so gravierender werden die Fehler sein, die er unterwegs begeht. Während er versucht, sein eigenes gebrochenes Herz zu heilen, werden andere Herzen unter ihm zu leiden haben.
>
> Wenn ein Mann sich seiner Trauer hingibt, schreitet er durch ›das Tal des Todesschattens‹, aber er muß dies nicht allein tun. Wenn er dann auf der anderen Seite wieder ins Freie tritt, wird sein Leben heller sein, werden die Starre und die Sucht von ihm abfallen, und er ist bereit, zu lieben und geliebt zu werden. Wenn eine Frau sich ihm in Liebe nähert, wird er Intimität zulassen, kommt aber eine solche Frau nicht daher, so fühlt er sich trotzdem wohl, weil er jetzt für sich selbst zu sorgen vermag. Er hat eine Gruppe von Menschen in seinem Leben, die ihn unterstützen, die er hoffentlich behalten und fürsorglich

behandeln wird und die sich ihrerseits mit einer neuen Liebe und Fürsorglichkeit um ihn kümmern werden.«

Robert Bly in *To Be a Man*

Einer meiner Freunde hat seinen Vater bereits mit acht Jahren verloren. Seine Mutter brachte sich zwei Jahre später um. Er und sein jüngerer Bruder wurden getrennt und im Laufe der Jahre immer wieder bei anderen Verwandten untergebracht. Die beiden Jungen sahen sich kaum. Als ich ihn kennenlernte, war er ein äußerst erfolgreicher Geschäftsmann, litt jedoch unter cholerischen Anfällen, die ihn bereits eine Reihe wertvoller Mitarbeiter gekostet hatten. Er hatte schon zwei gescheiterte Ehen hinter sich und war zum fraglichen Zeitpunkt gerade zum drittenmal – mehr oder weniger unglücklich – verheiratet.

Er wußte inzwischen, daß das Problem bei ihm selbst lag und war bereit zu sprechen. Im Grunde genommen mußte er nur seine Geschichte erzählen und die damit einhergehende Trauer zum Ausdruck bringen. Aber seit seiner Kindheit hatte er nie mit einem anderen Menschen über seinen Kummer gesprochen. Als er jetzt bedächtig und leise seine Geschichte erzählte, wurde er zwischendurch immer wieder von Weinen und Schluchzen geschüttelt. Dann fuhr er ruhig fort. Je länger wir so dasaßen, um so deutlicher wurde in dem Raum, in dem wir uns aufhielten, eine Atmosphäre des Friedens spürbar. Ich werde dieses Erlebnis nie vergessen.

Spaß und Freundschaft

Der andere Grund für Männerfreundschaften ist der Spaß. Späße unter Männern sollten aufgekratzt, überschwenglich und herzlich sein – dazu deftig, wohlwollend, bei aller Verspieltheit rücksichtsvoll und *frei* von falscher Respektabilität oder Hemmungen.

»Wir nennen unsere Gruppe SPERM (Society for the Protection and Encouragement of Righteous Manhood = Gesellschaft zum Schutz und zur Ermutigung rechtverstandener Männlichkeit).«

Sam Keen in *Feuer im Bauch*

»Männerfreunde müssen rauh und auch spaßend miteinander umspringen.«

Robert Bly

Einige halbwüchsige Jungen, die in meiner Nachbarschaft wohnen, dachten sich eines Tages etwas Ungewöhnliches aus. Sie hatten bereits des öfteren am Ufer des Huon-Flusses gezeltet und beschlossen daher, ein Holzboot zu bauen und damit den Fluß hinunterzufahren. Da sie schon relativ erwachsen waren, segneten ihre Eltern diesen Plan ab. Einer der Väter besorgte ihnen einen Schuppen, in dem sie arbeiten und Material verwahren konnten. Außerdem sparten sie Geld und bastelten am Wochenende an dem Boot, bis dieses allmählich Konturen annahm.

Freilich lief zwischen den jungen Burschen nicht immer alles glatt. Einer der Jung-Mannen kam nicht nur den finanziellen Verpflichtungen, die er eingegangen war, nicht nach, er kränkte die übrigen auch noch dadurch, daß er sie wegen anderer Zwecke um Geld anpumpte. Da einige von ihnen Teilzeitjobs angenommen hatten, um ihre Finanzen aufzubessern, wurden sie nach einiger Zeit böse und beschlossen, dem pflichtvergessenen Freund die Meinung zu sagen:

»Du bringst nicht nur nicht die vereinbarten Leistungen, sondern nutzt uns sogar noch aus«, machten sie ihm klar.

Wegen der langen Bekanntschaft mit den übrigen, aber auch weil die anderen Jünglinge den Übeltäter zwar deutlich, doch nicht aggressiv angingen, ließ sich dieser die Kritik gefallen. Er dachte nach, suchte sich einen Job und zahlte seine Schulden zurück. Genau auf diese Weise wird ein Charakter gebildet.

Ein anderer der jungen Bootsbauer fühlte sich durch die maßlosen Erwartungen, die seine Eltern an ihn richteten, schier erdrückt. Die anderen bemerkten seine zunehmende Niedergeschlagenheit und überlegten gemeinsam – unter Einschluß der eigenen Eltern –, wie dem Freund zu helfen sei. Man kam überein, daß es am besten wäre, dem Jungen direkt zu sagen:

»Paß mal auf, du mußt nur noch ein Jahr bei deinen Eltern wohnen. Mach es dir nicht selbst so schwer und sieh zu, daß du einen guten Schulabschluß hinbekommst. Danach bist du dein eigener Herr und kannst aus deinem Leben machen, was *du* willst. Wenn du möchtest, kannst du sogar hier im Bootsschuppen wohnen.«

Inseln der Ernsthaftigkeit in einem Meer der erwartungsfrohen Lebensfreude. Jeder lebt leichter, fühlt sich stabiler und sicherer, wenn Freunde ihm zur Seite stehen. Was Freundschaften im Leben junger Leute bedeuten, ist sehr schön in Maeve Binchys Romanen beschrieben. Wenn Sie sich dafür interessieren, brauchen Sie sich bloß die entsprechenden Bücher zu besorgen.

Warum sollen nicht alle Männer – ob jung oder alt – in ihrem Leben ein solches Sicherheitsnetz ausspannen? Auf diese Weise ließen sich zahllose Katastrophen vermeiden.

Kurzgefaßt

1 Halten Sie Ihre Freundschaften völlig frei von Wettbewerbsdenken – abgesehen von jenem spielerischen Ehrgeiz, der sportliche Aktivitäten so reizvoll macht.

2 Versuchen Sie nicht zu beweisen, daß Sie ein Mann sind. Seien Sie einfach einer.

3 Seien Sie herzlich. Machen Sie von Zeit zu Zeit offen Komplimente.

4 Hören Sie sich die Probleme Ihrer Freunde einfach an, ohne sie zu bagatellisieren oder vorschnell gute Ratschläge zu erteilen.

5 Schließen Sie sich einer Männergruppe an, deren Mitglieder über ihr tatsächliches Leben sprechen und über schmerzliche Themen ebenso diskutieren wie über lustige.

6 Haben Sie keine Angst vor Trauergefühlen oder Tränen. Vermutlich haben Sie ohnehin einen erheblichen Nachholbedarf.

7 Seien Sie fröhlich mit anderen Männern – überschwenglich, wild und ohne Reserviertheit. Seien Sie stolz darauf, ein Mann zu sein. Schaffen Sie sich ein gutes Netzwerk von Freunden.

Der wilde Geist des Mannes

In diesem Kapitel wollen wir uns mit drei elementaren Aspekten der Mannwerdung befassen, mit denen sich die Männerbewegung auseinandersetzt: der »Initiation«, dem »Wilden Mann« und der »Zeit der Asche«. Sie alle beschreiben tiefgreifende Veränderungsprozesse, durch die aus Jungen Männer werden. Sie helfen Männern dabei, eine Kraft zu erwerben, die aus dem Einklang mit den Lebensmächten herrührt. Sie vermitteln einem Mann jene Weisheit, die er braucht, um eines Tages in den Kreis der »Ältesten« aufgenommen zu werden.

> »Denn dies ist die Reise, auf die wir Männer uns begeben. Um zu uns selbst zu finden. Wenn wir darin versagen, ist es ganz gleichgültig, was wir sonst auch immer finden mögen.«
>
> James A. Michener in *Frühlingsfeuer*

Religion, Spiritualität und Männlichkeit

Im gesamten Verlauf der bisherigen Menschheitsgeschichte haben alle Völker der Erde irgendeiner Art von Religion angehangen und sie als die zentrale Kraft in ihrem Leben angenommen. Die Höhlen von Lascaux mit ihren herrlichen Tierbildern sind die ältesten Zeugnisse für die Existenz eines Männlichkeitsrituals. In der Stammesgesellschaft der australischen Aborigines widmeten die erwachsenen Männer religiösen und verwandten kulturellen Praktiken siebzig Prozent ihrer Zeit. Sogar heute noch, ungeachtet des Fanatismus und der Engstirnigkeit, die von religiösen Eiferern an den Tag gelegt werden, sind die Kräfte des Guten – von sozialen Diensten bis hin zum Ziel des Weltfriedens – stark von religiösen Erfahrungen und Werten geprägt. Auch die beeindruckendsten und leistungsfähigsten Männer und Frauen – seien es Nelson Mandela oder der Dalai Lama – gründen ihr Engagement auf ein religiöses Fundament.

Warum aber ist die Religion so wichtig? Jeder von uns fühlt sich bisweilen verloren und verwirrt und irrt desorientiert durchs Leben. Sachliches, vernunftbetontes Denken hilft in solchen Situationen nicht weiter. Bei anderen Gelegenheiten wiederum werden wir von dem kaum faßlichen, aber überwältigenden Gefühl gestreift, daß das Leben herrlich ist und wir im Fluß der Dinge glücklich dahintreiben. Das alltägliche Auf und Ab, die üblichen Schmerzen und Vergnügungen fallen dann kaum ins Gewicht, wenn unsere Grundrichtung stimmt. »Spiritualität« bedeutet denn auch schlicht die direkte Erfahrung, daß unser Leben von etwas Besonderem durchdrungen ist.

Die institutionalisierte Religion mit ihren Gruppenaktivitäten und Ritualen stellt den Versuch dar, diese flüchtige Erfahrung festzuhalten und in den Alltag zu integrieren. Sie ist wie ein Behältnis, in dem es uns mitunter gelingt, das Quecksilber wahrer spiritueller Erfahrungen aufzufangen, bisweilen aber auch nicht.

Die meisten heutigen Menschen wissen nicht mehr um die – psychisch – stabilisierende Wirkung ritualisierter Verhaltensweisen, sie glauben, Rituale seien gänzlich sinnlos. Aber selbst wenn wir von einem »leeren Ritual« sprechen, räumen wir indirekt noch ein, daß Rituale auch »voll« sein können.

In der Gruppe unternommene zeremonielle Aktivitäten helfen den Mitwirkenden, ihre Energie auf das Wesentliche zu richten. Sie vermitteln ihrem Leben spirituelle Tiefe und lenken ihren Blick auf die großen Dinge und weg von leidigen Trivialitäten, mit denen wir uns sonst vorwiegend befassen.

Für den heutigen Mann ist es meist nicht entscheidend, an welcher Art von Religion er sich orientiert. Ohnehin unterscheiden sich die Religionen meist nur in Stil und »Technik« (wahre Christen, Buddhisten oder Anhänger einer »Naturreligion« entdecken leicht zahlreiche gemeinsame Fragen und Antworten). In gewisser Hinsicht sind alle spirituellen Wege gleich richtig. Freilich begeht einen schweren Fehler, wer in seinem Leben *auf jede* spirituelle Praxis verzichten zu können meint.

> »Wir erstreben jenseits aller Worte einen Einklang mit der heiligen Männlichkeit, mit dem Unbegreiflichen und Unaussprechlichen. Erst wenn wir uns dieser tiefen Sehnsucht ganz überlassen, spüren wir unsere Trauer, unsere Freude und unsere Wut. Diese Sehnsucht nach

Verbundenheit enthebt uns unserer persönlichen Dramen und verschafft uns Zugang zu unseren tiefsten Gefühlen. Erst dann fühlen wir uns wahrhaft lebendig und menschlich und gelangen in den Genuß eines reichen Gefühlslebens.«

George Taylor in *Wingspan*

»Ich habe viele hundert Patienten behandelt. Unter denen, die bereits in der zweiten Hälfte ihres Lebens standen – also über fünfunddreißig Jahre alt waren –, gab es nicht einen, der nicht letzten Endes nach einer religiösen Lebensperspektive gesucht hätte.«

C. G. Jung

Haben die alten Religionen versagt?

Die großen traditionellen Religionen der Welt haben vieles aufzuweisen, was befreiend und lebensbejahend zu wirken vermag. Freilich hat die Bedeutung der Religion in der modernen westlichen Welt in diesem Jahrhundert stark abgenommen. Die Werte des im Idealfall geradezu sozialrevolutionären Christentums spielen heute im öffentlichen Bewußtsein nurmehr eine untergeordnete Rolle. Die meisten Leute assoziieren mit »christlich« nicht selten die Vorstellung verknöcherter Geistlicher oder alter Damen, die im Gemeindehaus zum Kaffeekränzchen zusammentreffen. Und selbst in den Augen zahlloser Christen ist – insbesondere die katholische – Kirche nicht mehr zeitgemäß und hängt den hierarchischen Werten einer vergangenen Gesellschaft an.

Andere Gläubige üben ihre Religion nur noch gewohnheitsmäßig aus und nutzen ihre Kirchengemeinde vornehmlich als soziale Kontaktstelle. Die entsprechenden Glaubensgrundsätze und Rituale haben für viele ihre Macht eingebüßt und gelten weithin als reiner Formalismus.

Angesichts des Niedergangs der religiösen Tradition und des Mangels einer neuen lebendigen Spiritualität ziehen es die meisten Menschen vor, an gar nichts mehr zu glauben. Infolgedessen stehen sie den tieferen Fragen des Lebens mehr oder weniger hilflos gegenüber. Ungeachtet seines forschen Auftretens fühlt sich der moderne Mann, wenn er sich vor echte Schwierigkeiten gestellt sieht, meist recht schwach. Und so reagiert er auf Lebensprobleme nicht selten mit

Selbstmord, Zynismus, Habgier oder Suchtverhalten. Das Konzept der von Fred Hollows propagierten »säkularen«, also verweltlichten »Güte« klingt zwar recht schön, aber es vermag unsere wahren Probleme nicht zu lösen (auch Fred selbst war schließlich ein großer Liebhaber der Poesie mit ihren mystischen Wurzeln und Anklängen).

Manche Leute fragen sich, ob sich die Männerbewegung selbst womöglich zu einer neuen Religion entwickeln wird. Ich nehme jedoch an, daß diese Bewegung eher – wie auch der Feminismus – bereits existierende Religionen transformieren und neu beleben wird. Gewiß gibt es viele Männer, deren Leben auch jetzt schon dank des »Maskulinismus« einen neuen Inhalt bekommen hat und die dieser Bewegung eine Erfahrung der Brüderlichkeit verdanken, die ihnen bis dahin völlig unbekannt war. Auch hat es ganz sicher seit Hunderten von Jahren keine andere Bewegung mehr gegeben, die so viele Menschen dazu angeregt hat, sich mit spirituellen und rituellen Fragen zu befassen.

> »Der Dichter hat nicht die Aufgabe, die Seele anderer Menschen zu retten, sondern sie dieser Rettung würdig zu machen.«
>
> James E. Fletcher

Die Familie kann nicht alles ersetzen

Für viele Männer steht nicht die spirituelle Frage im Mittelpunkt ihrer Existenz, sondern schlicht das Wohlergehen ihrer Familie. Sie leben für ihre Familie. Mag dieser überragende Stellenwert der Familie auch zunächst ausgesprochen altruistisch erscheinen, so ist diese Lebenseinstellung gleichwohl spirituell parasitär. Wenn ein Mann nur für und durch seine Frau lebt, so ist das für beide schädlich. Sieht er in seinen Kindern den einzigen Lebenszweck, so bürdet er ihnen eine unerträgliche Last auf. (In Ausnahmefällen führt diese Logik sogar zu der wahnsinnigen Schlußfolgerung, daß ein Mann zunächst seine Frau und seine Kinder und dann sich selbst umbringt, damit die Familie nicht getrennt wird. Freilich ist den allermeisten Männern der Schutz des Lebens eine echte Herzensangelegenheit, und deshalb sind solche Wahnsinnstaten selten).

Natürlich ist es völlig normal und gesund, wenn Sie während mehrerer Jahrzehnte Ihres Lebens den Bedürfnissen der Familie eine hohe Priorität einräumen und die Früchte dieser Bemühungen genießen. Es kann jedoch relativ leicht geschehen, daß Mann darüber das »eigene« Selbst aus den Augen verliert, so daß alle möglichen Probleme auftreten.

In *Feuer im Bauch* berichtet Sam Keen von einem älteren Männerfreund, der ihm dabei half, eine schmerzliche Scheidung durchzustehen. Dieser Mann sagte zu ihm: »Es gibt zwei Fragen, die ein Mann sich stellen muß. Erstens: ›Welchen Weg schlage ich ein?‹ und zweitens: ›Wer geht mit mir?‹ Wer diese Fragen durcheinanderbringt, gerät unweigerlich in Schwierigkeiten.« Viele Männer stellen sich diese beiden Fragen in der falschen Reihenfolge.

Aus der Vergangenheit lernen

»Welchen Weg schlage ich ein?« lautet die entscheidende Frage. Vielleicht findet man bereits einige Antworten, wenn man überlegt: »Woher komme ich eigentlich?« Wir *wissen*, woher wir kommen: Schließlich sind wir Glieder in einer Kette, die durch die Jahrhunderte bis zu den vor einer halben Million Jahren lebenden Cromagnon-Jägern zurückführt. Sie selbst leben heute auf dieser Welt, weil die damaligen Menschen klug und energisch, tüchtig, fürsorglich, mutig und imstande waren, mit den Kräften des Universums zusammenzuarbeiten. Und wir selbst haben dieselben wundervollen Fähigkeiten wie diese frühen Menschen. Das Problem ist nur: Wie können wir die inzwischen weitgehend verlorene »Software« wiederfinden? Denn erst, wenn uns das gelungen ist, dann können wir wieder vorwärtsschreiten.

Die Männerbewegung steht ohnehin bereits in dem – manche sagen: schlechten – Ruf, sich mit Vorliebe mit einer idealisierten Vergangenheit, mit primitiven Stammesbräuchen und -ritualen zu befassen. Aber auch wenn sich manche über uns lustig machen, kann es gleichwohl nicht schaden, wenn wir uns gründlich in der Vergangenheit umschauen. Ja, wir sollten diese Rückschau sogar intensivieren, denn wir müssen etliche Anleihen bei unseren Vorfahren machen, wenn wir nicht die Generation sein möchten, die das Feuer des Überlebens endgültig hat verlöschen lassen.

Der frühe Mensch war ein »Umweltspezialist«, der genau wußte, wie er in seiner natürlichen Umgebung auf »schonende« Art und Weise gedeihen konnte. Da für uns Heutige die Umweltproblematik immer wichtiger wird, sind wir zweifellos auf jede Hilfe angewiesen, derer wir habhaft werden können.

Überall auf der Welt aber halten auch Männer nach Hilfe Ausschau, um der *persönlichen* Vernichtung zu entgehen. Die Männerbewegung hat deshalb ein starkes Interesse an den gemeinschaftsbildenden Ritualen, den Symbolen, den Initiationszeremonien und den spirituellen Leitbildern früherer Zeiten. Wir halten nach Werkzeugen Ausschau, die uns dabei helfen können, die Zukunft zu bestehen.

Ökologie und Spiritualität

Wir haben bereits (in dem Kapitel über die Arbeit) darauf hingewiesen, daß unsere wichtigste Aufgabe als Männer darin besteht, das Leben zu schützen und zu erhalten. An dieser Stelle möchte ich noch hinzufügen, daß uns dies nur dann wirklich gelingen wird, wenn wir dabei auf eine spirituelle Quelle der Kraft und Orientierung zurückgreifen können. Wer ein ökologisch sinnvolles und richtiges Leben führen möchte, steht nicht allein vor einer »technischen« Herausforderung, sondern muß auch in sich selbst bestimmte Richtungsänderungen in Gang setzen. Der Biologe, der auszieht, um »streng wissenschaftlich« den Regenwald zu erforschen, kehrt – um beeindruckende Erfahrungen bereichert – verändert zurück. Die Nächte unter dem gigantischen Laubdach und die Tage, die er der Erforschung der Geheimnisse der Natur widmet, ergreifen von seiner Seele Besitz. Und so kehrt, wer als ausgetrockneter wissenschaftlicher Pedant hinausgegangen ist, nicht selten als leidenschaftlicher, innerlich stabilisierter Mann in die »Zivilisation« zurück.

Es spricht sehr vieles dafür, daß aus dem ökologischen Bewußtsein eine neue Religion erwachsen wird. Genausogut aber kann es geschehen, daß die Bedürfnisse unserer Zeit die bereits existierenden Religionen mit neuer Vitalität und einem neuen Sinngehalt erfüllen werden. Falls dies geschieht, würden sich die traditionellen Religionen der Natur und der »Wildheit« öffnen und von ihrem dogmatischen Intellektualismus und ihrer Kopflastigkeit abrücken. Auch gibt es bereits ökologisch bewußte Strömungen innerhalb des Christentums, des Islam, des Hinduismus und so weiter (der Buddhismus ist ja bereits von jeher eine bewundernswert »ökologische« Religion gewesen).

Viele Menschen möchten naturnäher leben, und zwar nicht nur aus Gründen des allgemeinen Naturschutzes, sondern weil sie sich von der »Wildheit« ihrer eigenen Natur dahin gedrängt fühlen. Tatsächlich gibt es viele, die sich selbst für völlig areligiös halten und die dennoch bereits jetzt in der Wildnis oder im Ozean eine Art spiritueller Heimat sehen. Der Durst nach »Wildheit« brennt jeden Tag in uns. (Deshalb erfreuen sich auch Filme wie *Jurassic Park* oder die Pandabären solch ungemeiner Beliebtheit. Daher rührt aber auch die Vorliebe des Zivilisationsmenschen für ferne Gestade, Naturreservate oder ein schlichtes Picknick im Wald).

Es ist ganz natürlich, daß wir die Natur lieben. Je künstlicher unser Leben wird, um so mehr Menschen versuchen, ihre verlorene innere Balance wiederzufinden. Die Natur eröffnet uns Menschen stets die glückvollsten Erfahrungen. Je intensiver der Kontakt des modernen Menschen zu seiner »eigenen« – inneren oder äußeren – Wildheit, um so besser für den Gang der Dinge.

Dazu reicht es freilich nicht aus, daß wir in irgendeinem Wald herumsitzen und uns ganz toll fühlen. Alle frühen Kulturen haben gewußt, daß das »Ankommen« als Mann in Übereinstimmung mit der Welt nur gelingt, wenn zuvor eine lange Reise zurücklegt wurde. Doch dieser Prozeß verlangt von seiten der Eltern und der übrigen »Verantwortlichen« ein langjähriges fürsorgliches Engagement.

> »Wir müssen einen – freilich nicht am Barren gedrillten – aktiven Emotionalkörper ›bauen‹, der stark genug ist, unsere überschüssigen Sehnsüchte (oder unser höheres Verlangen) aufzunehmen. Dieser Wilde Mann kann in einem Mann nur dann zu vollem Leben erwachen, wenn dieser sich den zuvor beschriebenen Disziplinierungsübungen unterworfen hat ...«
>
> Robert Bly

Die Initiation – der Durchbruch zur Männlichkeit

Der heutige Jüngling wird offiziell mit achtzehn zum Mann. Das Ergebnis läßt sich überall beobachten – nämlich Jungen in Männergestalt. In früheren Jahrhunderten war die Mannwerdung ein langwieriger, sorgfältig geplanter Prozeß, der durch Initiationsstufen hindurchführte und von den älteren Männern aktiv begleitet wurde. Bei allen Unterschieden im einzelnen findet man die mit diesem Geschehen verbundenen Rituale und Einweihungsstufen in allen traditionalen Gesellschaften der Welt – von den Eskimos bis zu den Kung!, bei allen Rassen und zu allen Zeiten. Gerade diese Praktiken sprangen den westlichen Anthropologen als erstes ins Auge, als diese anfingen, sich für »primitive« Kulturen zu interessieren. Und weil die jungen Männer dieser Kulturen hier mit geheimen Dingen bekannt gemacht wurden, die ihnen bis dahin vorenthalten worden waren, bezeichnete man diesen Prozeß als »Initiation« oder »Einweihung«.

Robert Bly hat beschrieben, wie die Initiation der Jung-Mannen bei den ostafrikanischen Kikuyu traditionell gehandhabt wird:

> »Wenn ein Junge das entsprechende Alter erreicht hat, entfernt man ihn von seiner Mutter und bringt ihn an einen besonderen Platz, den die Männer in einiger Entfernung vom Dorf vorbereitet haben. Dort fastet er drei Tage lang. In der dritten Nacht sitzt er dann im Kreis der alten Männer um das Feuer.
>
> Er ist hungrig, durstig, hellwach und zu Tode verängstigt. Einer der älteren Männer nimmt ein Messer, schneidet sich damit in den Arm und öffnet eine Vene. Dann läßt er ein wenig Blut in eine Kürbisflasche oder eine Schüssel fließen. Während die Schüssel jetzt reihum geht, schneidet sich jeder Mann in der Runde mit demselben Messer in den Arm und läßt etwas Blut hineinlaufen. Wenn die Schüssel bei dem Jungen ankommt, fordert man ihn auf, sich davon zu nähren.
>
> Bei diesem Ritual lernt der Junge eine ganze Menge. Er lernt, daß Nahrung nicht nur von seiner Mutter, sondern auch von Männern kommt. Und er lernt, daß das Messer viele Zwecke erfüllen kann, nicht nur den, andere zu verletzen. Könnte er jetzt noch bezweifeln, daß die anderen Männer ihn gerne in ihre Mitte aufnehmen? Nachdem die Aufnahme vollzogen ist, unterweisen ihn die alten Männer in den Mythen, Erzählungen und Liedern, die eindeutig männliche Werte verkörpern: Ich meine nicht Werte, die auf Wettkampf beruhen, sondern geistige Werte. Sobald er diese ›feuchten‹ Mythen gelernt hat, führen die Mythen selbst den jungen Mann weit über seinen persönlichen Vater hinaus, in die Feuchtigkeit der Generation von Sumpfvätern, die Jahrhunderte zurück in die Vergangenheit reichen.«
>
> Robert Bly in *Wingspan*

Initiationsreisen, die jeder von uns unternehmen könnte

Obwohl wir Traditionen wie die oben beschriebene in den westlichen Gesellschaften nicht einfach wiederbeleben können, gibt es im Leben eines jungen Mannes auch bei uns Geschehnisse, die sich durchaus mit ritueller Würde begehen lassen. Vielleicht müssen wir aber auch den in unseren Gesellschaften noch erhaltenden Rest-Traditionen neues Leben einhauchen und neue Übergangsriten entwickeln, die uns selbst und unseren Söhnen die Mannwerdung erleichtern.

Manchmal stoßen wir sogar unbewußt auf solche Möglichkeiten. Als ich eines Abends in einem Buch des bekannten Mythologen Joseph Campbell las, ging mir plötzlich auf, daß ich selbst wenigstens eine solche Initiationsreise persönlich unternommen hatte. Ich bin sicher, daß viele Männer in ihrer Jugend ähnliche Erlebnisse gehabt haben. Campbell schreibt, daß eine solche Initiationsreise stets aus drei Schritten besteht:

1 **Der Trennung von der Familie und der gesamten bis dahin vertrauten Umgebung.**

2 **Einer angsterregenden, schwierigen, aber auch erfrischenden Reise, auf der dem Initianden unerwartet die Gastfreundschaft fremder Menschen und die Hilfe mystischer Alliierter zuteil wird. Auf diese Weise wird er mit seiner eigenen Verletzlichkeit konfrontiert und kann viele jugendliche Ängste und Neurosen überwinden.**

3 **Der Heimkehr. Der Reisende scheint zwar nach wie vor dieselbe Person zu sein, ist aber zugleich unwiederbringlich ein anderer geworden.**

Als ich siebzehn Jahre alt war, entdeckte ich irgendwo ein Plakat, das junge Australier einlud, eine Zeitlang »allein« in einem Dorf auf Neuguinea zu leben und dort die »Steinzeit« kennenzulernen. Hinter dem Programm stand eine Gruppe von Studenten, die es sich zum Ziel gesetzt hatten, zwischen den Menschen in Papua Neuguinea und der westlichen Kultur Brücken zu schlagen. Und so machte ich mich auf den Weg und wohnte eine Zeitlang in einem Dorf an der Küste von West New Britain auf Neuguinea. Die Kleidung der Menschen dort war aus Blättern gefertigt, sie wohnten in Schilfhütten und erzählten sich abends am Feuer Schöpfungsmythen. Ich war häufig völlig verwirrt und hatte Angst, zugleich aber verlebte ich dort eine wundervolle Zeit. Krank und noch immer einigermaßen durcheinander von dem Kulturschock, den ich erlitten hatte, legte ich auf dem Rückweg auf einem kleinen Flugplatz an der Küste einen Zwischenstopp ein. Dort lernte ich einen jungen Australier namens Marcus kennen, der in der Gegend für die Regierung tätig war. Er war aus meiner damaligen Sicht ein »älterer« Mann von rund fünfunddreißig Jahren.

Obwohl ich das damals natürlich nicht wußte, war Marcus einer jener »Helfer« oder »Mentoren«, die mir auf meiner Initiationsreise begegneten. Während ich darauf wartete, daß auf der kurz nach meiner Ankunft überfluteten Rollbahn endlich wieder ein Flugzeug starten konnte, das mich nach Hause mitnehmen würde, verbrachte ich meine Zeit damit, mich mit ihm über Gott und die Welt zu unterhalten. Wir saßen jeden Abend am Meer, blickten auf die Bismarck-See hinaus, lauschten den Wellen, die über den schwarzen Kiesstrand rollten, und dem tiefen Gesang der Fischer, die in ihren Kanus draußen vorbeiglitten.

Eines Abends erzählte mir Marcus von seiner eigenen Kindheit, die er auf einer Farm im australischen Bundesstaat Victoria verbracht hatte. Er berichtete, wie eines Nachmittags sein Vater telegrafisch erfuhr, daß sein eigener Vater gestorben sei. Marcus sah zu, wie sein Vater ruhig den Tee austrank und dann in der Abenddämmerung hinaus in die australische Buschlandschaft ging. Der noch kleine Junge folgte ihm in einigem Abstand und war völlig fasziniert von dem Tun seines Vaters.

Der Vater ließ sich schließlich oben auf einem Hügel nieder, der den Blick auf eine Bucht freigab, und spielte auf einer Mundharmonika eine lange traurige Melodie. Marcus hatte seinen Vater dieses Instrument nie zuvor spielen hören. Nachdem er eine Zeitlang zugehört hatte, befürchtete er, entdeckt zu werden, und schlich nach Hause zurück.

Auf meinem weiteren Rückweg bemerkte ich dann in Fort Moresby, daß ich weder für meine Eltern noch für mich selbst irgendwelche Erinnerungsstücke besorgt hatte. Deshalb verkaufte ich mein Flugticket für die Teilstrecke von Brisbane nach Melbourne, um wieder flüssig zu werden. Dann erwarb ich ein paar kunsthandwerkliche Arbeiten und reiste die restlichen sechzehnhundert Kilometer von Brisbane per Anhalter nach Süden. Eine Woche später fand ich mich um zwei Uhr nachts an einer verlassenen Straße etwa dreißig Kilometer von zu Hause entfernt in einem Telefonhäuschen wieder. Plötzlich überkam mich der seltsame Impuls, überhaupt nicht nach Hause zurückzukehren, sondern immer weiterzureisen. Ich fand eine relativ originelle Lösung für dieses Problem: Der müde, hungrige und schmutzige Teil meines Selbst rief bei meinen besorgten Eltern an und bat sie, mich mit dem Auto abzuholen. Aber mein innerstes Selbst ist seither stets auf Reisen geblieben. Wie viele Leute meiner Generation bin ich im Geiste noch immer unterwegs.

Ich bin sicher, daß auch Sie schon ähnliche Reiseerlebnisse gehabt haben. Die Erinnerung an solche Initiationserfahrungen ist so alt, daß manch einer von uns die entsprechenden Schritte unternimmt, ohne sich dessen überhaupt deutlich bewußt zu werden. Die Magie verfehlt auch heute ihre Wirkung nicht.

In früheren Zeiten liefen solche Reisen nach einem vorgegebenen »Schema« ab. Die Menschen wußten noch genau, was sie taten. Die jungen amerikanischen Ureinwohner saßen reglos auf Berggipfeln und warteten auf visionäre Träume. Dabei konnte man sicher sein, daß unauffällige Wächter sie vor Pumas und anderen Gefahren beschützten. In den alten Kulturen schlug den jungen Leuten – also den künftigen »Versorgern« – nämlich soviel Liebe und Wertschätzung entgegen, daß man sie ganz sicher nicht ohne guten Grund einer Gefahr ausgesetzt hätte.

Einer meiner Freunde, der mit jungen Straffälligen und Geschäftsleuten Klettertouren im Gebirge unternimmt, hat mir einmal erklärt, daß bei dieser offensichtlich gefährlichen Aktivität die Sicherheit ganz im Mittelpunkt steht. Denn unser inneres Wachstum wird nicht etwa durch sinnlose Gefahren stimuliert, sondern einzig durch äußerste Sorgfalt und wechselseitiges Vertrauen.

Unverzichtbare Elemente einer »guten« Initiation

»Zunächst kommt es zu einem klaren Bruch mit den Eltern. Anschließend geht der Knabe in den Wald, die Wüste oder die Wildnis. Als zweites fügen die älteren Männer dem Jungen eine Wunde zu, sie kratzen ihm beispielsweise die Haut auf, schneiden ihn mit einem Messer, berühren ihn mit Nesseln, schlagen ihm einen Zahn aus. Daraus dürfen wir freilich nicht schließen, daß diese Verletzungen in sadistischer Absicht zugefügt werden. In den meisten Kulturen sorgen die für die Initiation Verantwortlichen sogar dafür, daß die von ihnen zugefügten Verletzungen keine sinnlosen Schmerzen verursachen, sondern in einem reichen Bedeutungszentrum ihren Widerhall finden.

Wo die Wunde eines Mannes sich befindet, dort ist auch sein Genius lokalisiert.

Mircea Eliade

In traditionalen Gesellschaften führten die für die Initiation zuständigen älteren Männer die Jünglinge in den Wald oder in die Wüste, um sie dort reich zu beschenken – mit der Eröffnung nämlich, daß sie selbst unauflöslicher Bestandteil der heiligen Weltordnung seien. Ja, das ist unter Initiation zu verstehen. Zu dieser Einweihung gehörte Furcht ebenso wie eine Verletzung, doch wurde die Wunde mit größter Vorsicht zugefügt und aus äußerst wichtigen Gründen. Nie war mit dem Schmerz der Jüngeren ein sadistisches Vergnügen der Älteren verbunden.

Die Masken, die Tänze, die Rituale, die magischen Lehren und die Übernahme eines Totems weckten in dem jungen Mann ein intensives Zugehörigkeits- und Ehrgefühl. Dank der Initiation hatte der junge Mann von jetzt an Teil an der männlichen Spiritualität, und deshalb vollzogen die Älteren so eindrucksvolle symbolische Handlungen, damit die Jüngeren dieses Erlebnis auch nie mehr vergessen würden.

In den siebziger Jahren fiel einem christlichen Missionar in Uganda auf, daß etliche der jungen Männer in seiner Schule auffallend dünn und ungesund wirkten, daß es ihnen an Selbstvertrauen fehlte, daß sie sich später keine Frau nahmen und ein ärmliches Leben lebten. Als er nachforschte, stellte er fest, daß den betreffenden Männern infolge unglücklicher Umstände – sei es Krankheit oder zufällige Abwesenheit – die Initiation vorenthalten geblieben war. Und so litten sie offenbar lebenslang an einem »seelischen« Defekt.

Die Aufmerksamkeit, die den Jünglingen im Zusammenhang mit der Initiation zuteil wurde, war schlicht eine besonders intensive Form jener Zuwendung, die ihnen von seiten ihrer Onkels, Großväter, Cousins und älterer Verwandten ohnehin ständig entgegenschlug. Und so erwarben sie unter Anleitung älterer Männer bestimmte Fertigkeiten und lernten, sich wie ein Mann zu verhalten. Keine dieser jetzt untergegangenen Kulturen hätte es sich je einfallen lassen, die Entwicklung des männlichen Nachwuchses so rücksichtslos dem Zufall zu überlassen, wie es bei uns der Fall ist.

In einem »The Age of Endarkenment« (»Das Zeitalter der Verdunkelung«) betitelten herausragenden Essay hat Michael Ventura sich mit der für junge Menschen typischen Wildheit auseinandergesetzt und auf die Ideenlosigkeit hingewiesen, mit der unsere Gesellschaft auf dieses Phänomen reagierte. Die Musik, die Mode, die Sprache und die Verständigungs- und Verhaltenscodes der Heranwachsenden, behauptet er, seien geradezu ein Beweis dafür, daß die jungen Leute sich nach einer Art von »Initiation« sehnen.

Alle diese Extravaganzen schreien geradezu nach einer Reaktion von Seiten der Erwachsenen. Und so heißt es bei Ventura weiter:

> »Überall haben Stammesvölker den Beginn der Pubertät, besonders bei Jungen, mit ausgefeilten und quälenden Initiationen begangen – eine Praxis, die ganz offensichtlich nicht notwendig gewesen wäre, wenn ihre Jugendlichen nicht ebenso extrem wie die unseren gewesen wären ...
>
> Die Erwachsenen in solchen Stämmen liefen vor diesem Augenblick im Leben ihrer Kinder nicht weg, wie wir das tun; sie feierten ihn. Sie überfielen ihre Jugendlichen mit heiligem Schrecken, und das ist ganz wörtlich zu verstehen; Rituale, die bis dahin vor dem Jungen geheimgehalten worden waren ...
>
> Rituale, die den Jungen in den Fokus allen Lichts und aller Dunkelheit der kollektiven Psyche des Stammes rückten, ins Zentrum allen Gespürs für das Geheimnisvolle, aller Fragen und aller Geschichten, die erzählt wurden, um diesen Fragen Gestalt zu geben und sie gleichzeitig zu beantworten ... Das entscheidende Wort ist hier ›Fokus‹. Die Erwachsenen hatten etwas zu lehren: Geschichten, Fertigkeiten, Magie, Tänze, Visionen, Rituale.
>
> Tatsächlich konnte der Stamm nicht überleben, wenn diese Dinge nicht gründlich und vollständig gelernt wurden ... Stammeskulturen befriedigten die Sehnsucht, während sie gleichzeitig reale Bedürfnisse erfüllten, und das nennen wir ›Initiation‹. Diese Praxis war so erfolg-

reich, daß die Jugendlichen eines Stammes normalerweise mit fünfzehn Jahren ihren Platz als voll verantwortliche Erwachsene einnehmen konnten.«

Michael Ventura zit. in *Eisenhans*

»Doch Vorsicht. Wir alle müssen über die Bedeutung und die Formen der Initiation noch weit mehr in Erfahrung bringen, als dies bisher der Fall ist, bevor wir den entsprechenden Bedürfnissen Genüge tun können. Aber Nachdenken schadet natürlich nicht.«

Robert Bly

Dabei bietet etwa der Sport – falls wir nur einige geringfügige Akzentverschiebungen vornehmen – reichlich Gelegenheiten, aus Jünglingen Männer zu machen. In unserer Familie beispielsweise gibt es die (in Australien weit verbreitete) Tradition, am Weihnachtstag nachmittags ein Cricketspiel zu veranstalten. Die kleinen Jungen platzen bei dieser Gelegenheit geradezu vor Stolz und sonnen sich im Lob ihrer Onkels und Großväter. Auch die kleinen Mädchen spielen bisweilen mit, nehmen das Geschehen allerdings nicht so ernst. Die Männer beteiligen sich ebenfalls und amüsieren sich über die neckischen Kommentare der Frauen. Väter bleuen ihren kleinen Söhnen immer wieder laut brüllend die Spielregeln ein und kennen in diesem Punkt kein Pardon. Und wenn Papa dann nach dem Spiel hinter dem Grill steht, sind das Gerangel und die kleinen Auseinandersetzungen, zu denen man sich beim Cricket hat hinreißen lassen, bereits wieder vergessen.

Solche Veranstaltungen sind für Jungen nicht nur die reinste Charakterschulung, sie vermitteln ihnen auch – in Gesellschaft »anderer« Männer – ein stolzes Gefühl ihrer eigenen Männlichkeit und Stärke.

Aber es kommt nicht nur darauf an, daß Jungen die Gesellschaft älterer Männer kennenlernen. Die Älteren müssen den Jüngeren auch die besten Elemente unserer Kultur vermitteln. Im ersten Kapitel habe ich über den Selbstmord eines High-School-Schülers berichtet. Dieser Junge war mein Freund. Vermutlich waren für seine Entscheidung, sein Leben zu beenden, familiäre oder persönliche Gründe ausschlaggebend – ich weiß darüber nichts Näheres. Über solche Dinge sprachen Jungen damals nicht mit anderen Jungen. Ich weiß nur, daß das Hauptinteresse dieses Jungen den Naturwissenschaften galt. Die Wissenschaft war seine Religion.

Aber die Naturwissenschaften – besonders die von ihm heißgeliebte Physik – kennen nur mechanische Abläufe und inhaltlich unbestimmte quantifizierbare Relationen. Soweit es die Physik betrifft, sind wir alle nichts weiter als eine Ansammlung von Atomen, die völlig sinnlos unendlich umeinander kreisen.

Alles andere sind nach dieser Auffassung Hirngespinste. Dies war das Beste, was unsere Kultur meinem Freund – im Jahr 1965 – zu bieten hatte. Es bekümmert und ärgert mich noch heute, daß der Reichtum und die Schönheit von vierzigtausend (!) Jahren Aborigines-Kultur, die uns hier in Australien zur Verfügung stehen, in den Lehrplänen der damaligen Schulen keine Rolle spielten. Meinem Freund diente deshalb die Wissenschaft als Religion, und das war nicht ausreichend, um ihm das Leben lebenswert erscheinen zu lassen.

Möglichkeiten einer zeitgemäßen Initiation

Ungeachtet – der bisweilen nachdenklich stimmenden – Segnungen der modernen Technik stehen die westlichen Gesellschaften vor einem ernsten Problem. Wir müssen uns mit der Frage auseinandersetzen, wie wir wieder sinnvolle Rituale entwickeln können, die den Übertritt unseres männlichen Nachwuchses in das Mannesalter sinnfällig machen.

Auch im Leben der heutigen jungen Leute gibt es viele einschneidende Ereignisse, denen Elemente einer Initiation anhaften. Würden wir solchen Übergangssituationen einen höheren Stellenwert einräumen, könnten wir unseren jungen Leuten so manche (Anfangs-) Schwierigkeiten ersparen. So ist etwa für Jungen der Erwerb des Führerscheins oder der Besitz des ersten Autos ein wichtiger Entwicklungsschritt (vielleicht möchten junge Männer, die Autos stehlen, sich in Wahrheit in den Besitz eines Symbols der Männlichkeit bringen – da ihnen ohnehin niemand dabei hilft, diesen Status in legitimer Manier zu erwerben).

Vergegenwärtigen wir uns kurz, was ein Führerschein eigentlich bedeutet. Mit der Fahrerlaubnis ist ein junger Mann plötzlich uneingeschränkt mobil und wird in gewisser Hinsicht in die Welt der Erwachsenen aufgenommen. Ein Auto bedeutet Unabhängigkeit und bringt auch an der Mädchenfront erhebliche Vorteile ein. Ein Autobesitzer kann aber zudem sein eigenes und das Leben anderer Menschen gefährden – was einen erheblichen Zuwachs an Verantwortung bedeutet. Es wäre deshalb nur angemessen, wenn die Eltern eines solchen Autonovizen ihren Sprößling mit einem offiziellen Essen ehren würden, zu dem auch ältere Verwandte und Freunde geladen sind. Nur eine solche Feier vermag eine der Bedeutung des Geschehens angemessen festliche – und denkwürdige – Atmosphäre zu erzeugen.

Andere derartige Schwellenereignisse sind beispielsweise der erste Job oder die erste Verabredung mit einem Mädchen. Auch der Schulabschluß ist natürlich ein bedeutender Schritt. All diese Ereignisse verdienen, würdig begangen zu werden. Auch die Konfirmation zum Beispiel wäre ein entsprechender Anlaß, der im Leben des Heranwachsenden einen wichtigen Entwicklungsschritt markiert.

Der Einzug in die erste eigene Wohnung, der Abschied aus Mamas Obhut, der Beginn der finanziellen Selbständigkeit – das alles sind ebenfalls Anlässe zum Feiern. Junge Männer, die sich ohne eine Phase der Eigenständigkeit gleich von Mama in die Arme ihrer künftigen Frau flüchten, leiden in meinen Augen meistens unter einem ähnlichen Mangel wie die oben erwähnten ugandischen Männer, denen die Initiation vorenthalten worden war.

Die Wunde

Es gibt ein Element der Initiation, das besonders wichtig ist und von einem Teil der Männerbewegung als Voraussetzung für das Gelingen angesehen wird. Gemeint ist die traditionelle Praxis, dem jungen Mann eine *Wunde* beizubringen. Diese Wunde verweist einerseits sinnbildlich auf konkrete körperliche und seelische Verletzungen (die sich fast jeder Junge im Verlauf seines ganz normalen Lebens zuzieht); sie hat aber auch eine rituelle Bedeutung und dient dazu, die bisher *erlittenen* Wunden zu reinigen und ihnen eine heroische Dimension zu verleihen.

Bly liefert eine Erklärung dafür, weshalb die Initiation in den meisten Teilen der Welt mit physischen Schmerzen verbunden ist. Er erinnert daran, daß sich heranwachsende Jungen in ihrem Drang, sich selbst zu beweisen, häufig in Verletzungsgefahr begeben, und fährt dann fort:

»Die frühe Adoleszenz ist traditionell die Zeit der ersten Initiationsschritte, und wir alle erinnern uns, wieviele Verletzungen wir in jenem Alter davongetragen haben. Die Adoleszenz ist für Jungen eine Zeit des Risikos, und diese Risikobereitschaft ist zugleich ein Ausdruck der Sehnsucht nach der Initiation. Irgend etwas in dem heranwachsenden Jüngling sucht das Risiko, die Gefahr, die Grenzerfahrung und selbst die Begegnung mit dem Tod.«

Robert Bly

Jeder kennt die für Jungen typische Neigung, riskante Dinge zu tun und ihren Heldenmut unter Beweis zu stellen. Deshalb ist es durchaus sinnvoll, dieses Verlangen nach physischer Kraftentfaltung zu einem symbolischen Geschehen zu verdichten (und auf diese Weise zugleich wenigstens einige der mit pubertären Mutproben oft verbundenen realen Gefahren auszuschalten). Freilich sollte man dabei mit äußerster Vorsicht und Sorgfalt zu Werke gehen.

Sam Keen hat darauf hingewiesen, daß in kriegerischen Gesellschaften meist grausamere Initiationsriten praktiziert und die Jungen dort relativ brutal aus der – durch Wärme und Zuneigung charakterisierten – Welt ihrer Mütter herauskatapultiert werden, um bestimmte Empfindungen in ihnen abzutöten.

Wie so oft im Leben kommt es auch bei diesem Geschehen auf das rechte Maß an. Die geeignetsten Entsprechungen, die unsere Gesellschaft zu bieten hat, sind vielleicht bestimmte organisierte Aktivitäten in freier Natur, an denen freilich lebenserfahrene Männer beteiligt sein sollten, die den betreffenden Jungen aufrichtig zugetan sind (freilich kann man für den eigenen Nachwuchs die Initiation nicht »kaufen«, wie ein Vater, der seinen Sohn auf eine teure Privatschule schickt, wo dieser den letzten Schliff erhalten soll). Was immer man auch unternimmt, entscheidend ist die Absicht, den Jüngling stark zu machen, allerdings auf eine altersgerechte Art und Weise, die weder verletzt noch erniedrigt.

Mißverstandene Initiationsrituale

Viele von uns erinnern sich gewiß noch an jene fehlgeleiteten Initiations-Aktivitäten in der Schule, bei denen man selbst oder Mitschüler der Lächerlichkeit und Erniedrigung preisgegeben wurden.

An der Australischen Militärakademie flogen vor einiger Zeit einige Offiziersanwärter auf, die im Rahmen eines vorgeblichen Initiationsrituals andere junge Männer sexuell belästigt hatten. Auch in unserer Marine ist es in letzter Zeit mehrmals vorgekommen, daß sich Männer brutale Übergriffe auf dort tätige Frauen und sogar Vergewaltigungen haben zuschulden kommen lassen – ein Beweis dafür, daß die betreffenden Männer offenbar Probleme mit ihrer Geschlechterrolle haben.

Wo es an eindeutiger Führung mangelt und positive Initiationsprozeduren nicht mehr bekannt sind, kann es leicht zu derartigen völlig fehlgeleiteten Ersatzhandlungen kommen.

Natürlich ist in solchen Übergangssituationen eine gewisse Härte unerläßlich – eine Art Kaiserschnitt, der den neuen Lebensabschnitt einleitet. Doch ebenso wichtig sind Behutsamkeit und Einfühlungsvermögen. In einer seelisch gesunden Gesellschaft ist die Initiation Aufgabe der erfahrensten Männer (oder gegebenenfalls Frauen) und sollte nie irgendwelchen unreifen Personen überlassen werden.

»Eine Initiation – so notwendig wie ein Loch im Kopf«

»Ein Mann, dem ein Freund bei dem Versuch, ihm einen Benzinkanister vom Kopf herunterzuschießen, mit einem Pfeil den Schädel durchbohrte, hat diesen Zwischenfall ohne Hirnschaden überlebt. Die Chirurgen konnten den Pfeil aus Mr. Anthony Roberts Kopf entfernen, indem sie am hinteren Schädel, wo die Pfeilspitze ausgetreten war, ein größeres Loch bohrten und das Geschoß herauszogen.

Der Unfall ereignete sich am Samstag in Grant's Pass etwa 320 km südlich von Portland auf dem Grundstück eines Mannes, mit dem Mr. Roberts befreundet ist. Bei dem Unfallopfer, das dabei sein rechtes Auge verloren hat, handelt es sich um einen arbeitslosen Zimmermann. Auf einer Pressekonferenz im Krankenhaus berichtete Mr. Roberts den Reportern zunächst, er sei durch einen Park spaziert, als er plötzlich von dem Pfeil getroffen worden sei. Später erklärte er dann jedoch, daß sein Freund versucht habe, den Kanister anläßlich seiner – Roberts – Aufnahme in eine als Mountain Men Anonymous bezeichnete Männergruppe von seinem Kopf herunterzuschießen.

Polizeiexperten haben die Richtigkeit dieser Darstellung bestätigt. Mr. Roberts sagte ferner, er habe mit Freunden getrunken, als es zu dem Unfall gekommen sei. ›Ich glaube nicht, daß das die richtige Art von Initiation ist‹, erklärte er. ›Inzwischen bin ich der Meinung, eine kurze Umarmung wäre angemessener gewesen.‹

Wäre der Pfeil auch nur einen Millimeter näher an der Nase eingedrungen, hätte er wichtige Blutgefäße durchtrennt, und Mr. Roberts wäre vermutlich auf der Stelle getötet worden. Der Chirurg Dr. Delashaw erklärte: ›So etwas habe ich noch nie gesehen.‹

›Ich komme mir ziemlich blöde vor‹, so lautete der Kommentar von Mr. Roberts.«

Eine Meldung von Associated Press

Warum sind Schmerzen nötig?

Die Frage nach dem Sinn – und den Möglichkeiten der Gesundung von – rituellen Verwundungen ist komplex. Es ist bekannt, daß ein Therapeut, der mit einem schwer geschädigten Patienten arbeitet, unglaublich bestimmt und stark auftreten muß. Mit unverbindlicher Freundlichkeit kommt man in solchen Fällen nicht weit. Wenn ein Mensch schwere seelische Verletzungen davongetragen hat, braucht er enorm viel Liebe, damit er den Schmerz loslassen kann.

Straßenjungen fügen sich manchmal aus ganz ähnlichen Gründen selbst Brand- oder Schnittverletzungen zu – weil der »äußere« Schmerz den inneren betäubt oder wenigstens leichter erträglich macht. Wir brauchen einen sehr starken äußeren Schock, um die inneren Schmerzen aufzuschließen.

Die Männerbewegung behauptet, daß Männer in unserer Gesellschaft von Geburt an immer wieder massiv verletzt werden. Bly hat die von ihm so genannten »Seelenwunden« ausführlich beschrieben:

> »Vom Vater keine Anerkennung zu bekommen, ist eine Verletzung ... Wie viele Männer haben nicht schon zu mir gesagt: ›Ich habe zwei Tage am Sterbebett meines Vaters gesessen und mir gewünscht, daß er mir sagt, daß er mich liebt.‹ Und was geschah? ›Er hat nichts gesagt.‹
>
> Wenn man als Kind seinen Vater nie zu Gesicht bekommt, nie mit ihm zusammen ist, wenn man einen distanzierten Vater hat, einen abwesenden Vater, einen arbeitssüchtigen Vater, dann ist das eine Verletzung. Einen kritischen, verletzenden Vater zu haben, ist nicht anders ... Irgendein Schlag kommt gewöhnlich vom Vater, auf die eine oder andere Weise.

> [...] Und es gibt Schläge von der Mutter: ›Du bist zu anfällig, halt dich also fern von diesen Jungen.‹ ... ›Wenn du das nicht sein läßt, kommst du ins Heim.‹ ... ›Du bist genauso wie dein Vater.‹ (Der Vater schlägt mit der Axt zu, einige Mütter vergiften langsam durch Beschämung).
>
> [...] Von älteren Männern angelogen zu werden hinterläßt tiefe Wunden – wie bei den jungen Männern in Vietnam.
>
> [...] Wenn man sich eine Straßengang näher anschaut, dann, so Michael Meades Beobachtung, sieht man junge Männer, die keinerlei Kontakt zu älteren Männern haben. Mitglieder einer Gang versuchen verzweifelt, Mut, Loyalität und Disziplin, statt in der Familie, voneinander zu lernen. Bei einigen wenigen funktioniert das, doch bei den meisten nicht.
>
> [...] Das moderne Berufsleben läßt nur Konkurrenzbeziehungen zu, in denen Gefühle wie Angst, Anspannung, Einsamkeit, Rivalität und Furcht vorherrschend sind ... Keine seelische Verbindung zu anderen Männern zu haben, kann die schädlichste Verletzung von allen sein.
>
> [...] Und irgend etwas gibt es immer an uns auszusetzen. Der eine Junge fühlt sich zu dünn oder zu klein oder zu hager; ein anderer stottert oder hinkt. Einer ist zu schüchtern; ein anderer ist ›unsportlich‹ oder kann nicht tanzen, oder er hat Pickel. Ungeschoren kommt kaum einer davon.«

Die Initiation hat deshalb eine überragende Bedeutung: Sie soll all diese Verletzungen in einen sinnvollen Zusammenhang bringen und sie in ein positives Potential verwandeln.

Ich habe erst im Alter von vierzig Jahren auf dem Parkplatz eines Flughafens jene große, lautstarke und wütende Auseinandersetzung mit meinen Eltern gehabt, die zur Klärung unseres Verhältnisses unbedingt notwendig war. Hinterher gingen wir dann durch die Flughafenhalle, und ich war zu meiner eigenen Überraschung ungemein stolz – auf uns alle drei. Wir hatten das jetzt durchgestanden. Und wir hatten jene Fassade des völlig ungetrübten Einvernehmens durchbrochen, hinter der sich fünfundneunzig Prozent aller Familien ein Leben lang verschanzen.

Seit jenem Tag habe ich ständig das köstliche Gefühl, daß unmittelbar hinter meinen Augen eine unbändige Wildheit beheimatet ist, die nur darauf wartet, einen jeden, der nicht wirklich aufrichtig zu mir ist, mit ihrer Glut zu Asche zu verbrennen. Sie kommt zwar nur selten zum Einsatz, ist aber bei Bedarf stets verfügbar. Nur ein völlig ungehemmter Wutausbruch konnte diese Kraft aus ihrem langen Schlaf erwecken.

Die Wunde in Gold verwandeln

Doch wenn Ihr bisheriges Leben stets schwierig und verletzungsreich verlaufen ist, wie können Sie das in Ihren eigenen Vorteil ummünzen? Es besteht ein unmittelbarer Zusammenhang zwischen Leiden und menschlicher Größe. Die besten Therapeuten und die hervorragendsten Heiler sind oft Männer und Frauen, die – in schwierigen Familienverhältnissen aufgewachsen – in ihrem frühen Leben schrecklich mißbraucht worden sind oder aber immer wieder massive körperliche und seelische Verletzungen erlitten haben.

> »Wenn Sie die Art des Umgangs mit Ihren Söhnen und Töchtern verändern möchten, dann müssen Sie nach meiner Erfahrung in sich selbst noch einmal die Verletzungen und Wunden empfinden, die Sie selbst davongetragen haben.«
>
> Marvin Allen

Es ist bekannt, daß die größten Künstler, die wirklich bedeutenden politischen Führer meist nicht gerade einer schnuckelig-faden Vorstadt-Idylle entsprungen sind. Sie haben vielmehr gelitten und trotzdem »die Kurve gekratzt«. Natürlich gibt es auch viele andere Menschen, die leiden und an dieser Last zugrunde gehen. Leiden allein garantiert gar nichts.

Aber wer in seinem Leben gelitten hat und nun gegen die Folgen etwas unternehmen möchte, sollte es sich zunächst einmal zur Gewohnheit machen, sich selbst als »Glückspilz« zu sehen.

Ein guter Freund von mir ist ein ruhiger, weltgewandter Akademiker mit ausgeprägter Familienorientierung. Sein Vater hingegen war das ganze Gegenteil – unberechenbar und launisch und vor allem jähzornig. Als mein Freund acht Jahre alt war, bat sein Vater ihn einmal, ihn auf einem Ausflug zu begleiten. Doch der Junge hatte Angst. Er verbarg sich hinter den Rockschößen seiner Mutter und wollte nicht mitkommen. Als der Vater deshalb wutentbrannt und laut brüllend durch das Haus tobte, ging der Junge in sein Schlafzimmer und legte sich ins Bett. Kurz darauf stürmte der Vater in den Raum und kippte das ganze Bett um, so daß der kleine Junge darunter begraben war und sich vor lauter Panik mucksmäuschenstill verhielt. Nur gut, daß der Vater ihn bei dieser Gelegenheit nicht umgebracht hat, aber solche Dinge sollten natürlich eigentlich überhaupt nicht passieren. In der Folge gab es noch zahlreiche ähnliche Zwischenfälle.

Als der Junge später erwachsen war, entwickelte er sich zu einem äußerst effizienten Erfolgsmenschen, obwohl er sich dabei nie so recht glücklich fühlte. Erst in mittleren Jahren wurde er von den Schmerzen seiner kindlichen Erfahrungen wieder eingeholt – die sich körperlich in allerlei Symptomen manifestierten. Er litt auch an Panikattacken und verzerrten Sinneswahrnehmungen, brach jedoch Gott sei Dank nicht völlig zusammen und griff auch nicht auf Beruhigungstabletten zurück.

Als er schließlich über seine Erfahrungen sprach, konnte er die Verbindung zu seinen Kindheitserlebnissen herstellen und stieß jetzt plötzlich auf viele Erinnerungen, die er nicht eigentlich vergessen, sondern nur wegen ihres Schmerzpotentials verdrängt hatte. Nach einiger Zeit und dank professioneller Unterstützung fühlte er sich wieder etwas wohler, ging wieder behutsamer mit sich selbst um und fand zu einem gewissen friedvollen Gemütszustand zurück. Er veränderte sich zudem beruflich, machte lange Ferien mit seiner Familie und legte sich einen neuen Lebensrhythmus zu, der mehr auf seelische Erfüllung als auf äußere Erfolge abzielte.

Es ist wenig hilfreich, den harten Mann zu markieren

»Wunden heilen heißt, sie fühlen.« Ungefähr das schwierigste für einen Mann ist es zuzugeben, daß er Hilfe braucht. Aber wer sich nicht dabei helfen läßt, die Wunden der Kindheit zu heilen, der hat auch in seinem späteren Leben weiterhin unter ihnen zu leiden. Entweder geht er gelähmt und depressiv durchs Leben, oder aber er legt ein völlig entgegengesetztes Verhalten an den Tag, was genauso schlimm ist.

Manche Männer stehen wegen solcher Verletzungen unter einem ungemeinen Leistungsdruck. Sie entwickeln ein zwanghaftes Helfersyndrom und sind stets der nette Kerl, der nie ein böses Wort verliert. Sie sind lediglich an den Schmerzen der anderen interessiert, ohne den eigenen Kummer auch nur zur Kenntnis zu nehmen – kurz, sie sind »fröhlich, aber menschlich ein wenig unterentwickelt«.

Bly weist darauf hin, daß eine seriöse Initiation ein solches Schicksal vermeiden hilft, da sie unsere Verletzungen in einen größeren Zusammenhang stellt, ihnen einen neuen Sinn verleiht und die mit ihnen verbundenen Schmerzen in eine positive Kraft verwandelt. Er selbst hat es so ausgedrückt: »Die alten Initiationspraktiken haben keine dieser Reaktionen unberührt gelassen, da sie dem jungen Mann eine neue Wunde beibringen oder ihm ganz gezielt eine so schmerzhafte – wenngleich geringfügige – Verletzung zufügen, daß ihm seine inneren Wunden plötzlich wieder bewußt werden. Die Initiation klärt den jungen Mann also darüber auf, was er mit seinen Wunden anfangen soll, den alten und den neuen.«

In der Geschichte vom Eisenhans taucht der junge Mann seinen verletzten Finger in einen Brunnen, um seine Schmerzen zu lindern. Zu seiner völligen Überraschung verwandelt sich der Finger in reines Gold. Bly erklärt dieses Geschehen so:

> »Die Verwandlung in Gold steht für alle möglichen Arten des Vertrauens, der Freiheit und für unbehinderte Kreativität. Die junge Läuferin überquert die Ziellinie in Gegenwart ihres Trainers; die Spitzen ihrer Schuhe sind aus Gold. Der Physiker, der gemeinsam mit seinem Lehrer in Princeton arbeitet, schreibt plötzlich mit goldener Kreide eine neue Gleichung an die Tafel. Gute Gärtner haben einen goldenen, nicht etwa einen grünen Daumen, und bisweilen taucht der Mentor oder Lehrer, der neben einem Studenten sitzt, in echtes Seelenwasser ein, und seine Zunge verwandelt sich in Gold.«

Ein wahrhaft schönes Bild, das zudem jeder sogleich versteht.

Ursituationen männlicher Selbstentfaltung

Inzwischen dürfte einigermaßen klar sein, daß unter dem Weg der Initiation kein Pfadfinder-Abenteuer zu verstehen ist – und ebensowenig eine Art Öko-Kurzurlaub (obwohl eine solche Erfahrung durchaus anregend wirken kann). Vielmehr handelt es sich dabei um einen langen (genaugenommen jahrzehntelangen) Weg der Selbstformung. Die Abfolge der Entwicklungsphasen vom Kind zum erwachsenen Mann ist klar. Sie verläuft ...

... von der Mutter

... über den Vater und den Mentor

... hin zu autonomer Männlichkeit.

Zu allen diesen Personen muß ein Mann sich je nach Stadium vertrauensvoll in Beziehung setzen und dann loslassen und den nächsten Schritt tun. Jeder Schritt erfordert die Unterstützung eines dieser Aufgabe gewachsenen Menschen – und genau aus diesem Grund verläuft der Prozeß für die meisten von uns Männern eher unglücklich. In der heutigen Welt sind die Mütter im großen und ganzen für ihre Kinder »da« – obwohl die wachsende Zahl von Kindertagesstätten und -krippen auch dieses Band zu gefährden droht. Der Schritt von der Mutter zum Vater hingegen scheitert oftmals, Mentoren sind den meisten Jungen sogar mehr oder weniger völlig unbekannt. (Ältere Männer glauben, daß sie überflüssig sind und verbringen ihre Zeit deshalb lieber auf dem Golfplatz oder in irgendwelchen Vereinen. Und die Onkels und Großväter begreifen meist gar nicht, was eigentlich ihre Aufgabe wäre).

Wenn es Ihr Wunsch ist, Ihr Leben als Mann doch noch auf eine neue Grundlage zu stellen, sollten Sie sich zunächst Klarheit darüber verschaffen, inwieweit Sie die oben erwähnten Initiationsphasen »erfolgreich« absolviert haben. Danach müssen Sie etwaige Versäumnisse nachholen und Kontakt zu Menschen aufnehmen, die *wissen*, was Sie lernen möchten. Nur wenn Sie sich aktiv dafür einsetzen, wird es Ihnen gelingen, die Stagnation, unter der Sie leiden, auch tatsächlich zu überwinden.

Eine australische Initiation

Die eigene Herkunft ist für den heutigen Mann, der in seinem Leben nach einem Kraftquell Ausschau hält, oft ein guter Ausgangspunkt. Ob wir nun keltischen oder germanischen, afrikanischen oder asiatischen Ursprungs sind oder von einem der heute noch existierenden »Naturvölker«, etwa den australischen Aborigines, abstammen, stets gibt es eine Menge zu erforschen, bevor wir zu den Quellen unserer Vitalität und Kraft zurückgelangen. Die Musik, die Tänze, die »Tracht«, die Sitten und die Landschaften, die unsere Vorfahren geprägt haben, dies alles kann durchaus zu unserer seelischen Stabilisierung und zu unserem Wohlbefinden beitragen. (Ich kann an dieser Stelle nur von Australien sprechen und bin mir bewußt, daß sich diese Rückerinnerung insbesondere bei Ihnen in Deutschland und Österreich komplizierter, schwieriger und oftmals auch schmerzhaft gestaltet.

Die Auseinandersetzung mit der jüngsten Geschichte wird einen hohen Stellenwert einnehmen müssen, bevor Sie sich unbefangen auf Traditionen einlassen können, die mehrfach mißbraucht wurden. Auch die Geschichte Australiens hat ihre dunklen Seiten: Reisen in die Vergangenheit von Australiern europäischer Herkunft werden begleitet sein von Schmerz und Trauer über die oft grausame Kolonialisierung und Verfolgung der einheimischen Aborigines. Vielleicht ist es so, daß alle Kulturen der Welt mit solch schmerzhaften Erinnerungen leben müssen und daß wir ihnen in unserem persönlichen Heilungsprozeß gegenübertreten müssen).

Aber nicht nur unsere historische Herkunft spielt eine große Rolle, ebenso wichtig ist auch das Kraftfeld, innerhalb dessen wir uns in unserem persönlichen Leben bewegt haben. Australien ist ein Land mit einem eigenen faszinierenden Charakter – einem Charakter, der vornehmlich durch seine Buschlandschaften geprägt ist. Das Land selbst hat die Macht, einem Mann die verlorene Ganzheit zurückzugeben. (Meine Kenntnis Europas ist naturgemäß nicht so detailliert, doch kann ich mir gut vorstellen, daß es mit seiner vergleichsweise »gezähmten«, aber doch sehr schönen und abwechslungsreichen, durch ausgeprägten Jahreszeitenwechsel geprägten Natur, mit seiner dichten Verwobenheit verschiedener Völker und der vielen lokalen Bräuche und Sitten auf seine eigene Weise Möglichkeiten bietet, die Männer zur Selbstfindung nutzen können).

Australien verändert allmählich alle, die sich hier niedergelassen haben. Australien hat fünfzigtausend Jahre gebraucht, um die Aborigines zu prägen. Sie sind nach dieser langen Zeit für ihren Lebensraum perfekt ausgestattet. Ein ähnlicher Prozeß vollzieht sich an den Neuankömmlingen, die Australien zu ihrer neuen Heimat machen. Die immergrüne Vegetation, das helle Licht, die riesigen geographischen (Wüsten-)Räume und die weiten Entfernungen, dies alles wirkt in uns hinein und verändert unsere Gene. Wir alle – europäische Einwanderer, Libanesen, asiatische Boat-people – werden ganz allmählich zu Eingeborenen.

Dieses Bewußtsein könnte für uns australische Männer – in all unserer Verlorenheit – durchaus ein Trost sein. Und während wir durch Lektüre und andere Bemühungen nach den Ursprüngen unserer Männlichkeit forschen, dürfte es durchaus lohnend sein, von den Aborigines zu lernen, in deren Leben die *Initiation* von jeher eine ungemein wichtige Rolle gespielt hat. Freilich können wir sie nicht einfach imitieren, doch vielleicht gelingt es uns, einen Eindruck von den Merkmalen zu erhalten, die für unseren eigenen Initiationsprozeß unverzichtbar sind.

Die Geschichte des Charles Perkins

Die folgende Geschichte ist eine freie Wiedergabe eines Artikels, den Stewart Rintoul am 15. Februar 1992 in der Zeitung *Australian* veröffentlicht hat. (Diese Geschichte dürfte trotz ihrer »australischen Färbung« auch für Europäer interessant sein).

Die meisten Australier kennen Charles Perkins, einen lange Jahre in exponierter Position für die Regierung tätigen Australier aboriginärer Herkunft. Dieser promovierte Psychologe und Anthropologe – sowie Träger des *Order of Australia,* des höchsten australischen Ordens – war eine Zeitlang Leiter des Amtes für Aborigines-Angelegenheiten und galt lange als *der* Repräsentant der Aborigines in der Hauptstadt Canberra.

Dann brach seine Welt zusammen. Er wurde zu Unrecht der Veruntreuung öffentlicher Gelder bezichtigt und fühlte sich plötzlich von seinem zuständigen Minister und dem Premierminister Bob Hawke im Stich gelassen und zum Sündenbock gemacht. Perkins konnte die gegen ihn erhobenen Beschuldigungen zwar samt und sonders widerlegen, aber er nahm angewidert Abschied vom öffentlichen Dienst und kehrte nach Alice Springs zurück.

Ein paar Jahre später – genaugenommen 1990 – tat Perkins dann einen ungewöhnlichen Schritt. Er ließ sich offiziell als Mann – inklusive der notwendigen Initiationsrituale – in den Stamm der Arunta aufnehmen – jenen Clan, in den er hineingeboren worden war und aus dem ihn als Kind irgendeine Wohlfahrtsbehörde einfach »entführt« hatte.

Alles fing damit an, daß ein »Ältester« ihn eines Abends an einem Lagerfeuer in der Wüste ansprach. Der alte Mann hielt Perkins eine Gardinenpredigt über sein Leben und seine Leistungen und stellte am Ende schlicht fest: »Es gibt noch eine andere Welt, die du nicht wirklich kennst.« Perkins begriff, daß der alte Mann recht hatte und daß er von der »Sache«, für die er sich lebenslänglich eingesetzt hatte, eigentlich gar nichts verstand.

Er war kein wirklicher australischer »Ureinwohner«, weil er nicht die entsprechenden Initiationen durchlaufen hatte. Perkins nahm das Angebot an. Der folgende Bericht über seine weiteren Erfahrungen stammt von ihm selbst:

> »... es übersteigt einfach jedes Vorstellungsvermögen, glaub' ich. Ich würde nie jemandem davon erzählen, erklären, was es bedeutet. Es ist einfach zuviel, und außer mir selbst und den Teilnehmern an der Zeremonie weiß niemand, was damals geschah und was es damit auf sich hat. Es ist schlicht unfaßbar, ja wirklich.
> Es gibt zwei Welten ...
>
> Man sitzt abends einfach dort, die Feuer brennen, und etwa 200 Leute tanzen, es war ehrfurchtgebietend ... man geht gleichsam 50 000 Jahre in der Zeit zurück. Man hat plötzlich einen völlig neuen Ausblick auf die Dinge.«

Es handelte sich bei dem Geschehen aber um mehr als um eine persönliche Verwandlung. Perkins glaubt, daß der Weg, den er gegangen ist, die australischen Aborigines vielleicht sogar retten könnte – aus der Spirale von Armut, Alkoholismus und Gewalt. Über sein Leben vor der Initiation soll er angeblich gesagt haben, daß er damals eher ein Betrachter als ein Teilnehmer des Lebens gewesen sei:

> »Solange man das Wasser nicht selbst trinkt und nicht an Blättern saugt oder einen Stein mit dem Fuß wegstößt oder den Duft der Blumen riecht, so lange könnte man sich genausogut in einem Film befinden. Als ich noch in Canberra lebte, habe ich mich oft so gefühlt.«

(Unsere künstliche Hauptstadt Canberra hat offenbar auf viele Leute eine derartige Wirkung.) Wie es die Tradition gebietet, spricht Perkins nicht über das konkrete Geschehen. Doch die von den Anthropologen katalogisierten Bräuche weisen auf erstaunliche Übereinstimmungen hin, die das Initiationsverfahren seit unermeßlichen Zeiten in allen sogenannten primitiven Kulturen bestimmen.

Dazu gehören die Beibringung von Schnittwunden, ausgedehnte Perioden der Entbehrung im Busch, die Verinnerlichung bestimmter Geschichten, von Liedern und Tänzen und der unbedingte Gehorsam gegenüber den Ältesten. Das für Außenstehende meist schwer verständliche Ergebnis ist für gewöhnlich eine erstaunliche Selbstdisziplin:

> »Unser Gesetz ist stark, und es gibt bestimmte Dinge, die geschehen, wenn man das Gesetz mißachtet. Es gibt hier Leute, die ich schon mein Leben lang kenne und mit denen ich nicht mehr sprechen kann.«

Freilich vermittelt uns die Beschäftigung mit den äußeren Aspekten der Initiation kaum eine wirkliche Erfahrung von dem inneren Gehalt der Erfahrung selbst. Machen wir uns nichts vor: Unser Verständnis von Stadien und Phasen der Einweihung, die wir nicht selbst durchlaufen haben, ist etwa so erfahrungsgesättigt wie die Vorstellung eines Sechsjährigen von der Sexualität oder eines Teenagers vom Altern.

Wir können nicht umhin, das zunächst einmal zu akzeptieren und auf Besserung zu hoffen. Es gibt eine Reihe von Dingen im Leben, die man nicht verstehen kann, solange man sie nicht selbst erfahren hat, und die sich nicht einfach mühelos erschließen.

Für Perkins ist die Initiation lediglich der Beginn eines lebenslangen Lernprozesses gewesen, und er bemüht sich jetzt, sich die Sprache, die Lieder und die Lebensanschauung und -praxis der Arunta zu eigen zu machen. Aber diese Mühe ist gewiß lohnend.

> »Als diese Rituale an mir vollzogen wurden, veränderte sich die ganze Welt. Die Bäume waren plötzlich anders, die Blätter waren anders, das Gras war anders, die Hügel waren anders, die Luft war anders. Ich schaue einen Baum an, und an dem einen Tag noch war er ein Baum,

und schon am nächsten Tag war er mein Freund. Ich habe dort plötzlich jemand anderen gesehen. Und ich fühlte mich zu Hause.«

Die Begegnung mit dem Wilden Mann

Man kann die Bedeutung der Initiation auch als den »Weg zur Begegnung mit dem Wilden Mann« beschreiben. Das Konzept des Wilden Mannes ist nicht leicht zu erklären, obwohl die meisten Männer damit durchaus etwas anfangen können. Diese »Figur« ist einerseits *in* jedem Mann beheimatet, sie hat aber auch ein unabhängiges Dasein. Sie ist zugleich Ausdruck unserer Strahlkraft und lehrt uns diese – sie verkörpert also unsere Vitalität, unsere Wildheit, unsere Größe und Spontaneität. Der Wilde Mann lehrt uns, daß wir nicht so tun müssen, als seien wir gut, sondern daß wir vielmehr eine – in uns schlummernde – immense Kraft und Integrität zu entfalten vermögen, wenn wir diesem Potential in uns nur vertrauen. Wenn wir uns unserer eigenen Wildheit überlassen, so erweist sich diese als eine ungemein harmonische und kreative Kraft. (Taoismus- und Lao-Tse-Anhänger kommen hier also voll auf ihre Kosten).

Wenn wir gut sind, so ist das schon eine ganze Menge – wenn wir uns aber von unserer Wildheit tragen lassen, dann sind wir genial. Jeder Mann, der Dinge macht oder baut, der einen Garten anlegt, der ein Jazzinstrument spielt, der je ein Liebhaber gewesen ist, weiß, daß wir »besser« sind, wenn wir los- und uns unseren Impulsen überlassen. Denn unter solchen Umständen gewinnen die natürlichen Rhythmen in uns die Oberhand und bringen unsere wahren Talente zum Vorschein.

Die Liebe, die wir für die Bäume hegen, für die Wüste, für Wellen und Wasser, für die Tiere, für den Anbau von Pflanzen, für Musik, Kinder und Frauen – sie ist ein Erbteil unserer naturgegebenen Wildheit. Die kreativsten Männer fühlen sich dem Wilden Mann eng verbunden und borgen von seiner Kraft.

»Das Ziel ist nicht, der Wilde Mann zu sein, sondern mit dem Wilden Mann Kontakt zu haben.«

Robert Bly in *Eisenhans*

Alles von innen hervordrängende männliche Selbst- und Weltvertrauen hat seinen Ursprung im Wirkungsfeld des Wilden Mannes. Aber auch spirituelle Erfahrungen kann nur ein Mann erlangen, der den Wilden Mann »kennt« – der mit ihm zwar in Austausch getreten, nicht jedoch mit ihm identisch geworden ist. (Jesus, Mohammed, Buddha standen mit dem Wilden Mann auf vertrautem Fuß und verbrachten längere Zeit in der Wildnis, sprachen in freier Natur ihre Gebete und meditierten. Sie alle hatten seine typischen Merkmale – das heißt, sie waren unberechenbar, sie paßten sich der etablierten Ordnung ihrer Zeit nicht an, lebten jedoch zugleich diszipliniert und folgten unbeirrt ihrer inneren Stimme).

Über das Konzept des »Wilden Mannes«, wie es von der Männerbewegung vertreten wird, fallen die Medien in ihrer Sensationsgier immer wieder gerne her und belustigen sich über die – auf den ersten Blick vielleicht lächerliche – Vorstellung des Wochenendkriegers, der im Wald herumhüpft und die Trommel schlägt. Doch jemand, der diese Dinge selbst kennengelernt hat, tut sich mit solcher Belustigung schon wesentlich schwerer. In ihrem wundervollen Buch *Die Wolfsfrau. Die Kraft der weiblichen Urinstinkte* empfiehlt C. P. Estes den Frauen genau die gleiche »Therapie« und rät, die zivilisierten und die wild-intuitiven Persönlichkeitsanteile in sich wieder in ein Gleichgewicht zu bringen. Die Überzivilisiertheit stellt nämlich für Frauen eine nicht minder große Gefahr dar als für Männer.

Bly betont nachdrücklich, daß »wild« nicht mit »brutal« oder »barbarisch« gleichzusetzen ist:

> »Die Lebensweise des ›Barbaren‹ fügt der Seele, der Erde und der Menschheit großen Schaden zu; man kann sagen, daß der ›Barbar‹, obwohl er verwundet ist, seine Wunde nicht untersucht. Der Wilde Mann ist einer, der seine Wunde untersucht hat; er erinnert eher an einen Zen-Priester, einen Schamanen oder einen Waldbewohner als an einen Barbaren.«

Wir müssen lernen, wieder darauf zu vertrauen, daß unsere ursprüngliche Natur, also unser innerstes Wesen, gut ist. Um sich davon zu überzeugen, muß man nur einen Säugling genauer anschauen. Wir alle werden schön geboren. Deshalb ist eine Geburt auch etwas so Bewegendes. Bly sagt: »Ein Kind ist Erbe einer gigantischen

Zeit der spirituellen und der Fantasie-Arbeit. Der Zweck der Initiation ist es, dies wiederzuentdecken. So gelangt man wieder in das Kraftfeld.«

> »Es ist gut, daß das Göttliche mit der Jungfrau Maria und der Seligkeit Jesu verknüpft ist, aber uns befällt eine Ahnung, welchen Unterschied es ausmachte, für junge Männer, wenn wir in einer Kultur lebten, in der das Göttliche auch mit verrückten Tänzern, Männern mit gefährlichen Fangzähnen und einem völlig behaarten Wesen unter Wasser verknüpft wäre.«
>
> Robert Bly in *Eisenhans*

Der Wilde Mann

Wie aber treten wir, um zu den Wurzeln unserer männlichen Natur zurückzugelangen, in Kontakt zu dem Wilden Mann? Der Autor Asa Baber hat diesen Vorgang so treffend beschrieben, daß ich ihn im folgenden ausführlich zitieren möchte:

> »Robert Bly präsentiert einen exakten Aufriß dessen, was vielen Männern in den vergangenen drei Jahrzehnten widerfahren ist – also seit die feministische Revolution unsere Wahrnehmung bestimmt und uns beigebracht hat, wie schrecklich wir Männer doch sind und wie gründlich wir uns ändern müssen. Ein Macho zu sein ist heute ganz und gar aus der Mode gekommen. Gleichwohl hat jeder Mann ein Macho-Element in seiner genetischen Struktur aufzuweisen. Dies zu verleugnen und zu verdrängen, kann sich für uns Männer (und die Gesellschaft) zu einer tödlichen Gefahr auswachsen. Denn solche Verleugnung führt in die Depression und beraubt uns unserer Energie, unserer Leidenschaftlichkeit und unserer Identität.
>
> Jeder Mann ist mit einzigartigen Begabungen ausgestattet. Eine davon ist die Fähigkeit, mit dem Cromagnon-Mann in Kontakt zu treten, der noch immer irgendwo tief in unserem Herzen und in unserer Psyche verborgen ist und uns anruft. Wir sollten uns auch völlig darüber im klaren sein, daß dieser Mann kein ›Primitivling‹ ist. Ja, er ist alles andere als ein unkontrollierter Mordbube oder bösartiger Unterdrücker. Er hat zwar vor undenklichen Zeiten auf diesem Planeten gelebt, aber er ist kein Barbar, er ist zwar ein Urmensch, darum jedoch

noch lange nicht bösartig. Ja, er verkörpert die besten Seiten des menschlichen Geistes. Er ist unbezähmbar, unbesiegbar und wild, jederzeit willens, zu beschützen, zu verteidigen und seine Kräfte mit anderen zu messen, seine Instinkte und Wahrnehmungen sind lebenswichtig für das Überleben der menschlichen Gattung. Deshalb müssen wir diesem Urmann im Zentrum unserer Psyche den nötigen Lebensraum gewähren und die Möglichkeit, zu atmen und sich auszudrücken. Wenn dieser ursprüngliche Teil von uns stirbt, stirbt auch unsere männliche Identität.

Bly hat aus dem *Eisenhans*, einem der Märchen der Gebrüder Grimm, den ›Wilden Mann‹ entlehnt. Diese Bezeichnung trifft jenes Männliche, um das es hier geht, recht treffend.

Im *Eisenhans* entdeckt ein junger Mann tief unten in einem Wasserloch einen riesigen behaarten Mann. Er ruft Helfer herbei, die den Tümpel mit Hilfe von Eimern leeren (eine Geschichte also, die von symbolischen Bezügen geradezu überquillt). Natürlich ist eine solche Entdeckung zunächst einmal erschreckend und rätselhaft.

›Ich behaupte‹, so Bly, ›daß am Grunde der Psyche eines jeden heutigen Mannes ein großer primitiver Mann verborgen liegt, der von Kopf bis Fuß mit Haaren bedeckt ist. Indes hat die moderne Kultur es bis heute versäumt, einen Kontakt zu diesem Wilden Mann herzustellen. Freud, Jung und Wilhelm Reich sind drei Männer, die den Mut besessen haben, in den Pfuhl hinabzusteigen und zu akzeptieren, was sie dort entdeckten. Dem heutigen Mann ist es aufgegeben, ihnen dorthin zu folgen.‹

Die dunkle Wahrheit, die dort unten verborgen liegt – oder den sogenannten ›Schatten‹ –, anzunehmen, ist eine weitere Aufgabe, mit der Bly jeden Mann konfrontiert, der sein wahres männliches Selbst entdecken und in sein maskulines Wesen initiiert werden möchte. Nicht zuletzt auf Blys Drängen hin fangen die Männer jetzt an, sich um jene Schattenseite ihrer Persönlichkeit zu kümmern. Wut, Aggressivität, Kummer, Gefühle der Verlassenheit und Zurückweisung, Verwirrung – alle die dunklen Schattenmächte, die in der männlichen Psyche wie Dämonen ihr Unwesen treiben – haben wir bisher meist verleugnet oder ignoriert, um als liebens- und bewundernswert zu gelten.

Dabei haben wir uns allzuviel Mühe gegeben, nett und freundlich zu erscheinen, und es anderen überlassen, unser ureigenes Selbst-Bild zu definieren. Das erweist sich jetzt als Selbst-zerstörerisch. Wir entmannen und feminisieren uns selbst, um die Billigung der Frauen zu finden, und dann hoffen wir zudem noch entgegen jeder Lebenserfahrung, daß unsere männlichen Energien uns nicht im Stich lassen. Aber ist das realistisch?

Machen wir uns nichts vor: Die meisten Männer hoffen vergeblich darauf, daß ihre maskuline Energie sich in Wohlgefallen auflösen wird. Nicht zufällig erwacht unsere Sexualität bereits in einem sehr frühen Alter und beglückt uns mit ihrer wundervollen Unmittelbarkeit – spontanen Erektionen, nächtlichen Samenergüssen und höchst lebhaften Fantasien. Diese Unmittelbarkeit der männlichen Sexualität besteht bis weit in das Erwachsenenalter fort, bei vielen Männern sogar bis ins hohe Alter. Ist es da nicht ein wenig eitel zu hoffen, wir könnten diese Energie wirklich unterdrücken? Und warum wohl sollten wir auch einen so einzigartigen, wundervollen Antrieb verwerfen?

Bly hat diesen Zusammenhang anhand der Geschichte von Huckleberry Finn veranschaulicht: Die Witwe Douglas wollte aus Huck Finn einen wohlerzogenen Jungen machen. Und nachdem er zusammen mit dem schwarzen Mann den Fluß hinuntergefahren war, möchte Tante Sally ihn adoptieren und zivilisieren. Huck sagt: ›Ich kann das nicht ausstehen. Ich hab das alles schon mal erlebt.‹ Klingt bekannt, oder?

Der Wilde Mann ist in jedem Mann lebendig. Er ist schön und göttlich. Er hat eine enorme Energie und liebt die Welt über alles. Er ist ebenso fürsorglich und kreativ wie jede weibliche Figur, aber er bringt seine Fürsorglichkeit und seine Schutzbereitschaft in typisch männlicher Manier zum Ausdruck. Es ist deshalb an der Zeit, daß wir dem Wilden Mann in uns ohne falsche Scham die Ehre erweisen. Diese Ehrenbekundung ist Bestandteil der derzeitigen Männerrevolution. Wir Männer sind nämlich verpflichtet, uns selbst besser kennenzulernen, damit wir den Gang der Dinge in dieser Welt positiv beeinflussen und uns selbst ehrlicher begegnen können. Mit anderen Worten: Wir haben ein Recht auf unsere Revolution.«

Asa Baber in *Wingspan*

Die Wildheit als Heimstatt des Mannes

Manch einer wird die vorstehenden Ausführungen vielleicht reichlich esoterisch finden. Dabei geht es im Grunde genommen doch nur um Fragen wie: Warum lieben es Männer, sich in freier Natur zu betätigen? Und woran liegt es, daß die klügsten, solidesten und vertrauenswürdigsten Männer, die wir alle kennen, meist gerade solche sind, die gerne angeln oder gärtnern, sich in der Natur herumtreiben und bei Wind und Wetter mit dem Segelboot unterwegs sind? Weshalb sympathisieren wir meist mit Männern, die immer wieder irgendeinen Vorwand finden, um in die mehr oder weniger unberührte Natur zu entfliehen?

Der Grund ist ganz einfach. Dort draußen – bei Wind und Wetter, unter den Sternen oder an den Gestaden des Meeres – können sie in eine kraftspendende »Kommunion« mit dem Wilden Mann treten. Das alles ist so offensichtlich, und dennoch wachsen ganze Generationen von Kindern heran, die kaum je einen richtigen Wald betreten oder ein wildes Tier berühren oder unter freiem Himmel schlafen. Wir dürfen nie vergessen, wie wichtig für unser seelisches Gleichgewicht solche Erfahrungen sind:

> »Der Eisenhans möchte, daß der junge Mann den Garten kennenlernt. Hat dieser den Garten einmal – und wenn es auch zehn Jahre dauert – wirklich kennengelernt, dann – so könnte man sagen – hat er zugleich auch gelernt, seiner eigenen Seele die Ehre zu erweisen, dann weiß er, wie ein Liebhaber sich verhält und wie man tanzt.«
>
> Robert Bly

Die Venus-Bucht – oder am Rande der Zivilisation

Als ich ungefähr vierzehn war, unternahm ich gemeinsam mit meiner Familie einen Ausflug zur sogenannten Venus-Bucht. Ich bin in einer Familie aufgewachsen, deren Mitglieder fast pathologisch aufeinander fixiert waren. Wir waren aus England zugereist und fühlten uns in unserem neuen Land anfangs derart isoliert, daß es kaum auszuhalten war. Familienausflüge und Campingreisen waren deshalb eine willkommene Unterbrechung unserer alltäglichen Monotonie. Diese Einzelheiten schildere ich hier so ausführlich, um einen Eindruck von der Atmosphäre zu vermitteln, in der ich als Jugendlicher gelebt habe:

In der Stille der Morgendämmerung ging an diesem Tag herrlich die Sonne auf. Wir waren allein in dieser Stille und gingen zum Meer hinab, um dies alles auf uns wirken zu lassen. An der australischen Küste gibt es noch Gegenden, in denen der Wald direkt an das Meer angrenzt und man sich in weithin unberührter Natur befindet. Nachdem wir einen oder zwei Kilometer am Strand entlanggegangen waren, beschloß ich, baden zu gehen.

Ich ging deshalb ein paar Meter in den Wald, um mich umzuziehen. Als ich jetzt plötzlich ganz ohne Kleider im Morgenlicht zwischen den Bäumen stand, hatte ich seltsam gemischte Empfindungen. Ich stand dort mit meinem ungewohnt nackten Körper, auf meiner blassen Haut spielte das Sonnenlicht, und meine Nase war von betörendem Blumenduft erfüllt.

Auf allen Seiten blickte ich in halb erleuchtete Waldlichtungen, die mit Schlingpflanzen bedeckt waren. Ich wurde von einem Gefühl der rückhaltlosesten, ursprünglichsten Wildheit durchflutet – einer Wildheit, die zugleich verführerisch, einladend und unendlich geheimnisvoll auf mich wirkte. Neben anderen Empfindungen allgemeinerer Natur verspürte ich auch eine gewisse sexuelle Erregung. Ich fühlte mich in jenem Augenblick schlicht lebendiger als je zuvor in meinem ganzen Leben. Ich hätte in jenen Wald hineinrennen und nie mehr zurückkehren mögen.

Dieses Gefühl tiefster Verbundenheit mit der Welt ist das Geburtsrecht eines jeden Kindes. Ja, wir sollten eigentlich unser ganzes Leben um diese Erfahrung »herumbauen«. Jedwede Kunst, jede Musik, jede Religion und jede Poesie ist der Versuch, in diesen Zustand zurückzukehren. Auch im Liebesakt suchen wir nach diesem Gefühl der absoluten Einheit. Doch die ganze moderne Welt, die wir um uns her errichtet haben, schneidet uns nur immer weiter von dieser Erfahrung ab.

Robert Bly erklärt unumwunden: »Einen richtigen Mann bringt die Zivilisation um.« Die amerikanischen Indianer reagierten ganz ähnlich, als sie die Städte des weißen Mannes sahen. Auch die heute noch verbliebenen Ureinwohner des Amazonasgebietes empfinden so. Sie fürchten weniger den weißen Mann selbst, sondern in erster Linie das Gift, das die westliche Zivilisation in die Herzen der Menschen träufelt. Sie schauen sich unsere Welt an und haben Mitleid mit uns.

Wie Millionen andere australische Männer auch, gehe ich gerne in den Busch, und zwar ungeachtet der damit bisweilen verbundenen

Anstrengungen, Unbequemlichkeiten und Gefahren. Das zugrundeliegende Bedürfnis ist dabei in etwa dasselbe wie jenes, von dem sich die weltweite Naturschutzbewegung leiten läßt.

Natürlich kann diese Bewegung für ihr Anliegen sehr gute praktische Argumente vorbringen. Sie führt etwa völlig zu Recht ins Feld, daß bei fortschreitender Vernichtung der Regenwälder die Sauerstoffversorgung des Planeten gefährdet ist oder daß man nicht einfach für die Krebstherapie oder die Ernährung der Weltbevölkerung künftig möglicherweise einmal unverzichtbare Pflanzenarten ausrotten darf. Aber dies alles ist nicht der wahre Grund dafür, weshalb wir Menschen die Natur lieben. Der wahre Grund ist vielmehr, daß wir in unserem Herzen von der Natur abhängig sind. Die Erfahrung intakter Natur ist nämlich für unsere seelische Gesundheit unverzichtbar.

Denn die Natur ist unsere Verbindung zu Gott. Die Kathedralen, die wir Menschen errichtet haben, imitieren lediglich die hoch aufschießenden knorrigen Bäume und die »Lichtfenster« des Waldes. Unsere Musik ist nur ein Widerhall des Zusammenklangs des Winds mit dem Chor der Vogelstimmen. Drogen vermitteln uns ein Gefühl, das dem der Gelöstheit und inneren Erhebung ähnlich ist, die wir in freier Natur bisweilen empfinden. Die Wirkung des Alkohols kopiert lediglich die Entspanntheit und das Gefühl der Brüderlichkeit, das wir empfinden, wenn wir gemeinsam mit Freunden der Wildnis »trotzen«. Aber dies alles kann die echte Erfahrung nicht annähernd ersetzen.

Selbst die schizophrene japanische Kultur, die die Küsten des Pazifiks in Stücke reißt, um dem Wahnsinn des Konsumterrors immer neue Opfer darzubringen, andererseits aber die Schlichtheit zum ästhetischen Ideal erhoben hat, sucht seelische Erholung im Steingarten oder bei der Betrachtung zierlicher Bonsai-Bäume. Und in den deutschen Eigenheimen in Stadt und Land (habe ich gehört) röhren bis heute die Hirsche an den Wohnzimmerwänden.

Der Narr

Neben dem Wilden Mann bevölkern aber auch noch andere »Figuren« die Seele des Mannes. Einer davon ist der sogenannte Narr (bei den nordamerikanischen Indianern auch »Kojote-Mann« genannt).

Nach Auffassung der Jungschen Psychologie ist die menschliche Psyche nicht aus einem »Guß«, sie besteht vielmehr aus mehreren »Teilen«, die miteinander in einer Art Dialog stehen und ihr Verhältnis wechselseitig immer wieder neu ausbalancieren müssen. Eine dieser »Figuren« ist der Narr – ein hinterlistig-schelmischer, verspielter Individualist, der niemandem etwas schuldig ist.

Wenn diese Figur richtig entwickelt ist, schützt sie uns vor allen Spielarten des Fundamentalismus. (Immer sind es die Fundamentalisten, die Menschen töten oder einsperren möchten oder Weltkriege anzetteln).

Es gibt nämlich nicht nur einen religiösen Fundamentalismus, sondern auch durchaus weltliche Ideologien oder »Ismen«, die von ihren Anhängern rückhaltlose Gefolgschaft verlangen und alle Andersdenkenden am liebsten ausrotten möchten. Die sogenannten Ismen sind stets eine Gefahr und führen zwangsläufig zu Konflikten – wir sollten daher lernen zu wissen, wann es an der Zeit ist, sie fallenzulassen. Der Narr hingegen kennt keinen Respekt, eine Haltung, die in vielen Fällen ausgesprochen sinnvoll und notwendig ist. Wer zum Fanatismus neigt, und alle, die allzustarr an ihren Überzeugungen festhalten, sollten deshalb den Narren in sich stärken:

> »Wenn Sie beispielsweise übermäßig leicht erröten, dann müssen Sie vermutlich mehr für die Integration Ihres Narren tun, weil der sich nicht so schnell in Verlegenheit bringen läßt.«
>
> Robert Moore in *Wingspan*

Freilich gibt es auch Leute, deren Narr ein wenig überentwickelt ist. Robert Moore meint in diesem Zusammenhang: »Wenn Sie einen Freund haben, der sehr, sehr zynisch ist, so heißt das, daß sein Narr sich selbständig gemacht hat. Fragen Sie einen solchen Mann einmal, welche anderen Männer er bewundert. Gelingt es ihm nicht, irgendwelche maskulinen »Heiligen« zu benennen, von denen er sich in seinem Leben leiten läßt, dann ist sein Narr vermutlich völlig außer Rand und Band. Ein Mann, der keine anderen Männer nennen kann, die er bewundert, ist stets jemand, dessen Narr durchgedreht hat.«

Wir alle brauchen Vorbilder und als Mann natürlich vornehmlich männliche Leitfiguren. Solche »Heiligen« haben zwar irgendwann einmal wirklich in dieser Welt gelebt, aber das Ideal, das sie verkörpern, führt in uns eine Art Eigenleben. Wir kreieren unsere eigene Identität, indem wir Aspekte anderer Identitäten entlehnen. (Als ich etwa fünfzehn Jahre alt war, habe ich mir den Helden der Kung-Fu-Serie als Vorbild erwählt. Aber nicht etwa, weil er gegen das Böse kämpfte, sondern weil ich lernen wollte, freundlich statt verbittert zu sein und mich schon damals zu meditativen Praktiken hingezogen fühlte. Überdies konnte ich meine Einsamkeit unter diesen Umständen in einen Beleg meines noblen Charakters umdeuten. Solange wir in unserem Alltag noch keinen echten Mentor gefunden haben, sind wir alle auf Idole und Helden angewiesen).

Männer, die Leitbilder ablehnen, sind nicht zufällig so. Häufig sind sie früher einmal von älteren Männern ungerecht behandelt worden und haben daraus den Schluß gezogen, daß man keinem Mann über den Weg trauen kann. Sie müssen deshalb zuerst lernen, daß nicht alle Männer sie verletzen und daß Sanftheit und Verletzlichkeit unter bestimmten Umständen durchaus positive Charaktereigenschaften sein können. Denn durch Zynismus blockieren wir uns letzten Endes nur selbst und hindern uns daran, die für unser Fortkommen notwendigen Aktivitäten zu entfalten.

Die alten Griechen wußten, wie diese Archetypen funktionieren. Sie hatten viele Tempel und Götter und konnten sozusagen in allen Lebensverhältnissen und -situationen auf eine passende Gottheit zurückgreifen. So konnte etwa eine Frau, die in der Liebe eine Enttäuschung erlitten hatte, den Artemistempel aufsuchen. Sie hielt sich dann eine Zeitlang im Heiligtum der spröden und athletischen Göttin der Jagd auf, die weibliche Stärke zu schätzen wußte und auf männliche Zuwendung nicht angewiesen war.

Liebeskranke Frauen hielten sich vielfach ein Jahr oder länger im heiligen Bezirk dieser Göttin auf. Änderten sich dann ihre Lebensumstände wieder, erkoren sie vielleicht Aphrodite – die Göttin der Liebe – zu ihrer Hauptgottheit. Später als Ehefrau und Mutter brachten die Griechinnen dann im Heratempel ihre Opfer dar. Dabei war die Abfolge, in der eine Frau sich diesen speziellen Göttinnen zuwandte, durchaus nicht festgelegt, so daß eine Griechin – je nach Lebensumständen – stets auf eine in einem »symbolischen« Raum beheimatete Gottheit zurückgreifen konnte.

Für die Griechen war die Dimension des Heiligen also stets in das Leben integriert. Und deswegen gab es für alle Lebensstadien und

-umstände symbolische Repräsentanten. Bly stellt dem unsere Kultur der Beliebigkeit gegenüber: »Sie gingen von Tempel zu Tempel, und wir taumeln gerade noch von einem McDonalds zum nächsten.«

Die Zeit der Asche

> »Haben Sie je den Ausdruck in den Augen eines fünfunddreißigjährigen Mannes gesehen?«
>
> Robert Bly

Junge Männer müssen fallen, bevor sie sich wie ein Phoenix aus der Asche erheben können. Es heißt, die Pubertät sei ein wichtiges Übergangsstadium im Leben, aber niemand klärt uns über weitere Lebensphasen und -verhältnisse von Bedeutung auf. Die meisten von uns stoßen am Ende der Pubertät einen Seufzer der Erleichterung aus und meinen, sie hätten es endlich geschafft. Aber auch der erwachsene Mann muß sich noch auf erhebliche Einschnitte gefaßt machen. Denn vor Vollendung seines vierzigsten Lebensjahres ist kein Mann wirklich erwachsen.

Junge Männer bis Ende zwanzig sind meist gockelhaft. Sie verstrahlen einen zwar charmanten, aber eher seichten Optimismus, da sie noch kaum wirkliche Herausforderungen zu bestehen hatten. Noch halten die meisten von ihnen sich für unbezwingbar. Zu guter Letzt jedoch erfahren alle Männer, daß nicht alles in ihrem Leben wunschgemäß läuft. Häufig drängt sich ihnen diese Erkenntnis etwa Mitte dreißig auf. Der Anlaß hierfür kann vielfältig sein: die Totgeburt eines Kindes, die Abwendung der eigenen Frau, der Tod des einst unverwüstlichen, jetzt zerfallenden eigenen Vaters, ein Krebsgeschwulst, ein schwerer Autounfall. Vielleicht bricht aber auch die sorgfältig geplante Karriere wie ein Kartenhaus zusammen. Plötzlich machen sich Beschämung, Irrtum und Kummer breit. Die Zeit der Asche ist angebrochen.

Der Auslöser für die schwere Krise, in die ich mit Mitte dreißig geriet, war eine Fehlgeburt – das abrupte Ende einer heißersehnten Schwangerschaft. Als bei meiner Partnerin bereits drei Monate nach Beginn der Schwangerschaft die Wehen einsetzten, stieß mich der Schock sozusagen vom Fahrersitz und der »Autopilot« übernahm für mich die Rolle des fürsorglichen, umsichtigen Ehemanns. Ich fuhr sie sofort ins Krankenhaus. Ich weiß noch, wie ich mit ihr klatschnaß unter einer Dusche im Krankenhaus stand und kleine Stücke unseres Wunschkindes mit den feuchten Händen auffing. Doch kurz darauf leitete ich bereits wieder – äußerlich unberührt – ein zweitägiges Seminar. Dann traf es mich wie ein Schlag. Ich stürzte in ein dunkles Loch, aus dem ich sechs Monate lang nicht mehr herausfand. Bis heute verstehe ich kaum, was damals eigentlich passiert ist. Doch es spricht alles dafür, daß mein Optimismus und mein Selbstvertrauen angesichts des übermächtigen Kummers einfach zusammenbrachen. Ich wurde unausstehlich, war nur mit mir selbst beschäftigt und fand kaum mehr aus dem Bett. Durch meine Stimmungen stieß ich meine – mit ihrer eigenen Trauer beschäftigte – Partnerin nur immer weiter von mir. Ich trieb völlig ziellos dahin.

Als jetzt die Wochen und Monate dahingingen, wurde ich innerlich irgendwann wieder weicher. Ich war völlig verwirrt und desorientiert, wodurch eine – im nachhinein betrachtet – positive Entwicklung ausgelöst wurde. Doch zunächst einmal mußte ich meinen falschen Stolz herunterschlucken und mir von Freunden helfen lassen – was mir damals nicht leichtgefallen ist. Im Laufe der Zeit gelang es mir dann, ein neues Selbstverständnis zu entwickeln. Und inzwischen ist mir bewußt, daß ich wie jeder andere bin – total schwach, total verletzlich – und daß ich von Glück sagen kann, weil das Leben mir bisher nur so wenige Prüfungen auferlegt hat, ja, daß ich überhaupt noch am Leben bin. Mit anderen Worten: Ich lernte eine ganz neue Demut kennen.

Natürlich muß man nicht die völlige Katastrophe erleben, um zu einem reifen Mann heranzuwachsen, aber man muß auf diese Möglichkeit im tiefsten Inneren gefaßt und sich darüber im klaren sein, daß man nicht allmächtig ist und daß viele unserer Träume sich nicht erfüllen. Und so verbrennt man innerlich zu Asche, und das vielleicht ein ums andere Mal. (Denn wenn wir die Lektion beim erstenmal nicht begreifen, müssen wir abermals ins Dunkel hinabtauchen). Denn erst, wenn er begriffen hat, was zu verstehen ihm aufgegeben ist, wird aus einem bis dahin naiven »Jungen« plötzlich ein offener, mitfühlender Mann.

Die Zeit der Asche kommt auch auf kollektiver Ebene

Ganze Länder müssen diesen Reifungsprozeß durchlaufen, wenn sie nicht in einem Zustand fortgesetzter »Pubertät« verharren wollen. So wird etwa Rußland derzeit mit den Folgen seiner furchtbaren Umweltverschmutzung, des Alkoholismus und seiner beängstigenden wirtschaftlichen Ineffizienz konfrontiert. Als Amerika es versäumte, sich wegen Vietnam Asche aufs Haupt zu streuen – und statt dessen Reagan wählte und die damaligen Geschehnisse schlicht verdrängte –, mußten die Veteranen für das ganze Land als Sündenböcke herhalten. Viele von ihnen sind daran zerbrochen. Eigentlich hätte man von den für das Desaster Verantwortlichen erwarten können, daß mehr als nur einer – Robert McNamara, der Verteidigungsminister zwischen 1966 und 1968 war – ihnen erklärt: »Wir haben einen schrecklichen Irrtum begangen, dafür bitten wir Euch um Entschuldigung.«

Wir – eingewanderten – Australier haben allen Grund, wenigstens den Versuch zu unternehmen, einen Teil des Unrechts, das wir den Ersteinwohnern – den von uns so genannten Aborigines – angetan haben, wiedergutzumachen, und zwar nicht nur mit Worten. Dies sind wir nicht nur den Leidtragenden unseres Tuns schuldig, sondern auch *uns selbst.* Denn es ist nicht möglich, auf Diebstahl und Mord eine gerechte Gesellschaft aufzubauen. Dennoch weigern sich noch immer viele Menschen hier, die Notwendigkeit einer solchen »Wiedergutmachung« einzusehen, obwohl jedes fünfjährige Kind die Berechtigung solcher Forderungen einzusehen vermag. (Ich weiß, daß die Aufarbeitung des Holocaust in Deutschland und Österreich trotz jahrzehntelanger Anstrengungen immer wieder ins Stocken gerät und auch in diesem Jahrtausend nicht abgeschlossen sein wird. Aber: Die Notwendigkeit der Aufarbeitung wird nicht – oder doch nur von den wenigsten – bezweifelt, und das ist der wichtigste Schritt).

> »Es ist traurig, daß sich die Vereinigten Staaten noch immer standhaft dagegen wehren, die Asche anzunehmen, die wir in den letzten vier Jahrzehnten produziert haben. Unsere Landwirtschaftspolitik ist Asche, unsere Schulen sind Asche, die Behandlung der Schwarzen ist

Asche, das Handelsdefizit ist Asche, die Umweltpolitik ist Asche, die Armut von Frauen und Kindern ist Asche.«

Robert Bly in Eisenhans

Heilung durch gesunde Beschämung

Ein alter und ein jüngerer Mann unternehmen eine ausgedehnte Camping-Reise durch die Wüste. Während der ersten Tage wirkt der junge Mann ziemlich verspannt und sagt kaum ein Wort. Der alte Mann registriert das zwar, stellt jedoch keine neugierigen Fragen. Schließlich fängt der jüngere Mann an zu sprechen. Er leitet eine große Fruchtplantage und ist vor rund einem Jahr seinem dreijährigen Sohn mit dem Traktor rückwärts über die Beine gefahren. Zum Glück ist der Zwischenfall damals glimpflich ausgegangen – der Untergrund war schlammig und feucht, so daß die Beine des Kindes tief in den Schlamm gedrückt wurden. Wie durch ein Wunder war der Junge mit ein paar blauen Flecken und einem Schock davongekommen.

Der junge Mann litt unter diesem Vorfall wochenlang zutiefst. Enge Freunde und Angehörige trösteten ihn immer wieder mit der Aussage, das hätte doch jedem passieren können. Allmählich besserte sich sein Zustand wieder ein wenig, aber er konnte den Zwischenfall nicht vergessen.

Und selbst jetzt, da er in der Wüste ein paar wohlverdiente Ferientage einlegt, muß er immer wieder an jenen ein Jahr zurückliegenden Unfall denken und erleidet bei diesen Gelegenheiten kalte Schweißausbrüche. Der alte Mann hört schweigend zu. Er versucht gar nicht erst, dem jungen Mann seine Gefühle auszureden. Dieser sitzt jetzt ebenfalls schweigend da und spürt, wie sich ihm bei dem Gedanken an das damalige Geschehen der Magen verkrampft.

»Was genau haben die Leute zu dir gesagt?« fragt der alte Mann schließlich.

»Sie haben gesagt, daß es doch ein Unfall gewesen ist und daß ich mir deshalb keine Vorwürfe zu machen brauche.«

»Hmmm.« Der alte Mann schweigt wieder eine Zeitlang.

»Dann haben sie dir etwas Falsches gesagt«, erklärt er plötzlich, so daß der junge Mann aus seinen Tagträumen aufschreckt.

»Wa–, was soll das heißen?« fragt er.

»Es war wirklich eine dumme Sache, die du da angestellt hast«, sagt der alte Mann. »Du kannst von Glück sagen, daß du deinen kleinen Sohn nicht plattgefahren hast.«

Der junge Mann ist plötzlich froh, daß sie im Dunkeln an ihrem kleinen Lagerfeuer sitzen. Das Blut schießt ihm ins Gesicht, und Tränen laufen seine Wangen hinab.

»Ich dachte, daß meine Frau auf ihn aufpaßt. Wir hatten gerade einen Streit gehabt. Dann bin ich auf den Traktor gestiegen. Aber ich hab mich gar nicht umgesehen. Ich dachte, daß es ihre verdammte Aufgabe ist, die Kinder im Haus zu halten, und dann bin ich einfach, ohne zu schauen, rückwärts losgefahren.«

Der alte Mann hockt jetzt direkt neben dem jüngeren und legt ihm den Arm um die Schulter. Der junge Mann sinkt vornüber in den Sand und weint bitterlich. Der alte Mann ist jetzt wieder neben ihm und legt eine Hand auf seinen Arm. Der junge Mann preßt seinen Kopf gegen die Brust des alten Mannes, umklammert diesen und schluchzt markerschütternd. Nach einer Weile hört er auf zu weinen. Er bemerkt, daß er sein Gesicht gegen das Hemd des alten Mannes preßt, richtet sich auf und blickt über die Schulter zum sternklaren Wüstenhimmel hinauf. Eine tiefe Ruhe ergreift von ihm Besitz – tiefer, als er es bis dahin je erfahren hat.

Die Trauer, die uns »ganz« macht

Über den Nutzen unseres Unglücks

»C. G. Jung soll immer, wenn ihm ein Freund begeistert berichtete: ›Ich bin gerade befördert worden!‹ geantwortet haben: ›Das tut mir sehr leid; aber ich denke, wenn wir alle zusammenhalten, dann stehen wir das schon durch.‹ Wenn ein Freund traurig und beschämt ankam und sagte: ›Ich bin gerade gefeuert worden‹, meinte Jung: ›Laß uns eine Flasche Wein aufmachen; das ist eine wunderbare Nachricht; jetzt wird etwas Schönes passieren.‹

[...] Man gewinnt den Eindruck, daß irgendeine Kraft in der Psyche für eine ernste Katabasis [d. h. einen ›Abstieg‹] sorgt, wenn der Mann selbst nicht weit genug ist, um den Abstieg von sich aus zu wagen. Eine Depression ist eine kleine Katabasis, und nicht wir sind es, die sie herbeiführen. Normalerweise werden wir vom Auftreten einer Depression ebenso überrascht wie von ihrem Abklingen. Bei einer Depression wehren wir uns gegen den Abstieg, deshalb kommt von unten eine Hand und zieht uns hinab. Wenn wir trauern, entscheiden wir uns für den Abstieg.«

Robert Bly in *Eisenhans*

Jeder Mann braucht in seinem Leben eine Zeit der Asche – um zu entdecken, daß er ungeachtet all seines Optimismus und all seiner Anstrengungen verwundbar ist. Wer sich in solchen Lebenslagen – aus vielleicht verständlichen Gründen – der Verzweiflung anheimgibt, hat nicht verstanden, worum es eigentlich geht. Trauer wirkt reinigend, Verzweiflung ist lediglich Stillstand. Entscheidend ist es, bis dahin unterdrückte *Gefühle herauszulassen.*

Unser ganzes Leben besteht daraus, weiterzumachen, aktiv zu sein, Entscheidungen zu treffen, vorwärtszuschreiten – ohne daß wir von vornherein über den Ausgang Gewißheit hätten. Ja, das Leben ist eine reichlich anstrengende Sache. Wenn ein Mann es sich in solchen Zeiten gestatten kann, zu weinen und wenigstens einen Teil seiner Schmerzen seinen Freunden »aufzubürden«, dann geht er aus seiner Krise geläutert hervor. Er blickt nicht länger verächtlich auf arme, behinderte oder schwache Menschen herab. Er begreift, daß diese genau sind wie er selbst. Seine Fähigkeit mitzuempfinden nimmt erheblich zu. Solche »Zeiten der Asche« führen nur das zu Ende, was bereits in der Adoleszenz begonnen hat – die »Geburt« eines richtigen Mannes.

Kurzgefaßt

1 Denken Sie einmal über Ihren weiteren Werdegang nach. Was werden Sie tun, wenn die Kinder aus dem Haus sind und Ihre Frau vielleicht nicht mehr lebt? Was bleibt noch von Ihrem Leben übrig – wenn nur noch Sie selbst da sind?

2 Verschaffen Sie sich die Möglichkeit, regelmäßig allein zu sein – damit Sie sich selbst jenseits Ihrer Rollen kennenlernen können.

3 Begreifen Sie, daß Männer in der Natur zu Hause sind. Verbringen Sie dort möglichst viel Zeit. Suchen Sie Kontakt zu Ihrer Wildheit – besonders, wenn Sie in der Stadt leben. Unternehmen Sie etwas – etwa Spaziergänge im Wald oder in den Bergen –, um wieder in Harmonie mit dem Rhythmus der Erde und des Himmels zu gelangen.

4 Öffnen Sie sich der religiösen Dimension des Lebens. Befassen Sie sich nach Möglichkeit mit solchen Religionen, in denen der Tanz, das Trommelschlagen, das Singen oder die schweigende Meditation eine große Rolle spielen.

5 Machen Sie ein Jahr Ferien, wenn Sie vierzig werden, und tun Sie jetzt die Dinge, die Sie immer schon aufgeschoben haben oder gerne machen wollten. Überlegen Sie, ob Sie wirklich so weiterleben möchten wie bisher oder etwas verändern wollen.

6 Ziehen Sie sich alljährlich wenigstens einmal (am besten um die Zeit Ihres Geburtstags) mindestens vier Tage lang in die absolute Einsamkeit zurück.

7 Denken Sie darüber nach, ob Sie nicht als Mann noch eine »nachträgliche« Initiation brauchen – um aus dem Zustand des ewigen Jugendlichen herauszukommen.

8 Informieren Sie sich über die ursprüngliche Kultur des Landes, in dem Sie leben. Australier etwa könnten von der Kultur, der Lebenseinstellung und dem Auftreten der Aborigines eine Menge lernen.

9 Nehmen Sie Zeiten des Unglücks einfach hin – eine Ehescheidung, Krankheit oder berufliche Probleme. Solche Erfahrungen sind Schritte auf dem Weg zur Freiheit. Wälzen Sie sich in der Asche. Haben Sie keine Angst vor dem Schmerz, vor Kummer, Traurigkeit, Schwäche oder vor Mißerfolgen. All dies macht sie menschlich reicher und großzügiger.

10 Halten Sie Ausschau nach dem Wilden Mann.

Weitere Stimmen

»Manche Männer betreten den Garten, indem sie um fünf Uhr früh aufstehen und vor der Arbeit noch eine Stunde allein verbringen. Väter können sich dies vielfach nur dann selbst zugestehen, wenn sie sich von der hartnäckigen Überzeugung lösen, daß ihr Leben einzig der Arbeit, den Kindern und ihrer Partnerin gehört.«

Robert Bly in *Wingspan*

»Die älteren Männer, die bis heute in den ›primitiven‹ Gesellschaften Australiens, Neuguineas und Afrikas für die Initiation der Jungen verantwortlich sind, führen diese im Alter von elf oder zwölf Jahren von der Mutter fort – unterziehen sie einer komplexen Abfolge von Abenteuern, Belehrungen und Prüfungen und unterweisen sie in rituellen Tänzen. Die alten Männer rezitieren Gedichte, bringen Mythen zur Aufführung, sagen unerhörte Dinge und tanzen bisweilen die ganze Nacht. So erfahren die Jungen aus nächster Nähe, wie der – aktivierte – Gefühlskörper des Mannes sich Ausdruck verschafft.

Bei manchen afrikanischen Stämmen ist es üblich, daß die Jungen vierundzwanzig Stunden am Stück tanzen.«

Robert Bly in *Wingspan*

»Warum sollte ich mit Worten um mich schlagen, da die Liebe meinen inneren Raum ganz mit Licht erfüllt hat?«

Kabir

»So etwas wie Autorität und ein Gefühl für unsere Einzigartigkeit erlangen wir nur, wenn wir zwischen unserer eigenen Geschichte, also der Wahrheit unserer Autobiographie und den offiziellen Legenden zu unterscheiden lernen, von denen wir uns bis dahin in unserem Denken, Fühlen und Handeln haben leiten lassen. Das beginnt damit, daß wir fragen: ›Welche Geschichte habe ich gelebt? Welcher Mythos hat von mir Besitz ergriffen?‹ An das Ziel sind wir erst gelangt, wenn wir unsere eigene Geschichte erzählen und uns aufrichtig für unser eigenes Leben entschieden haben ...«

Robert Bly in *To Be a Man*

»Der Wilde Mann erwacht nicht etwa dadurch zu vollem Leben, daß wir unseren »natürlichen« Impulsen folgen, also mit dem Strom schwimmen, Marihuana rauchen, nichts lesen und einfach ›gut drauf sind‹. Ekstase bedeutet vielmehr, daß wir im Spannungsbereich der Goldenen Gaben leben. Die Ekstase kommt nach dem Denken, nach selbstauferlegter Disziplin und nach der Trauer.«

Robert Bly

»Trotz unserer Disneyland-Kultur fangen einige Männer zwischen fünfunddreißig und vierzig an, in ihrem Privatleben Erfahrungen mit Asche zu machen, ohne ein Ritual, sogar ohne ältere Männer. Ihnen wird allmählich klar, wieviele ihrer Träume zu Asche geworden sind. Ein junger Mann in der High-School träumt davon, Rennfahrer oder Bergsteiger zu werden, er wird Miss Amerika heiraten, er wird mit dreißig Millionär sein, er wird mit fünfundvierzig den Nobelpreis für Physik bekommen, er wird Architekt werden und das höchste Gebäude der Welt bauen. Er wird aus seinem Provinznest ausbrechen und in Paris leben. Er wird phantastische Freunde haben ... und mit fünfunddreißig sind alle diese Träume zu Asche geworden.

[...] Die Erkenntnis dieser Schwächung ist eine Erfahrung, die Männern über dreißig angemessen ist. Falls der Mann diese Schwächung nicht in aller Schärfe erlebt, wird er seine Überheblichkeit beibehalten und sich weiter mit allem in ihm identifizieren, das fliegen kann: seinem Sexualtrieb, seinem Verstand, seiner Weigerung, eine Bindung einzugehen, seiner Abhängigkeit, seiner Transzendenz, seiner Kälte. Die Kälte mancher amerikanischer Männer deutet darauf hin, daß sie die Asche übersprungen haben.«

Robert Bly in *Eisenhans*

»Die Goldfrau in der anderen Welt sendet ihren Glanz hinab durch die Atmosphäre, und dieser Glanz erscheint auf dem Gesicht des Mädchens. Schon ihre Schönheit erweckt in den Jungen die Sehnsucht nach der anderen Welt; vielleicht entspricht sie sogar einem vorgegebenen Bild im genetischen Gedächtnis der Jungen. Sie schauen einmal hin, und der Sommer ist vollkommen.«

Robert Bly in *Eisenhans*

Abschütteln

Walker Feinlein, Professor für Geschlechter-Ergonomie an der Universität Hobart, meint, daß es an der Zeit ist, sich über die Neuausstattung der Männertoiletten Gedanken zu machen.

Frauen, so Professor Feinlein, würden die auf Männertoiletten herrschenden barbarischen Zustände niemals widerspruchslos hinnehmen. ›Gehen Sie doch mal rein und sehen Sie sich dort um« fordert er seine Studentinnen auf. Wenn sie an der (in Architektenkreisen bisweilen auch als ›Pisseteria‹ bezeichneten) Gemeinschaftsrinne stehen, haben Männer alle möglichen Peinlichkeiten und Wettbewerbstraumata auszustehen.

Ein zweites ernsthaftes Problem ist das sogenannte ›Abtropf-Syndrom‹. Die Physiologie des männlichen Genitals sowie die Tröpfchen-Physik sind ursächlich dafür, daß kein Mann sein Organ je wirklich tropffrei zu schütteln vermag. Und so lautet denn auch ein klassisches Zitat:

Du magst ihn schütteln oder stoßen,
der letzte Tropfen geht in d'Hosen.

Oder wie Robbie Burns den – nachdenklich stimmenden – Sachverhalt umschrieben hat:

Magst du auch rütteln oder schrein
den letzten Tropfen fängt das Bein.

Die Folge ist, daß die meisten Männer an einem durchschnittlichen Tag zur Mittagszeit südlich der Taille wie eine Kneipentoilette muffeln. Das ist in der Tat ein gravierendes Handikap, und das Tragen eines Kilts wäre lediglich ein Ausweichen vor dem Problem.

Die Bereitstellung von Toilettenpapier und entsprechender Entsorgungsmöglichkeiten für Männer im Verein mit der zunehmenden gesellschaftlichen Akzeptanz der notwendigen Trocknungsübungen würden daher von Männern wie ihren Frauen gewiß einhellig begrüßt werden und das Ende der innerlich befleckten Hose einläuten.«

Abgedruckt in *Chips*, dem Journal der tasmanischen Forstkommission

»Manche Männer, die ihre Mütter nicht retten können, werden Therapeuten und versuchen immer wieder, eine Frau zu retten. Sie beißen sich den Finger ihres Gefühls ab und lauschen für den Rest ihres Lebens den Gefühlen anderer Menschen.«

Robert Bly in *Eisenhans*

»In manchen Teilen der australischen Gesellschaft kommt der Freundschaft fast so etwas wie ein religiöser Status zu. Diese Nähe und Verbundenheit läßt sich den Angehörigen anderer kultureller Gruppen nicht vermitteln, die unter Freundschaften Begegnungen auf Dinner-Partys verstehen samt mehr oder weniger ›geistreichem‹ Geplauder über berufliche und gesellschaftliche Dinge oder aber Ansammlungen ›interessanter‹ Leute, die selbst den verschärften Verdacht und die schreckliche Befürchtung hegen, ganz und gar nicht interessant zu sein ...«

Robyn Davidson in *Spuren*

»Der eine oder andere Leser erinnert sich vielleicht an Kafkas Geschichte über den Türhüter und den Bittsteller. Der Bittsteller wartet monate-, jahrelang darauf, daß die Tür vielleicht aufgeht oder der Türhüter einschläft oder aber, daß man ihn hineinbittet. So vergehen Jahre. Als er schließlich alt geworden ist und sterben muß, ruft er den Türhüter zu sich und beklagt sich flüsternd über die Ungerechtigkeit der ganzen Situation. Aber der Türhüter sagt nur: ›Oh, das war Ihre Tür; Sie hätten jederzeit hindurchgehen können.‹ Und der Bittsteller stirbt.«

Robert Bly in *Wingspan*

MÄNNERGRUPPEN

Ich hoffe, daß Sie bei der Lektüre dieses Buches auch auf ein paar für Ihr eigenes Leben taugliche Anregungen gestoßen sind, und vielleicht haben Sie ja bereits begonnen, einige dieser neuen Erkenntnisse in die Tat umzusetzen. Vielleicht fühlen Sie sich aber auch überfordert. Ein Problem der ganzen »Selbsthilfe«- und »Selbstvervollkommnungs«-Szene ist die verbreitete Erwartung, wir könnten die Dinge ganz aus eigener Kraft ändern. Dies ist eine der typischen Illusionen unserer Zeit. Erleiden wir dann mit diesem »solistischen« Ansatz Schiffbruch, folgern wir sogleich, daß gar nichts sich ändern läßt, und geben auf. Und so kommt es, daß heutzutage die meisten jungen Männer übertrieben selbstbewußt und viele ältere Männer depressiv durchs Leben gehen.

Seit dem Erscheinen der ersten australischen Auflage von *Männer auf der Suche* habe ich das eine oder andere darüber gelernt, wie wichtig es für einen Mann ist, vertrauten Umgang mit anderen Männern zu pflegen. Um uns selbst und die Welt zu verändern, müssen wir eine Gemeinschaft von Männern etablieren, die ähnliche Ziele verfolgen – und wir müssen natürlich selbst mit dabeisein. Selbst kleine Gruppen von Männern, die willens sind, regelmäßig zusammenzutreffen und zu reden, können den Teilnehmern enorme Einsichten vermitteln, sie ermutigen und ihnen wenn nötig auf die Sprünge helfen. Jeder einzelne von uns braucht dies alles, wenn wir offen bleiben und wirklich frei werden möchten. Wenn Sie in Ihrem Leben als Mann wirklich »vorwärtskommen« wollen, dann kann Ihnen eine Männergruppe dabei sicherlich erheblich von Nutzen sein. Im folgenden für Interessierte deshalb ein paar Hinweise.

Die Ausbreitung von Männergruppen

Höchstwahrscheinlich treffen irgendwo im Umkreis Ihrer Wohnung in irgendeinem Raum alle paar Wochen zirka acht oder neun Männer – eine Männergruppe – zusammen, die miteinander über ihr Leben reden. Ihre Frauen oder Partnerinnen »räumen« an einem solchen Abend meist gerne das Haus, weil sie sich über das Resultat solcher Treffen freuen – einen zufriedeneren, ausgeglicheneren, stärkeren und friedlicheren Mann.

Wir haben Kenntnis von etlichen hundert Männergruppen in Australien, und gewiß gibt es noch zahlreiche andere, die still vor sich hinarbeiten. In anderen Kontinenten sieht es ganz ähnlich aus. Der vom Therapeuten zum Aktivisten mutierte Guy Corneau hat ganz allein 300 Gruppen in Kanada ins Leben gerufen. Ferner gibt es Tausende solcher Zusammenschlüsse in den USA. In Großbritannien, Deutschland (siehe auch den Resourcenteil dieses Buches), Südamerika und Neuseeland entstehen ebenfalls immer mehr Männergruppen, die Broschüren herausgeben, sich zu Netzwerken zusammenschließen, Konferenzen abhalten und Spaß miteinander haben.

Darüber hinaus gibt es noch Schwerpunktarbeit: So etablieren sich in den USA immer mehr sogenannte Getto- und rassenübergreifende Gruppen. In Australien bestehen gute Verbindungen zu den Aborigines. Die Hauptzielsetzung ist hier die Beratung heranwachsender Jungen und die Unterstützung der Väter bei der Ausübung ihres Jobs.

Wie dies bei jeder neuen sozialen Bewegung der Fall ist, tun sich die Medien schwer, von den üblichen Stereotypen Abschied zu nehmen. (Die Frauen- und die Umweltbewegung haben diesbezüglich ganz ähnliche Erfahrungen gemacht).

Und so ist auch die Männerbewegung wegen ihrer angeblichen Weinerlichkeit und Emotionalität vielfach geschmäht worden. Eine Fernsehgesellschaft hat sogar in jeden ihrer »Berichte« über Männertreffen immer wieder denselben Filmausschnitt eingebaut. Die Bilder zeigen einen tieftraurigen Mann, der von anderen Männern gehalten wird. Dieser Mann hatte kurz zuvor von dem sexuellen Mißbrauch berichtet, dem er in seiner Kindheit ausgesetzt gewesen war und unter dem er noch immer litt. Dennoch vermittelte der Film den Eindruck, daß es sich bei dem Mann um einen kalifornischen Manager handelte, der gerade mal Lust hatte, ein bißchen »Selbsterfahrung« zu praktizieren.

Es ist ganz typisch für die heutige Gesellschaft, daß Männer zwar lernen, Kriege zu führen, Scheidungskatastrophen »wegzustecken«, als Polizisten zu arbeiten, zerfetzte Halbwüchsige aus zerschmetterten Autos zu ziehen, aber nie zu hören bekommen, daß sie auch einmal Gefühle der Trauer zeigen dürfen.

Wie Männergruppen funktionieren

In Männergruppen geht es bisweilen emotional ziemlich hoch her. Wenn Männer plötzlich in einem separaten »Raum« zusammenkommen und sagen können, was sie empfinden, ohne die üblichen Spielchen zu spielen, so hat das eine befreiende Wirkung. Wenn Männer wissen, daß ihre Geschichten Gehör finden und ernst genommen werden, drängt häufig viel bis dahin Verdrängtes an die Oberfläche.

Männergruppen haben aber auch eine durchaus praktische Seite. Sie befassen sich mit allen möglichen Themen, etwa: »Wie bringe ich meine Kids zur Räson?« oder: »Wie kann ich aus einem krankmachenden Beruf ausbrechen und mehr Zeit für mich gewinnen?« Vielleicht handelt es sich aber auch um eine sehr freie Diskussion über Sex. Oder aber ein Mann berichtet über seine derzeitige Ehekrise oder erzählt, daß seine Frau unter einer schweren Krankheit leidet. Ich habe selbst miterlebt, wie ältere Männer in solchen Gruppen zum erstenmal nach Jahrzehnten eisernen Schweigens – und Leidens – von ihren Kriegstraumata gesprochen haben.

Junge Männer – deren Väter sich mehr oder weniger elegant aus dem Staube gemacht haben – finden vielfach Ersatzväter und -onkels in einer solchen Gruppe. Freilich stellen Männergruppen auch hohe moralische Anforderungen. So unterwerfen sich Mitglieder der Verpflichtung, gegenüber Frauen, Kindern sowie anderen Gruppenangehörigen niemals gewalttätig zu agieren (oder ›gewalttätig‹, also drohend und herabwürdigend, zu sprechen). Männer haben auch einen anderen Gesprächsstil als Frauen: Sie sind weniger »vorsichtig« und stimmen nicht gleich allem zu, was einer der Anwesenden von sich gibt.

Männergruppen treffen meistens in Privathaushalten zusammen, bisweilen kommen sie aber auch in kirchlichen Gemeinde- oder in Gesundheitszentren zusammen. Die meisten von ihnen verfolgen nur ganz allgemeine Männeranliegen, manche kümmern sich aber auch um Geschlechtsgenossen mit Gewaltproblemen oder um Männer mit Gesundheits- oder Eheproblemen. Manche Gruppen nehmen nur eine beschränkte Zahl von Mitgliedern auf, gewähren jedoch periodisch neuen Interessenten Zutritt. Üblicherweise beginnt alles damit, daß irgendwer ein paar Freunde einlädt und eine eigene Gruppe gründet. Manche Gruppen diskutieren zunächst etwa über ein Buch (wie dieses) oder sprechen über eine Liste von Themen, auf die sich die Teilnehmer geeinigt haben. Meistens führt einer der Anwesenden – nach dem Rotationsprinzip – den Vorsitz, da Männer klare Strukturen lieben und zudem »Ergebnisse« sehen wollen.

Die meisten Männergruppen geben sich eine Art Reglement (keine Erniedrigungen, Vertraulichkeit) und verlangen von ihren Mitgliedern einen menschlich »sauberen« Lebenswandel. »Du vernachlässigst deine Kinder, mein Lieber. Wach' endlich auf!«; »Na klar kannst du dich von deiner Frau trennen, aber du wärst ein Idiot, wenn du das wirklich tätest. Warum sprichst du nicht einfach mit ihr und sagst ihr, was du wirklich empfindest.«; »Du bist erschöpft, mein Lieber. Du solltest mal gemeinsam mit deiner Frau Urlaub machen.« Und so fort.

Niemand muß in einer Männergruppe sein Innerstes nach außen kehren – dazu besteht überhaupt keine Veranlassung. Aber vielleicht genau aus diesem Grund fassen die meisten schon bald Vertrauen – gerade wenn sie erleben, wieviele Erfahrungen sie mit den anderen Teilnehmern gemeinsam haben. Man erhält von den übrigen Mitgliedern auch immer wieder nützliche, praktische Ratschläge, und so kann man allmählich alle Masken ablegen. Dieses Gefühl der Entspanntheit überträgt sich dann im Laufe der Zeit auf sämtliche Lebensbereiche (was man etwa mit Alkohol niemals zustande bringt), weil sich der Veränderungsprozeß Schritt für Schritt vollzieht. Und plötzlich gewinnt das Leben wieder einen Sinn.

Die meisten Männergruppen organisieren irgendwann gemeinsame Wochenendausflüge. Wenn die meisten Mitglieder Väter sind, werden in solche Unternehmungen häufig auch die Kinder mit einbezogen. Es gibt sogar eigens für Väter und Töchter oder Väter und Söhne konzipierte Gruppen, die auch die für solche Anlässe nötige »Infrastruktur« bereitstellen.

Wohin das alles führen kann

Was aber hat das alles für Konsequenzen? Den Anliegen und Forderungen der Männerbewegung wird sich auf Dauer weder der Gesetzgeber noch die Arbeitswelt entziehen können. Ja, der »neue Mann« wird Wirtschaft und Gesellschaft verändern. Fragen, die in diesem Zusammenhang einer Diskussion harren, sind etwa: die Behandlung von Jungen in der Schule; die »Rechte« geschiedener Väter an ihren Kindern; die Ausbeutung junger Männer im Sport; sexueller Mißbrauch jüngerer Männer beim Militär; die Situation im Strafvollzug; das »kindliche« Recht, einen Vater zu haben und diesen auch zu kennen; der Schutz der Frauen vor Vergewaltigung und sexueller Belästigung. Natürlich könnte man noch zahllose weitere derartige Punkte aufzählen.

In gewisser Hinsicht ist die Männerbewegung ein unverzichtbares Element in dem Geflecht der sozialen Veränderungen, die heute allenthalben zu verzeichnen sind. Wer weiß, wohin das alles noch führen wird? Als Mann sind Sie jedenfalls in diesen ganzen Prozeß involviert – und was Sie tun oder lassen, ist somit von Belang. Im übrigen möchten wir alle Frauen, die sich mit diesem Buch beschäftigt haben, darum bitten, uns zu unterstützen und uns Anregungen zu geben.

Die besten Wünsche!

Steve Biddulph
Coffs Harbour, New South Wales, Australien
Herbst 1998

Kurzgefaßt

1 Der sogenannte Self-made-Man ist ein Mythos. Keiner von uns kann sich ohne die Hilfe anderer auf Dauer wirklich verändern.

2 Schließen Sie sich einer Männergruppe an oder gründen Sie gemeinsam mit Freunden eine.

3 Erfolgreiche Gruppen haben für gewöhnlich eine Struktur oder ein Programm und überlassen den »Vorsitz« abwechselnd einem Mitglied, damit die Dinge nicht aus dem Ruder laufen.

4 Die weltweite Bewegung zur Befreiung und »Reformierung« der Männer gewinnt immer mehr an Gewicht – und zwar genau zur rechten Zeit.

ZUKUNFTSTRÄUME

Was wird sich mit Hilfe der Männerbewegung künftig ändern?

Die Männer werden ...

... weniger arbeiten und mehr spielen. Weniger verdienen und weniger ausgeben. Bessere Väter und länger verheiratet sein. Länger leben, für andere weniger gefährlich sein.

Sie werden zudem ...

... mehr Freunde haben und mit diesen Freunden einen persönlicheren Umgang pflegen. Den Sport weniger als Zuschauer und mehr als »Aktive« verfolgen.

Sie werden mehr Zeit auf – »sanftere« und bewußtere – Aktivitäten in freier Natur verwenden.

Und sie werden Umweltbelange mit fast religiöser, unaufgeregter Hingabe verfolgen.

Als Liebhaber werden sie ...

... einfühlsamer und mehr als heute in ihrem Körper zu Hause sein. Des weiteren zeichnen sie sich durch größeres Selbst- und Weltvertrauen, geringere Selbstsucht und mehr Freundlichkeit aus und haben es weniger eilig als bisher.

Als Väter ...

... werden sie sich durch Engagement und positive Unterstützung auszeichnen und zugleich ihren Standpunkt eindeutig vertreten, ohne herumzunörgeln oder einzuschüchtern.

Als Konsumenten ...

... werden sie »wärmeren« Farben den Vorzug geben. Sie werden handgemachte, reich verzierte, gleichwohl unverkennbar männliche Kleidung tragen. (Der Anzug und die Krawatte werden verschwinden. Wie der Kummerbund und der Gehrock werden sie schon bald als historische Kuriositäten gelten).

Sie werden alte, aber stilvolle Autos fahren, die sie sorgsam pflegen.

Schließlich werden viele von ihnen ein Musikinstrument erlernen, Weltmusik den Vorzug geben und sich weniger von jugendorientierten Stilen und Produkten beeinflussen lassen.

Der Jugendkult wird verschwinden, und junge Leute werden als das gelten, was sie sind: reizend, aber unreif und durchaus nicht immer zu beneiden.

Alter und Erfahrung werden schon bald wieder in vielen Lebensbereichen aufgewertet werden, darüber bestimmen, was in der Mode tonangebend ist, welche Filme auf den Markt kommen, unter welchen Bedingungen wir arbeiten und welchen Politikern und Wirtschaftsführern wir uns anvertrauen.

Als allgemeine Vorbilder werden reife Menschen gelten, die fünfzig Jahre und älter sind – also herzliche, unaufgeregte, trotzdem aber lebhafte, streitfreudige, beeindruckende und humorvolle Männer und Frauen.

Die heute existierenden Religionen werden einen neuen Aufschwung nehmen, da die Männer ihre Aufmerksamkeiten zunehmend ihrer Innenwelt zuwenden werden.
Neue – oder Mischformen alter – Rituale werden sich herauskristallisieren, die es den Männern erleichtern werden, sich mit ihrer Vergangenheit zu versöhnen und ihre adoleszenten Söhne zu initiieren. Allmählich werden dann Religion und allgemeines ökologisches Bewußtsein verschmelzen und zu einer Wirkmacht eigenen Rechts heranwachsen.

Viele Männer werden sich, wenn sie vierzig sind, für ein Jahr von ihrer Berufsarbeit freimachen und andere Ziele verfolgen.

Sie werden dann entscheiden, ob sie ihren gewohnten Beruf weiter ausüben oder größere Veränderungen vornehmen möchten.

Die meisten Männer werden sich auch alljährlich – etwa zur Zeit ihres Geburtstags – für ein paar Tage in völlige Abgeschiedenheit zurückziehen.

Auf lokaler Ebene organisierte, gut geschulte Gruppen von Männern werden »Kinderschändern«, Vergewaltigern und gewalttätigen Männern das Handwerk legen und mit ihnen therapeutisch arbeiten. Die Basis dieser Arbeit sind Netzwerke und Selbsthilfegruppen, die sich um die »Täter« zwar mitfühlend, aber auch ziemlich robust »kümmern«. Auf diese Weise kann sich die Polizei eingehender mit der Wirtschaftskriminalität befassen!

Solche Männerorganisationen werden gemeinsam mit den Frauen auf Gemeindeebene arbeiten und ganz neue Formen der politischen und zivilen Mitbestimmung kreieren. Diese neuen Strukturen werden dann zur Beseitigung oder Linderung lokaler und weltweiter Probleme nutzbar gemacht und können zu diesem Zweck zahllose Computer-Netzwerke, Faxe und Periodika einsetzen.

Männer werden aber auch die Erscheinungsform der Schule und der Kindheit verändern sowie der Verfilzung von politischen und wirtschaftlichen Interessen auf lokaler Ebene ein Ende setzen. Ferner werden sie die traditionellen politischen Parteien hinwegfegen und mit den Entwicklungsländern und den eingeborenen Völkern kooperativ zusammenarbeiten. Sie werden von diesen lernen, wie wir alle auf diesem Planeten in wechselseitiger Liebe und Achtung und im Einklang mit der Natur zusammenleben können.

Im Grunde genommen ist es dem einzelnen Mann gar nicht freigestellt, darüber zu entscheiden, ob er sich der Männerbewegung anschließen möchte oder nicht, denn kein Mann ist von ihr ausgeschlossen.

Diese Bewegung wird schon bald so selbstverständlich sein wie die Luft, die wir atmen.

Respektvoll miteinander umgehen

Das Duluth-Programm zur Unterbindung häuslicher Gewalt arbeitet zur Veranschaulichung der Problemstellung mit zwei in verschiedene Segmente eingeteilten Kreisen unter den Überschriften »Macht und Kontrolle« beziehungsweise »Gleichberechtigung«. Die Kreise zeigen, wie Männer oftmals Machtstrategien in ihren Beziehungen zu Frauen einsetzen, anstatt mit ihnen gleichberechtigt umzugehen.

Macht und Kontrolle

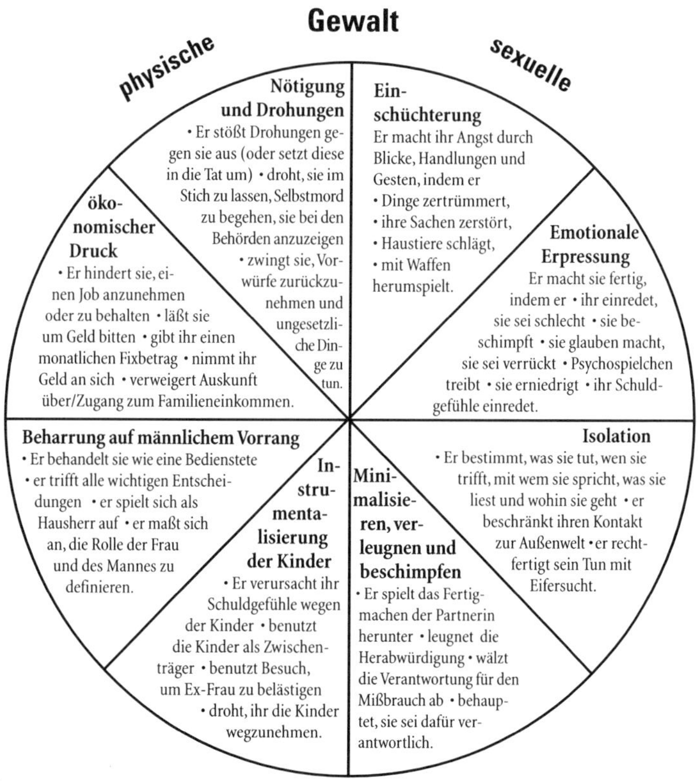

Prüfen Sie, ob Sie je auf die in dem linken Kreis dargestellten »Methoden« zurückgreifen, um Ihren Willen durchzusetzen. Schauen Sie sich dann die in den entsprechenden Segmenten des rechten Kreises skizzierten Verhaltensalternativen an, die wechselseitige Achtung und Gesprächsbereitschaft verlangen.

Männer, die Machtstrategien anwenden, leugnen oftmals schlichtweg, daß sie es tun. Die Duluth-Kreise, im Rahmen einer Gruppenarbeit eingesetzt, zerstreuen am Ende meist auch bei den kühnsten Verdrängern letzte Zweifel. Wenn eine der beschriebenen Verhaltensweisen für Sie typisch ist, dann sind Sie ein »Machttaktiker«. Mit Hilfe ihrer Freunde und therapeutischer Unterstützung können Sie jedoch bessere Strategien der Problembewältigung erlernen.

Gleichberechtigung

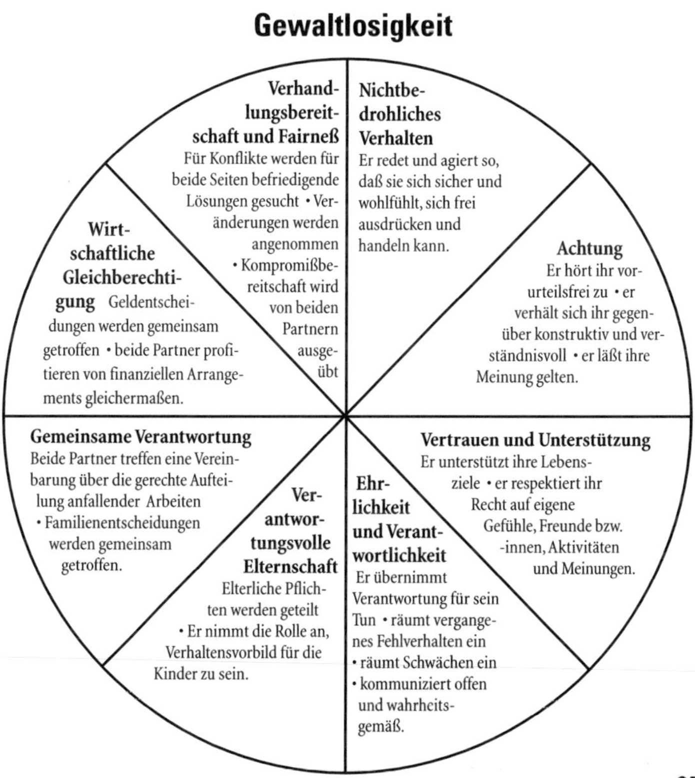

In sämtlichen US-Staaten, in denen das Duluth-Modell Anwendung findet, ist es in den Strafvollzug integriert. Die Teilnahme ist freiwillig. Tätliche Übergriffe werden stets strafrechtlich verfolgt.

Machtstrategien sind freilich nicht eine ausschließlich männliche Domäne. Auch etlichen Frauen dürften eine Reihe der in den vorstehenden Kreisen skizzierten Verhaltensweisen nicht ganz fremd sein. Es werden deshalb auf der Basis des Duluth-Modells auch Ehefrauen-Kurse angeboten, die Frauen dabei helfen sollen, aus dem Kreislauf der – meist psychologischen – Gewalt auszubrechen.

Wer aus dem Kreislauf der Gewalt und Herrschsucht ausbricht, wird durch ein ungleich erfüllteres Leben entschädigt, in dem Respekt, Zuneigung und Angstfreiheit die alten Muster ersetzen. Die meisten Männer finden es bei weitem angenehmer, von ihrer Frau und ihren Kindern geliebt und geachtet als gefürchtet und gehaßt zu werden. Mit Hilfe solcher Modelle, die in Kooperation mit anderen Männern eingeübt werden, haben wir eine gute Chance, die Verhältnisse in den Familien und zwischen den Geschlechtern erheblich zu verbessern.

Bibliographie

Folgenden Personen und Organisationen sei für die freundliche Genehmigung, ihre Materialien für dieses Buch zu verwenden, herzlich gedankt.

Alle Zitate aus Robert Blys *Eisenhans* wurden mit freundlicher Genehmigung von Element Books of Shaftsbury, Dorset, England und Kindler Verlag, München, abgedruckt.

»Male Bashing«, das zuerst in K. Thompsons Kompendium *To Be a Man* erschien, wurde mit freundlicher Genehmigung des Autors Frederic Hayward, MR Inc., PO Box 163180, Sacramento, California 95816, USA, wiedergegeben.

Das Interview mit Charles Perkins stammt aus dem Beitrag »The Return to The Dreamtime« von Stuart Rintoul. Ich danke dem Autor und *The Australian* für die Erlaubnis zum Abdruck.

Die Graphiken »Macht und Kontrolle« beziehungsweise »Gleichberechtigung« wurden mit freundlicher Genehmigung des Minnesota Program Development Incorporated Domestic Abuse Intervention Project, 206 West Fourth Street, Minnesota 55806, USA, wiedergegeben.

Das (Schatten-)Bild des Adlers im Buch stammt von Laurie Goldsworthy. Es handelt sich um einen jungen tasmanischen Keilschwanzadler, fotografiert im Flug über den Great Western Tiers. 1994 lebten noch ganze 75 Paare dieser Subspezies *(Aquila audax fleayi)* auf Tasmanien. Durch den Verlust ihrer Nistplätze ist ihr Bestand allerdings stark gefährdet.

Zitierte Bücher

Blankenhorst, David, *Fatherless America*, New York: Basic Books, 1995.

Bly, Robert, *Eisenhans: Ein Buch über Männer*, München: Kindler, 1991.

Dalbey, Gordon, *Healing the Masculine Soul*, Melbourne: Word, 1989.

Davidson, Robyn, *Spuren. Eine Reise durch Australien*, Reinbek bei Hamburg: Rowohlt, 1982.

Elium, Don und Jeanne, *Söhne erziehen*, München: Knaur, 1994.

Embling, John, *Fragmented Lives: A Darker Side of Australian Life*, Melbourne: Penguin, 1986.

Estes, C.P., *Die Wolfsfrau. Die Kraft der weiblichen Urinstinkte*, München: Heyne, 1993.

Goldberg, Herb, *Man(n) bleibt Mann: Möglichkeiten und Grenzen der Veränderung*, Reinbek bei Hamburg: Rowohlt, 1990.

Hagan, Kay Leigh (Hg.), *Women Respond to the Men´s Movement*, San Francisco: Pandora/HarperCollins, 1993.

Harding, Christopher (Hg.), *Wingspan - Inside the Men´s Movement*, New York: St Martins Press, 1992.

Jones, Caroline, *The Search for Meaning (3)*, Sydney: ABC/Collins Dove, 1992.

Keen, Sam, *Feuer im Bauch*, Hamburg, 1992.

Lee, John, *Auf der Suche nach dem Vater*, München: Knaur, 1993.

Michener, James A., *Frühlingsfeuer*, München: Schneekluth, 1994.

Miedzian, Myriam, *Boys Will Be Boys*, London: Virago, 1992.

Rhodes, Richard, *Making Love*, New York: Simon & Schuster, 1992.

Thompson, Keith (Hg.), *To Be a Man: In Search of the Deep Masculine*, Los Angeles: Jeremy Tarcher, 1991.

Zitierte Artikel und Beiträge

Allen, Marvin, »Wild Man Weekend«, Dokumentarfilm von SBS Television, Australia.

Associated Press, »An initiation he needed like a hole in the head«, in *The Mercury*.

Baldwin, James, zitiert in Thompson, *To Be a Man*.

Bliss, Sheperd, zitiert in Harding, *Wingspan*.

Camus, Albert, zitiert in Thompson, *To Be a Man*.

Cooney, Barry, »Touching the Masculine Soul«, in Harding, *Wingspan*.

Feinlein, Prof. Walker, persönliche Mitteilung an der Bar des Black Buffalo Hotel, North Hobart, Australien.

Follet, Ken, aus *Nacht über den Wassern*, zitiert in Oakley, Barry, *Australian Magazine*.

Friedan, Betty, aus *Der zweite Schritt*, zitiert in Harding, *Wingspan*.

Gillette, Douglas, »Men and Intimacy«, in Harding, *Wingspan.*

Harding, Chris, »Men's Secret Societies, 1890s-1990s«, in Harding, *Wingspan.*

Hayward, Fredric, »Male Bashing«, in Thompson, *To Be a Man.*

Lawrence, D.H., aus *Liebende Frauen*, zitiert in Oakley, Barry, *Australian Magazine.*

ders., »Healing«, aus *The Collected Poems of D.H. Lawrence*, zitiert in Bly, *Eisenhans.*

Leunig, Michael, »The Demon«, in *A Bunch of Poesy*, Sydney: Angus &Robertson/HarperCollins, 1992.

ders., Interview in Jones, Caroline, *The Search for Meaning (3).*

Masters, Robert, »Ditching the Bewitching Myth«, in Thompson, *To Be a Man.*

Noa, Jai, »The Cripple and the Man«, in Baumli, F. (Hg.), *Men Freeing Men*, o.O.: New Atlantis Press, 1985.

Rintoul, Stuart, »Initiation«, in *The Australian*, 15. Feb. 1992.

Simenon, Georges, zitiert in Harding, *Wingspan.*

Taylor, George, »Longing for the Great Father«, in Harding, *Wingspan.*

Kabir, zitiert in Bly, *Eisenhans.*

Perkins, Charles, zitiert in Rintoul, a.a.O.

Ventura, Michael, »Shadowdancing«, zitiert in Harding, *Wingspan.*

Videos

Bly, Robert (mit Bill Movers), »A Gathering of Men«, PBS Television, USA.

Allen, Marvin, »Wild Man Weekend«, SBS Television, Australia.

Weitere Bücher von Steve Biddulph im Beust Verlag

Das Geheimnis glücklicher Kinder

Weitere Geheimnisse glücklicher Kinder

Jungen! Wie sie glücklich heranwachsen

Wie die Liebe bleibt

Männergeschichten

Kontakte

Die von ihrer Anlage her eher »stille« Männerbewegung war zwar in den letzten Jahren seltener in den Medien präsent, doch umfaßt sie heute eine Vielzahl an Gruppen und Initiativen mit den verschiedensten Ausrichtungen.

Die meisten Männergruppen sind eher lebensnah-bodenständig ausgerichtet und zielen darauf ab, gemeinsam ein positives männliches Selbstgefühl zu erarbeiten. Gelegentlich stößt man aber auch auf Gruppierungen, die zu Extremen neigen. Dabei handelt es sich einerseits um sogenannte pro-feministische (im Grunde aber »männlich-apologetische«) Initiativen, die Frauen zu Lichtgestalten der Wahrheit und Reinheit erheben, denen sich Männer nur auf Knien nähern sollten, während sie unterwürfig Entschuldigungen für ihre Existenz murmeln.

Das andere Extrem sind Gruppen mit Männern, die sich von Frauen (zu Recht oder zu Unrecht) verletzt fühlen und die einzig ihr Haß auf Frauen eint, statt sich gegenseitig aufzurichten. Vorsicht ist auch bei kostspieligen New-Age-Seminaren angebracht, die vorgeben, Sie binnen eines Wochenendes zum Wilden Mann zu machen! Vertrauen Sie am besten Ihrem Instinkt.

Im folgenden haben wir eine Auswahl von Männergruppen- und organisationen sowie regelmäßig erscheinender Publikationen zusammengestellt. Dabei handelt es sich um Gruppierungen, die sich – zum Teil schon seit langem – kreativ und fantasievoll mit dem Mannsein (und Frausein) auseinandersetzen. Sie sind Anlaufadressen für alle, die sich über die Männerbewegung informieren wollen, selbst eine Männergruppe gründen möchten oder einfach Hilfe brauchen.

Auf der Web-Site des Beust Verlags – **www.beustverlag.de** – besteht eine »Community« zum Thema Männer/Väter. Diese könnte sich zu einer Plattform entwickeln, auf der Männer/Väter Ideen austauschen, lokale Gruppen bilden und Veranstaltungen/Treffen/Aktionen ankündigen/verabreden können. E-Mail: mail@beustverlag.de

Wer keinen Internet-Zugang hat, kann Adressenänderungen an folgende Adresse bekannt geben:
Beust Verlag, Fraunhoferstraße 13, D-80469 München
Tel.: (089) 230895-0, Fax.: (089) 266471 / 230895-145

1

Mannege
Haus der Parität
Johannisstraße 8
10117 Berlin
Tel. 030-28389861
Fax 030-28389862
E-Mail: Mannege@snafu.de
Home.snafu.de/mannege

Männerbüro Berlin
Wollankstraße 133
13187 Berlin
Tel. 030-4854637
E-Mail:
webmaster@maennerberatung.de
www.maennerberatung.de

2

The Men's Circle Bremen
c/o Max Peschek
Hersderstr. 50
28203 Bremen
Telefon: (0421) 732 10
Fax: (0421) 732 13

Beratungsstelle für Väter
c/o Manfred Dreschke
22415 Hamburg
Telefon: (040) 520 90 63

männerwege: Information-Forschung-Beratung
Michael Firle,
Alexander Bentheim
Postfach 658120
22374 Hamburg
Tel./Fax: 040-381907
E-Mail: Maennerweg@aol.com

Männer gegen Männer-Gewalt e.V. – Kontakt- und Beratungsstelle
Mühlendamm 66
22087 Hamburg
Telefon: (040) 22 16 76/77
Fax: (040) 22 12 60

Männerarbeit im Sprengel Lüneburg
c/o Dipl. Rel. Päd. Volker Heuer
Bahnhofstr. 18
21337 Lüneburg

männerinitiative Oldenburg
c/o Wolfgang Rosenthal
Wittsfeld 55a
26127 Oldenburg

3

Männerberatung
»mann-o-mann« *c/o Psychosoziale Beratungsstelle des VSGB e.V.*
Teutoburger Str. 106
33607 Bielefeld
Telefon: (0521) 686 76

Männergruppe Einbeck beim Diakonischen Werk
c/o Uwe Windorpski
Herthastr.4
37574 Einbeck
Telefon: (05561) 44 32

Männerbüro Göttingen e.V.
Groner-Tor-Str. 16
37073 Göttingen
Telefon: (0551) 461 61
(Forschungsgruppe Jungenarbeit: Tel.: 451 43)
Fax: (0551) 54 18 53

Männerbüro Hannover
Oberstr. 13a
30167 Hannover
Telefon: (0511) 70 20 75
Fax: (0511) 70 20 73

MännerSache
c/o Thomas Suilmann
Im Kleinen Feld 1
36093 Künzell
Telefon: (0661) 36 949

Männerarbeit in der Pro Familia Marburg
c/o Andreas Kraus
Universitätsstr. 42
35037 Marburg
Telefon: (06421) 218 00

Heimvolkshochschule »Alte Molkerei Frille«
Freithof 16
32469 Petershagen
Telefon: (05702) 97 71
Fax: (05702) 22 95

4

HerrMann – Informations- und Beratungsstelle für Männer e.V.
c/o Heinz Aust
Max-Reger-Str. 15
47057 Duisburg
Telefon: (0203) 37 69 65

Pfefferprinz – Männernetzwerk und Aktion e.V.
c/o Georg Paaßen
Borbecker Platz 3
45355 Essen
Telefon: (0201) 65 27 19
Fax: (0201) 65 27 19
E-Mail:
Pfefferprinz@mailmen.com
Ourworld.compuserve.com/homepages/peterpfingstl/Kontakt.htm

Väterprojekt Münster
c/o Buddy Mertens
Holzschuhmacherweg 22
48161 Münster-Roxel
Telefon: (02534) 27 96
Fax: (02534) 27 96

Treff-PUNKT für Männer, Väter und Jungen
c/o Beratungsstelle für Eltern, Kinder und Jugendliche

Kapitelstr. 30, 2. Stock
41460 Neuss
Tel: (02131) 27 40 74
Fax: (02131)-274074

5

Sexual- und Partnerschaftsberatung
Praxis *Volker van den Boom*
Wilhelmstr. 35
52070 Aachen
Telefon/Fax: (0241) 53 44 07

SchauFenster – das evangelische Ladenlokal
c/o Uwe Hackbarth
Wesselstr. 8
53113 Bonn
Telefon: (0228) 69 06 90

Kääls e.V. – Kölner Männerforum
Holbeinstr. 10
50733 Köln
Telefon: (0221) 732 73 00

Männerbüro Köln
c/o Bürgerzentrum Alte Feuerwache
Melchiorstr. 3 (Raum 4)
50670 Köln
Telefon: (0221) 62 50 58 oder
(0221) 240 75 93

Väterberatung der Johanniter Unfallhilfe e.V
Servicezentrum Rodenkirchen
Friedrich-Ebertstr. 2
50996 Köln
Lutz Moretti-Oppermann
Telefon: 0221-890 09-317
Fax: 0221-890 09-333

Männerforum Wiesbaden-Mainz
c/o Michael Baurmann
Große Fischergasse 26
55283 Nierstein
Telefon: (06133) 55 09

Mainzer Männergruppe
c/o Klaus Woschnitza
Außerhalb 3
55276 Oppenheim
Telefon: (06133) 45 75 / 704 19

Männerarbeit der ev. Kirche von Westfalen, Referat für Männerfragen
c/o Jürgen Haas
Berliner Platz 12
58638 Iserlohn
Telefon: (02371) 352-204
E-Mail:
j.haas@kircheundgesellschaft.de

Talisman Männerbüro Trier e.V.
C/o Wolfgang Weil
Theodor-Heuss-Allee 19
54292 Trier
Tel. 0172-6818451
www.trier-web.de/maennerbuero

6

Männerbüro / Arbeitsstelle für Erwachsenenbildung der EKHN
c/o Erich Krichbaum, Jörg Engelmann
Raiffeisenstr. 12b
64407 Fränkisch-Crumbach
Telefon: (06164) 36 04
Fax: (06164) 36 04

Gruppen für Männer bei der Ev. Familienbildung Frankfurt
c/o Hans Stapelfeld
Darmstädter Landstr. 81
60598 Frankfurt
Telefon: (069) 60 500 40

Informationszentrum für Männerfragen e.V. Frankfurt
Sandweg 49
60316 Frankfurt
Telefon: (069) 495 04 46
Fax: (069) 495 04 46
www.maennerfragen.de
E-Mail:
infozentrum@maennerfragen.de

ADAM & Söhne – Verein für Männerkultur e.V.
c/o Norbert Isner
Beethovenstr. 21
65189 Wiesbaden
Telefon: (0611) 37 13 42

7

Männerarbeit der Diözese Rottenburg-Stuttgart
Wilfried Vogelmann, Tilman Kugler-Weigel
Fachbereich Männer
Jahnstr. 30
70597 Stuttgart
Telefon: (0711) 97 91-234/233
E-Mail:
maenner@blh.s.shuttle.de

Männerwerk der ev. Landeskirche für Württemberg
c/o Christoph Rau
Postfach 10 13 52
70012 Stuttgart
Telefon: (0711) 20 68-255
Fax: (0711) 206 68 345

Männerbüro Karlsruhe
Waldstraße 62
76133 Karlsruhe
Tel./Fax: 0721-29828
www.schwehn.de/maennerbuero
E-Mail:
Maennerbuero@t-online.de

8

Männerbüro Ulm
c/o Michael Heerlein
Friedenstr. 1
89073 Ulm
Telefon: (0731) 921 31 17

Münchner Informationszentrum für Männer e.V.
Landwehrstr. 85/I
80336 München
Telefon: (089) 543 95 56
Fax: (089) 543 96 62

A

Vätergruppe + Männerinitiative Wien
c/o Peter Jedlicka
Aßmayergasse 31/48
A-1120 Wien

Männerberatung und Informationsstelle für Männer Wien
Jonni Brem/ Günter Wagner/ Dieter Schmoll
Erlachgasse 95 1100 Wien
Tel.: (01) 603 28 28
Fax: (01) 603 28 28 11
E-Mail: info@maenner.at
Internet: www.maenner.at

Männerberatung Graz
Joachim Voitle/Christian Scambor
Bischofsplatz I/1 8020 Graz
Fax: (0316) 83 14 14

Männerbüro in der Frauenwiese
Heinz Hagemann
Frauenwiese 28
8605 Kapfenberg/Steiermark
Tel.: (0676) 725 28 54
Fax: (03862) 34254

Männerbüro Klagenfurt
Karl Heinz Weidinger
Sandwirtgasse 1
9020 Klagenfurt
Tel.: (0463) 59 95 00 E-Mail: maennerbuero@eunet.at

Mannsbilder - Männerzentrum Innsbruck
Christian Luhan/ Martin Christandl
Leopoldstraße 35
6020 Innsbruck
Tel.: (0512) 57 66 44
Fax: (0512) 57 66 24

Männer gegen Männer-Gewalt
Gewaltberatung für Männer
Harald Burgauner
Ernest-Thun-Straße 7
5020 Salzburg
Tel.: (0662) 88 34 64
Fax: (0662) 88 34 63
E-Mail: gewaltberatung@aon.at

Männerbüro der Diözese Feldkirch *Markus Hofer*
Bahnhofstraße, 6800 Feldkirch
Tel.: (05522) 3485-200
Fax: 05522/3485-5
E-Mail: maennerbuero@kath-kirche-vorarlberg.at

Männerbüro Salzburg
Anton Feldner / Toni Wintersteller
Elisabethstraße 10, Postfach 49,
5010 Salzburg
Tel.: (0662) 87 71 21 E-Mail: maennerbuero@salzburg.co.at

Geschlechtssensible Jugendarbeit der Informationsstelle für Männer
Günter Wagner
Erlachgasse 95 1100 Wien
(01) 603 28 28

Steirische Männerinitiative
Christof Roßbacher
(0316/ 46 28 79

Evangelische Akademie Wien
Albert Brandstätter
Schwarzspanierstr. 13
1090 Wien
Tel.: (01) 408 06 95 - 0
Fax: (01) 408 06 95 - 33
Internet: www.blackbox.at/evangakademie

Katholische Männerbewegung Salzburg
Toni Wintersteller
Kapitelplatz 6/3, 5020 Salzburg
Tel.: (0662) 8047-558
Fax: (0662) 8047-553
email: kmb@kirchen.net
Weitere Männerbewegungsaktivitäten in
Eisenstadt, Graz, Innsbruck,Linz und St. Pölten

CH

Männerbüro Bern: MUMM
(Männer unterwegs mit Männern)
Holligenstr. 70
CH-3000 Bern
Telefon: (031) 37 27 672

Männerbüro Luzern
c/o Rene Blättler
Baselstr. 21
CH-6003 Luzern
Telefon: (041) 361 20 30

Regelmäßig erscheinende Männer-Zeitschriften

Switchboard – Informationsdienst für Männer
Postfach 658120
22374 Hamburg

Moritz – Zeitschrift für Männer in Bewegung
Lindenstr. 82
10969 Berlin

MuMM – Infoblatt
Holligenstr. 70
CH 3008 Bern

Männerbewegung Aktuell
Männerreferat der Diözese Innsbruck
Karl Eller
Riedgasse 9, 6020 Innsbruck
Tel.: (0512) 2230-525
Fax: (0512) 2230-518

Register